WORKBOOK/LABORATORY MANUAL/VIDEO MANUAL

Mais oui!

WORKBOOK/LABORATORY MANUAL/VIDEO MANUAL

Mais oui!

CHANTAL P. THOMPSON
Brigham Young University

ELAINE M. PHILLIPS
Southwest Educational Developmental Laboratory

BETTE G. HIRSCH
Cabrillo College

MARC OLIVER, contributing writer
Brigham Young University

HOUGHTON MIFFLIN COMPANY
Boston • New York

Director, Modern Languages: E. Kristina Baer
Development Manager: Beth Kramer
Senior Development Editor: Cécile Strugnell
Editorial Assistant: Heather Hubbard
Senior Manufacturing Coordinator: Priscilla Bailey
Marketing Manager: Jay Hu

Printed in the U.S.A.

ISBN: 0-395-956021

5   6   7   8   9-POO-03   02   01

Preface

This volume combines the *Workbook, Laboratory Manual,* and *Video Manual* to accompany **Mais oui!** and the *Answer Key* to all three sections. The *Workbook* provides written activities applying what you have learned in each chapter. The *Laboratory Manual* gives you additional exposure to spoken French and provides extra practice in listening comprehension. The *Video Manual* offers activities to enhance your appreciation and understanding of the **Mais oui!** video.

The Workbook

The *Workbook* is designed to provide you with additional opportunities to use the vocabulary, structures, and communicative strategies introduced in the textbook. After you have completed each *étape* in the text chapter do the corresponding *étape* in the *Workbook*. The first three *étapes* of each *Workbook* chapter offer mostly structured, easily corrected activities. The answers to these activities are provided in the *Answer Key* at the end of the volume. To avoid compounding errors, we strongly recommend that you correct each activity immediately after doing it. In this way, you can catch mistakes early on and refer back to the textbook explanations if necessary. Completing the activities without verifying your answers serves no useful purpose.

The *Intégration* of each *Workbook* chapter introduces an additional reading that reinforces the chapter themes and gives you another opportunity to practice reading strategies introduced in the text. The answers to these activities are also found in the *Answer Key*. The last post-reading activity, *Et vous?,* invites you to respond to open-ended questions or to express yourself freely in writing on issues related to the reading.

The Laboratory Manual

The *Laboratory Manual* is used in conjunction with the **Mais oui!** audio CD. Each chapter of the *Laboratory Manual* begins with an *À l'écoute* section in which you will hear the vocabulary and structures from the text chapter used in a new but related context. You will listen to a conversation on the audio CD and do a series of related tasks in the *Laboratory Manual.* In a section called *Prononciation,* segments of this same conversation are then used to help you review the pronunciation rules taught in the text chapter. In the final section, the *Activités de compréhension* focus on practicing new vocabulary, communicative strategies, and discrete grammatical structures.

You should plan on doing the *Laboratory Manual* activities after you have finished the third *étape* of the chapter in the text. Answers to *Laboratory Manual* activities are found in the *Answer Key* at the end of the volume.

The Video Manual

The *Video Manual* is coordinated to the thirteen modules of the **Mais oui!** video and closely correlated to the twelve regular chapters of the **Mais oui!** text. Each module begins with an *Objectifs* section that describes briefly the objectives of the module. The next section, *Préparez-vous*, offers pre-viewing activities to be completed before you actually watch the video. These activities will ensure that you have the vocabulary and cultural background necessary to appreciate the video. The next section, *Regardez!*, leads you through viewing both the live action and the interview sections of the video. Finally, the *Récapitulez!* section expands on the themes of the video. Student responses are often personalized.

The activities in the *Video Manual* can be done in or out of class, either spread over several days or else done all together after the completion of the third *étape* in the text. Answers to the video activities are found in the *Answer Key* at the end of the volume.

• • •

In using the Mais oui! audio and video programs, remember that you are NOT expected to understand everything you hear at regular conversation speed! Just focus on the specific tasks you are asked to perform, and do not hesitate to listen or view as many times as necessary to complete an activity. Your ability to understand the spoken word will improve over time with patience and practice.

Table des matières

Workbook

Laboratory Manual

Video Manual

Answer Key

WORKBOOK/LABORATORY MANUAL/VIDEO MANUAL

Mais oui!

Workbook

CHAPITRE PRÉLIMINAIRE

Bonjour !

· · · · · · · · · · ·

A. **La politesse.** Complete the following exchanges by writing an appropriate response in each blank.

1. —Bonjour, Madame.

   Comment ~~vous~~ vas-tu?

   —_Bonjour, Monsieur, ~~Comment appelle vous?~~_

2. —Au revoir, Claire.

   —_Au revoir_

3. —Comment allez-vous?

   —_tres bien_

4. —Merci, Monsieur.

   —_De rien_

5. —Dominique, je te présente Clarice.

   —_Enchanté_

6. —Ça va?

   —_Oui, et toi?_

7. —Pardon, ton nom?

   —_____

8. —Comment vous appelez-vous?

   —_Je suis Stacey_

Chapitre préliminaire Workbook Activities **1**

B. **Les accents.** Add the accents or cedillas that are missing from the following words.

1. très
2. ça
3. fenêtre

4. sac à dos
5. plaît
6. enchantée

7. bientôt
8. prénom
9. français

C. **Dans la salle de classe.** Look at the scene and identify each numbered item. The first item has been done as an example.

1. *C'est un professeur.*
2. C'est un cahier
3. C'est un bureau
4. C'est un tableau

5. Ce sont des morceaux de craie
6. Ce sont des feuilles de papier
7. C'est un stylo
8. C'est une gomme
9. C'est une porte
10. C'est une fenêtre

D. **Expressions pour la classe.** Look at pictures 1–5 and write a statement your teacher might have just made. For pictures 6–8, write a statement you might have just made.

➲ *Lisez le chapitre.*

1. Écrivez le mot chaise.

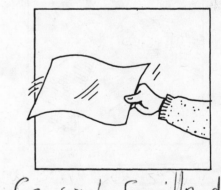

2. Ce sont feuille de papier

Chapitre préliminaire Workbook Activities **3**

3. Fermez vos livres.

6. Écoutez le proffesseur.

4. Écoutez la cassette

7. Je ne comprends pas.

5. Ouvrez vos livres à la page dix. Que veut dire?

CHAPITRE 1

Qui êtes-vous?
· ·

Première étape

A. **Le Club International.** Read the following sentences about the members of the International Club. Fill in the blanks with the correct form of the verb **être** or the appropriate subject pronoun.

1. Gina et moi, __il est__ sommes italiennes.

2. Thomas et Ernst? Ils __sont__ allemands.

3. Madame Martin? Elle _____ française.

4. Toi? _____ es africain? Oui, je _____ sénégalais.

5. Vous _____ belges? Non, mais Monsieur Wéry, _____ est belge.

B. **Nationalité, profession.** Complete the following statements using the verb **être.** Be sure the nationality or profession agrees in number and gender with the person(s).

⊃ Tchaïkovski et Mozart / profession
Tchaïkovski et Mozart sont musiciens.

1. Peter Jennings / nationalité

_____

2. Monet et Degas / profession

_____

3. Catherine Deneuve / profession

_____

4. Tu (*your roommate*) / nationalité

_____

5. Je / profession

_____

6. Le professeur et vous / nationalité

_____

C. **Qui est-ce?**   Can you think of a famous person or persons for each of the adjectives provided? Write sentences following the example, and be sure the nationalities and professions agree in number and gender with the noun(s).

⊃ architecte / américain (*masculin, pluriel*)
Frank Lloyd Wright et I. M. Pei sont architectes. Ils sont américains.

1. acteur / français (*féminin, singulier*)

_____

2. musicien / américain (*masculin, pluriel*)

_____

3. écrivain / américain (*féminin, pluriel*)

_____

4. journaliste / canadien (*masculin, singulier*)

_____

5. politicien / anglais (*féminin, singulier*)

_____

6. peintre / espagnol (*masculin, pluriel*)

_____

Deuxième étape

A. **Jumeaux?**   Thierry and Béatrice are twins, but they don't seem to be very much alike. Each time you inquire about a particular trait of one sibling, you discover that the other has the opposite characteristic. Complete the following sentences with an appropriate adjective. Be sure the adjectives agree in gender with the person.

➲ Thierry est fatigué? Non, il est *énergique*.
Et Béatrice? Elle est *fatiguée.*

1. Thierry est grand? Non, il est _____.

   Et Béatrice? Elle est _____.

2. Il est timide? Non, il est _____.

   Et Béatrice? Elle est _____.

3. Il est avare? Non, il est _____.

   Et Béatrice? Elle est _____.

4. Il est heureux? Non, il est _____.

   Et Béatrice? Elle est _____.

5. Thierry est pessimiste? Non, il est _____.

   Et Béatrice? Elle est _____.

6. Il est passif? Non, il est _____.

   Et Béatrice? Elle est _____.

B. **Traits de caractère.** Everyone has some good *and* bad qualities. Mention a personal weakness and a positive character trait for the following people, using the cues and the example as a guide.

➲ Le monsieur là-bas / désagréable / intelligent
Le monsieur là-bas est un peu désagréable, mais il est très intelligent.

1. La copine de Nicolas / fou / énergique

   _____

2. Alceste / paresseux / intéressant

   _____

3. Monsieur et Madame Mystère / désagréable / intelligent

   _____

4. La dame et la fille / ennuyeux / sympathique

   _____

5. L'homme et le garçon / timide / heureux

_____

C. **Qu'est-ce que c'est?**   The following objects were found in Nicolas's room. Can you identify them? Use an *indefinite* article to identify the objects, then use a *definite* article to say
the objects belong to Nicolas.

⊃ *Ce sont des livres. Ce sont les livres de Nicolas.*

1. _____

_____ de Nicolas.

3. _____

_____ de Nicolas.

2. _____

_____ de Nicolas.

4. _____

_____ de Nicolas.

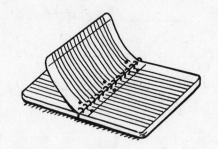

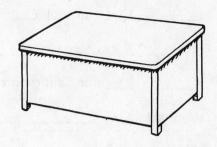

5. _____

_____ de Nicolas.

7. _____

_____ de Nicolas.

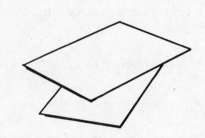

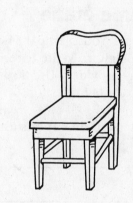

6. _____

_____ de Nicolas.

8. _____

_____ de Nicolas.

D. **C'est qui?**   Complete the statements using **c'est, il est,** or **elle est.** Then match each statement with the name of the person to whom it applies.

> ↻ _Il est_ écrivain. _C'est un_ Anglais. _Il est_ intéressant. C'est _Shakespeare._

le petit Nicolas	Jodie Foster	Miguel de Cervantes
Gérard Depardieu	Léopold Senghor	Margaret Thatcher
Leanne Rimes		

1. _____ un Français. _____ élève. _____ énergique.

   C'est _____.

2. _____ blonde. _____ une chanteuse. _____ une

   Américaine. C'est _____.

3. _____ acteur. _____ un Français. _____ grand et fort.

   C'est _____.

Chapitre 1 Workbook Activities   **9**

4. _____ espagnol. _____ écrivain. _____ intéressant.

C'est _____.

5. _____ une politicienne. _____ anglaise. _____

raisonnable. C'est _____.

6. _____ un Sénégalais. _____ un politicien. _____

écrivain. C'est _____.

Troisième étape

A. **Questions.** Your pen pal Micheline has told you some things about her friends and class-mates in Belgium. Write three follow-up questions about each of her statements, using the suggestions provided. Use a different question format for each cue: a. **est-ce que,** b. inversion, and c. a tag question.

1. Le professeur de français est intéressant. (amusant? généreux? belge?)

    a. _____

    b. _____

    c. _____

2. Patrick et Pierre-Maurice sont sportifs. (musicien? sympathique? actif?)

    a. _____

    b. _____

    c. _____

3. Monique est peintre. (intelligent? modeste? artiste?)

    a. _____

    b. _____

    c. _____

4. Danielle et moi, nous sommes actives. (sportif? heureux? fatigué?)

    a. _____

    b. _____

    c. _____

5. Je suis petite et brune. (sérieux? raisonnable? énergique?)

a. _____

b. _____

c. _____

B. **Interview.** If you were looking for a new roommate, what character/personality traits would you consider important? Write down five questions that you'd like to ask a prospective roommate.

1. _____

2. _____

3. _____

4. _____

5. _____

C. **Non!** Claude can't seem to remember anything. Answer his questions negatively, then give him the correct answer.

⊃ Victor Hugo est peintre, n'est-ce pas?
Non, il n'est pas peintre. Il est écrivain!

1. Le petit Nicolas est italien, n'est-ce pas?

Non, _____

2. Tiger Woods est français, n'est-ce pas?

Non, _____

3. Tu es allemand(e), n'est-ce pas?

Non, _____

4. Monet est musicien, n'est-ce pas?

Non, _____

5. Meg Ryan est ingénieur, n'est-ce pas?

Non, _____

6. Tu es professeur, n'est-ce pas?

Non, _____

D. **Comment êtes-vous?**   Look at the picture and write five sentences, choosing from the following adjectives and saying what the girl is *not*.

⊃ *Elle n'est pas brune.*

énergique	grand	paresseux	désagréable
fatigué	brun	triste	

_____

_____

_____

_____

Intégration

Lecture: Trois grandes stars françaises

Avant de lire

1 Consider the title of the reading and check the subject that the reading most likely treats.

a. _____ a new constellation

b. _____ three French actresses

c. _____ women astronomers

d. _____ paparazzi in Hollywood

2 If the subtitle of the reading were «**Elles sont belles, brunes et célèbres**», which answer in the preceding list would you choose? _____

En général

3 Skim the article and choose the best ending for the following sentence.

L'article présente trois actrices...

a. _____ de trois générations différentes.

b. _____ suisses.

c. _____ qui sont très vieilles.

d. _____ qui sont aussi mères (*mothers*).

Trois grandes stars françaises

Isabelle ADJANI

Biographie

Née Isabelle Yasmine Adjani, le 27 juin 1955, Gennevilliers, France
Père algérien d'origine turque, mère allemande
2 enfants: Barnabé (de Bruno Nuytten) et Gabriel-Kane (de Daniel Day-Lewis)
Théâtre (Comédie-Française)
César de la décennie '90
2 albums comme chanteuse (dont un Gainsbourg)
Modèle pour Dior
Présidente du 50ème Festival de Cannes
Agents: F.M.S.–Intertalents, Paris; ICM Los Angeles
Films: *Passionnément* ('99, avec Gérard Depardieu), *Diabolique* ('96, avec Sharon Stone), *The Double* ('96, avec John Travolta, puis Steve Martin), *La Reine Margot* ('95), *Camille Claudel* ('88, avec Depardieu)—César Meilleur Film, Nomination Oscar Meilleur Film Étranger

Juliette BINOCHE

Biographie

Née le 9 mars 1964, Paris
Fille d'un metteur en scène de théâtre (occasionnellement sculpteur) et d'une comédienne
1 enfant, Raphaël, 3 ans
Peintre, dessinatrice
Contrat Lancôme Parfums et Cosmétiques
Utilise des doublures pour les scènes de nus
Pub pour Lancôme
Dons versés à l'Association humanitaire Aspeca (Cambodge)
Salaire: 8 000 000 francs (*Les enfants du siècle*, '98)
Projets: Prochains films de Kusturica, Haeneke, Kiarostami
Agent: F.M.S.–Intertalents, Paris
Films: *Les enfants du siècle* ('99), *The English Patient* ('96)—Oscar Second-rôle féminin, *Le Hussard sur le toit* ('95), *Trilogie: Bleu* ('95)—César meilleur actrice, Golden Globe (nomination)

Sophie MARCEAU

Biographie
Née Sophie Maupu, le 17 novembre 1966, Paris
Conjointe de Andrzej Zulawski (54 ans)
1 enfant, Vincent, 3 ans
Auteur (*Menteuse*, '96), chanteuse (*Berezina*)
Théâtre (*Eurydice et Pygmalion*, '94, Molière du Meilleur Espoir)
Pub: Guerlain Champs Elysées
Agent: Artemedia, Paris
Films: *A Midsummer Night's Dream* ('98, avec Kevin Kline, Michelle Pfeiffer),
Marquise ('97), *Anna Karenina* ('97), *Braveheart* ('95, avec Mel Gibson)—Oscar
du Meilleur film, *Chouans!* ('87), *La Boum* ('80)

Source: Based on www.ecran-noir.com/stars. © Volute productions 1996–1998.

En détail

4 **Les mots.** You may know by now that many words are almost identical in French and English. To read more easily, be prepared to guess the meaning of new words in reading passages in the workbook as you do in the text. Although you may never have seen the following words in French, you should be able to write their English equivalents fairly easily.

1. novembre _____   9. cosmétiques _____

2. théâtre _____   10. sculpteur _____

3. auteur _____   11. albums _____

4. films _____   12. présidente _____

5. projets _____   13. modèle _____

6. agent _____   14. contrat _____

7. scènes _____   15. parfums _____

8. mars _____

5 **Le texte.**

A. **Complétez.** Complete the following chart by checking whether each item applies to Isabelle Adjani, Juliette Binoche, or Sophie Marceau. Items may apply to one, two, or all three of the actresses.

	Adjani	Binoche	Marceau
1. Born in the sixties			
2. Is also a singer			
3. Has modeled for a famous designer			
4. Her father sculpted			
5. Has played in English language films			
6. Her father is Algerian			
7. Won an Oscar for best supporting actress			
8. Has a three-year-old son			
9. Is also an author			
10. Does ads for cosmetics			

B. **Oui ou non?** Agree **(Oui)** or disagree **(Non)** with the following statements based on the article. Correct any false statements.

1. _____ Binoche a deux enfants.

_____

2. _____ La mère (*mother*) d'Adjani est allemande.

_____

3. _____ Daniel Day-Lewis est le père (*father*) de Vincent.

_____

4. _____ Les trois stars sont nées à Paris.

_____

5. _____ Marceau a joué (*acted*) dans un film avec Mel Gibson.

_____

16 Chapitre 1 Workbook Activities

6. _____ Adjani a été (*was*) le présidente du Festival de Cannes.

_____

7. _____ Marceau est aussi peintre.

_____

8. _____ Un César est l'équivalent d'un Oscar.

_____

Et vous?

Look again at the reading and the pictures of the three actresses. Using the adjectives to describe people and the professions that you learned in Chapter 1, write three sentences about each actress that summarize what you have learned about them.

Adjani

1. Elle est _____

2. Elle est _____

3. _____

Binoche

1. Elle est _____

2. Elle est _____

3. _____

Marceau

1. Elle est _____

2. Elle est _____

3. _____

NAME _____ SECTION _____ DATE _____

CHAPITRE 2

La famille
· · · · · · · · · · · ·

Première étape

A. **Paires.**   Complete the following pairs as shown in the example.

⊃ un grand-père / *une grand-mère*

1. un cousin / _____

2. une mère / _____

3. un oncle / _____

4. une sœur / _____

5. une nièce / _____

6. un fils / _____

7. une femme / _____

8. un beau-frère / _____

9. un petit-fils / _____

B. **Qui est-ce?** Look at Pascal's family tree, and state the relationships of the people indicated. Use a possessive adjective in your answer.

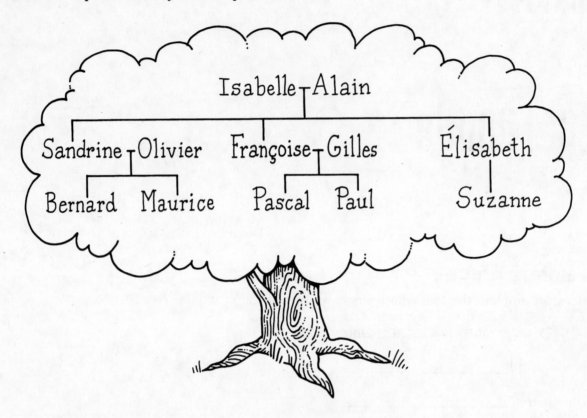

⊃ Françoise? (Pascal et Paul) _Françoise? C'est leur mère._

1. Élisabeth? (Suzanne) _____

2. Bernard et Maurice? (Françoise et Gilles) _____

3. Alain? (Sandrine) _____

4. Isabelle et Alain? (Suzanne) _____

5. Élisabeth? (Isabelle et Alain) _____

6. Paul? (Élisabeth) _____

7. Olivier? (Françoise et Élisabeth) _____

8. Pascal et Suzanne? (Maurice) _____

C. **La famille.** Bernard and Christine have to interview each other for French class. Read their conversation and fill in the missing possessive adjectives.

—Et toi, Christine, combien de personnes est-ce qu'il y a dans (1.) _____ famille?

—Dans (2.) _____ famille, il y a 4 personnes—(3.) _____ père et les

trois enfants: (4.) _____ sœur Céleste, (5.) _____ sœur Micheline,

et moi.

—Et comment sont-elles, (6.) _____ sœurs?

—Bon, Céleste ressemble à (7.) _____ père. Elle est sérieuse et intelligente.

Micheline ressemble plutôt à (8.) _____ grands-parents. Elle est énergique et

amusante.

—Et (9.) _____ père?

—Sympa!

Now fill in the missing possessive adjectives as they relate to *you*.

Et vous, les étudiants? Combien de personnes est-ce qu'il y a dans (10.) _____

famille? Comment est (11.) _____ père? (12.) _____ mère? Comment

sont (13.) _____ sœurs et (14.) _____ frères?

D. **Comment sont-ils?**   Using **ce, ces, cet,** or **cette,** say what the following people are like by agreeing or disagreeing with the description indicated.

1. femme / malade?   _Cette_ femme n'est pas malade.

2. garçon / paresseux? _____

3. homme / heureux? _____

4. enfant / triste? _____

5. amis / sociables? _____

6. filles / typiques? _____

7. homme / actif? _____

Deuxième étape

A. **Préférences.** Read the following paragraph about leisure activities, filling in the blanks with the correct form of a verb from the list provided. You may use some verbs more than once, but be sure to use each verb at least once.

aimer	adorer	détester	admirer	manger	travailler
être	étudier	écouter	jouer	voyager	parler
préférer					

J(e) (1.) _____ la musique, mais j(e) (2.) _____ danser, et je n(e)

(3.) _____ pas le rock. Pourtant j(e) (4.) _____ souvent la radio—le

jazz et la musique classique. Le week-end, mes amies Naïma et Isabelle et moi, nous n(e)

(5.) _____ pas. Nous (6.) _____ regarder un film, et nous

(7.) _____ souvent au restaurant. Isabelle et Naïma n(e) (8.) _____

pas très sportives. Quelquefois elles (9.) _____ au tennis, mais en général elles

(10.) _____ jouer aux cartes! J(e) (11.) _____ beaucoup Naïma. Elle

(12.) _____ souvent en Europe et elle (13.) _____ quatre langues.

Moi, j(e) (14.) _____ beaucoup pour apprendre (*learn*) l'anglais! Et vous?

(15.) _____ -vous beaucoup pour apprendre le français?

B. **Les passe-temps.** Indicate how the following people spend their time. Write a complete sentence using the words given.

1. Les étudiants / travailler / beaucoup

   _____

2. Mais ils / préférer / regarder des films

   _____

3. Mes copains et moi, nous / manger souvent au restaurant chinois

   _____

Chapitre 2 Workbook Activities **23**

4. Le professeur / retrouver quelquefois ses amis au café

_____

5. Tu / dîner au restaurant

_____

6. Tes copines et toi, vous / aimer lire des romans

_____

7. Moi, j(e) / préférer / ? / tous les jours

_____

C. **Opinions.** Christine interviewed Bernard about his likes and dislikes. Read Bernard's answers and then write the questions Christine must have asked. Use the interrogative expressions **qu'est-ce que** and **qui est-ce que.**

1. — _____?

    —J'étudie les langues, le français et l'allemand.

2. — _____?

    —J'aime beaucoup mes camarades de classe.

3. — _____?

    —Je n'aime pas beaucoup les professeurs qui sont ennuyeux.

4. — _____?

    —J'admire beaucoup les écrivains français.

5. — _____?

    —Je préfère les romans historiques.

6. — _____?

    —Je déteste les films policiers.

Troisième étape

A. **Avoir.** Write complete sentences to indicate what the following people have or do *not* have.

    ⊃ Izà (stylos + / crayons −)
      Elle a des stylos, mais elle n'a pas de crayons.

1. Larmé (sac à dos + / cahier + / serviette −)

    _____

2. Tu (romans + / magazines −)

    _____

3. Mes copains (feuilles de papier + / stylos −)

    _____

4. Vous (amie sympathique + / professeur intéressant +)

    _____

5. Ma famille et moi, nous (radio + / télévision −)

    _____

6. Moi (? + / ? −)

    _____

B. **Descriptions.** Josée describes her family and friends. Write her descriptions using the cues provided.

    ⊃ Mon père / 42 / vert / —
      Mon père a 42 ans. Il a les yeux verts, et il n'a pas de cheveux!

1. Mes sœurs / 16 et 17 / brun / blond

    _____

2. Paul et moi, nous / 18 / vert / roux

    _____

3. Mes grands-parents / peut-être 70 / bleu / gris

    _____

        Chapitre 2 Workbook Activities   **25**

4. Mon amie Djamila / 20 / brun / noir

_____

5. Mon professeur / peut-être... / ? / ?

_____

C. **Clarifications.** Every time Olivier makes a statement, his roommate Georges asks for a clarification. Complete Olivier's statements with a demonstrative adjective, then write Georges's questions using a form of **quel.**

⊃ —<u>Ce</u> garçon est typique.   —<u>_Quel garçon?_</u>

1. —_____ romans sont ennuyeux.   —_____

2. —_____ photo est intéressante.   —_____

3. —_____ étudiantes sont paresseuses.   —_____

4. —_____ homme est désagréable.   —_____

5. —_____ professeur est actif.   —_____

D. **Choix.** Write five survey questions you could use to interview your classmates.

⊃ magazines
Quels magazines est-ce que tu préfères, Time, Sports Illustrated _ou_ People?

1. sport _____

2. politiciens _____

3. musique _____

4. romans _____

5. actrices _____

Intégration

Lecture: Est-ce que Papa est intelligent?

Avant de lire

1 Children's attitudes toward their parents often change with age. Think of four different ages for the younger generation, from very young to fairly old, and assign to the parents, as perceived by their children, a rating of knowledge from 0 (**ignorants**) to 5 (**omniscients**).

```
|_____|
0         1         2         3         4         5
ignorants                                 omniscients
```

Âge des enfants	Connaissance des parents
3 ans	5

En général

2 Scan the text to see how many parts there are to the reading. _____

3 Skim through the text and decide what it is about.

a. _____ what children think of their parents

b. _____ what children think of one parent in particular

c. _____ what parents think of their children

Chapitre 2 Workbook Activities   **27**

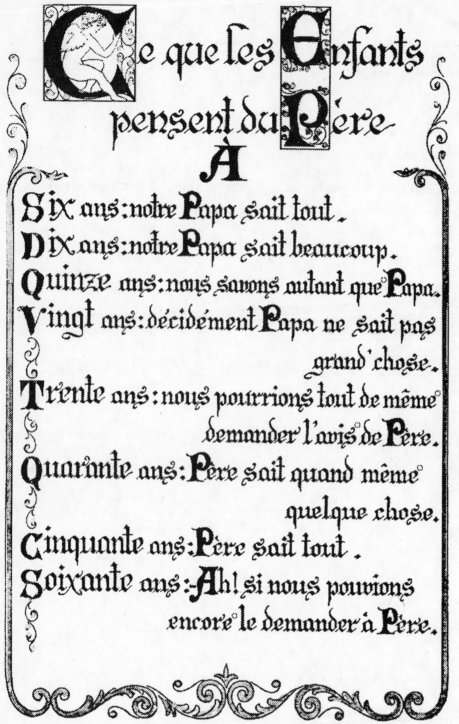

Ce que les Enfants pensent du Père

À

Six ans : notre Papa sait tout.

Dix ans : notre Papa sait beaucoup.

Quinze ans : nous savons autant que Papa.

Vingt ans : décidément Papa ne sait pas grand'chose.

Trente ans : nous pourrions tout de même demander l'avis de Père.

Quarante ans : Père sait quand même quelque chose.

Cinquante ans : Père sait tout.

Soixante ans : Ah! si nous pouvions encore le demander à Père.

autant... *as much as*

pourrions... *could after all*

l'opinion

quand même = tout de même

si... *if only we still could*

En détail

4 **Les mots.** Using the context in which the following words occur in the reading, knowledge that you already have about the topic of the reading, and logic, can you guess what the following words mean? Match the French words to their English equivalents.

1. _____ pensent (penser)

2. _____ sait/savons (savoir)

3. _____ demander

4. _____ tout

5. _____ pas grand-chose

6. _____ quelque chose

a. everything
b. to ask
c. to think
d. something
e. to know
f. not much

5 **Le texte.** Read the text again and decide whether the following statements are true or false, writing **V** for **vrai** if the statement is true or **F** for **faux** if the statement is false.

1. _____ Les petits enfants pensent que leur père est omniscient.

2. _____ L'adolescent pense que son père sait moins que lui (*less than he does*).

3. _____ À vingt ans on considère que son père sait très peu (*very little*).

4. _____ À trente ans on ne veut (*want*) pas avoir l'avis du père.

5. _____ À quarante ans on pense que son père sait plus qu'à six ans.

6. _____ À cinquante ans et à six ans on a la même (*same*) opinion du père.

7. _____ À soixante ans on ne veut pas avoir l'avis du père.

Et vous?

1. Compare your answers to activity 1 of **Avant de lire** with the statements in the reading, noting which are similar and which are different.

Âge des enfants	Connaissance des parents (vous)	Connaissance des parents (la lecture)
3 ans	5	
6 ans		5

2. Using the reading and your own experiences and ideas as guides, write a new text, changing **père** to **mère.** Are there any major differences between your observations and those of the original reading?

Ce que les enfants pensent de la mère

À six ans: notre maman _____

À dix ans: _____

À quinze ans: nous savons _____

À vingt ans: _____

À trente ans: _____

À quarante ans: _____

À cinquante ans: _____

À soixante ans: _____

CHAPITRE 3

La maison et la ville

·······································

Première étape

A. **Où? Quoi?** In which room(s) of a house or apartment would you be likely to find the following things?

1. Un lecteur de CD: _____

2. Un placard: _____

3. Des étagères: _____

4. Un ordinateur: _____

Now, list the furniture and personal items *you* have in the following rooms.

5. La cuisine: _____

6. Le séjour: _____

7. La chambre: _____

8. La salle à manger: _____

B. **Des questions.** Compose questions using the cues that follow, then re-create the conversation between Philippe and his nosy pal Joseph by placing each question where it belongs in the dialogue.

Combien de pièces / il y a / dans l'appartement?
Comment / être / appartement?
Qu'est-ce que / préférer / les studios ou les appartements?
Pourquoi / préférer / les appartements?
Quand / je pourrais voir / appartement?
Où / être / ton appartement?

1. — _____

—Moi, je préfère les appartements.

2. — _____

—Parce qu'ils sont plus grands, plus spacieux.

3. — _____

—Il est au centre-ville.

4. — _____

—Eh bien, c'est un appartement meublé, calme, agréable...

5. — _____

—Il y a deux pièces avec une cuisine et une salle de bains.

6. — _____

—Demain, si tu veux.

C. **Imaginez les questions.**   Madeleine had a phone conversation with her cousin about her French class. Based on Madeleine's answers, what questions do you think her cousin asked?

1. _____

Parce que j'adore le français.

2. _____

Le prof? Oh, il est sympathique.

3. _____

Il y a dix-sept étudiants.

4. _____

L'université? Dans la rue Victor Hugo.

5. _____

J'ai mon cours de français maintenant. Je pourrais te téléphoner plus tard?

Deuxième étape

A. **Chèques.** Madame Luberry pays her monthly bills by check. Complete the checks by writing *in words* the amount shown in numbers. Then indicate in the blank provided the purpose of each check: to pay her rent **(le loyer)**, her phone bill **(le téléphone)**, or the electricity **(l'électricité)**.

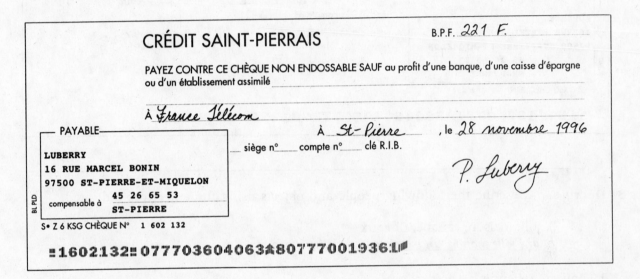

1. _____

2. _____

CRÉDIT SAINT-PIERRAIS

B.P.F. *576 F.*

PAYEZ CONTRE CE CHÈQUE NON ENDOSSABLE SAUF au profit d'une banque, d'une caisse d'épargne ou d'un établissement assimilé

À *Gaz et Electricité de France*

À *St-Pierre*, le *28 novembre 1996*

— PAYABLE —

siège n° ..... compte n° ..... clé R.I.B.

LUBERRY
16 RUE MARCEL BONIN
97500 ST-PIERRE-ET-MIQUELON

P. Luberry

compensable à 45 26 65 53
ST-PIERRE

BL PLD

S• Z 6 KSG CHÈQUE N°   1 602 134

⑈1602132⑈077703604063⑇807770019361⑈

3. _____

B. **Décrivez.**   Describe the following people and objects using the adjectives indicated.

⊃ joli: maison, canapé, rideaux
une jolie maison, un joli canapé, de jolis rideaux

1. bon: musicienne, actrices, avocat

   _____

2. vieux: livres, homme, étagères

   _____

3. meublé: appartement, studios, maison

   _____

4. beau: acteur, étudiantes, professeurs

   _____

5. nouveau: rideaux, ordinateur, radios

   _____

6. confortable: chambres, maison, fauteuil

   _____

C. **Un studio.** Alexandre describes his studio in Brussels. Complete the paragraph with an appropriate adjective from the list provided. You may use the adjectives more than once, but you must use each adjective at least once. Note that there is a blank before *and* after each boldfaced noun. Write an adjective in only one of the blanks, and put an *X* in the other blank.

vieux	joli	blanc	grand	nouveau	typique
agréable	petit	bleu	bon	américain	calme

J'ai un (1.) _____ **appartement** (2.) _____ à Bruxelles, près de

l'université. Il y a une (3.) _____ **chambre** (4.) _____, un

(5.) _____ **salon** (6.) _____, une (7.) _____ **cuisine**

(8.) _____ et une (9.) _____ **salle de bains** (10.) _____.

C'est un (11.) _____ **appartement** (12.) _____. Dans le salon, j'ai

mon (13.) _____ **ordinateur** (14.) _____, un (15.) _____

canapé (16.) _____, une (17.) _____ **table** (18.) _____

et deux (19.) _____ **chaises** (20.) _____. J'ai une (21.) _____

chambre (22.) _____ où il y a des (23.) _____ **rideaux**

(24.) _____, un (25.) _____ **lit** (26.) _____, une

(27.) _____ **commode** (28.) _____ et des (29.) _____

posters (30.) _____ sur le mur.

D. **Goûts différents.** Larissa and Fabienne are good friends with different tastes. Using the following cues as a guide, write sentences describing their lodging and possessions.

⊃ Fabienne / salle à manger / agréable, petit
Fabienne a une petite salle à manger agréable.

1. Fabienne / maison / beau, rural

_____

2. Larissa / appartement / idéal, nouveau

_____

Chapitre 3 Workbook Activities **35**

3. Fabienne / cuisine / jaune, vieux

_____

4. Larissa / cuisine / beau, spacieux

_____

5. Fabienne / ordinateur / américain, nouveau

_____

6. Larissa / ordinateur / gris, vieux

_____

E. **Où habiter?**   Match the accommodations described in the classified ads with the persons you think they would best suit. Be careful, because one of the accommodations is not appropriate for any of the prospective tenants. Then decide which of the four lodgings *you'd* rather rent and explain why.

> **Samuel Montaigne:** Étudiant; n'aime pas les résidences universitaires; préfère habiter chez un particulier.
> **La famille Jourdan** (Monsieur, Madame, fille Joëlle): Monsieur travaille au centre-ville.
> **Jeanne Bouchard:** Avocate; voyage beaucoup; n'aime pas cuisiner.

> 12, rue Mozart.
> Nouveau studio dans nouvelle villa,
> 1 chambre, 2 lits 1 personne, coin
> cuisine, douche avec WC, garage,
> calme, clair, 1.600F/mois.
> Tél. 42.04.21.51.

1. _____

> Rue Célony.
> Loue une chambre meublée pour
> 1 personne, entrée indépendante,
> 1 lit 1 pers., 900F tout compris.
> Garçons préférés. Tél. 49.04.92.20.

3. _____

> 13, rue du Bon Pasteur.
> Appartement dans bel immeuble,
> centre-ville, 2 chambres, 1 lit 1 pers.,
> 1 lit 2 pers., salle à manger, cuisine,
> sdb, WC, jardin et terrasse, 3.300F
> + charges/mois. Tél. 63.28.58.01.

2. _____

> Centre.
> Studio meublé, salle à manger avec
> chambre, 1 lit 2 pers., cuisine
> équipée, TV possible, WC, sdb,
> 2.300F/mois. Tél. 42.03.11.48.

4. _____

5. Moi, je _____

_____

_____

Troisième étape

A. **Quel anniversaire?** The following people were all born on the same day but in different years. Say what birthday each person is celebrating.

⊃ M. Martin, 30
C'est son trentième anniversaire!

1. Karine Rosier, 16 _____

2. Louisette Rigolo, 5 _____

3. Jean Girard, 28 _____

4. Nathalie Laval, 12 _____

5. Christophe Genêt, 63 _____

6. Céleste Lamour, 47 _____

B. **Ce week-end.** Say what each person is going to do this weekend, using the **futur proche**.

⊃ Vous / parler à vos copines
Vous allez parler à vos copines.

1. Patrick et Hélène / chercher un appartement

_____

2. Gisèle / voyager à Lyon

_____

3. Robert et moi, nous / jouer au foot

_____

4. Tes amies et toi, vous / étudier le français

_____

5. Tu / regarder un film

_____

6. Le professeur / danser à la discothèque

_____

7. Mes parents / arriver de Nice

_____

8. Je / ?

_____

C. **On cherche un studio.** Your friend Alain wants to rent a studio, but he doesn't know where to begin. Since you have just moved into a new apartment, you can tell him exactly what to do. Outline in a logical order the steps he must take, using the imperative mood. The first one is done for you.

louer le studio	parler au propriétaire	regarder les annonces
demander le prix	aller voir le studio	téléphoner au propriétaire

1. _Regarde les annonces._ _____

2. _____

3. _____

4. _____

5. _____

6. _____

D. **Où se trouve... ?** The islands of Saint-Pierre-et-Miquelon are part of France, even though they are just a few miles off the coast of Newfoundland in North America. Look at the map of the city of Saint-Pierre and describe the location of the buildings, using the following prepositions: **derrière, à droite, à côté, en face, sur, devant, loin, au coin, près.** Use each preposition only once.

⊃ Le Francoforum / la Chambre de Commerce
   Le Francoforum est loin de la Chambre de Commerce.

1. L'église / le magasin Galerie Ravenel

_____

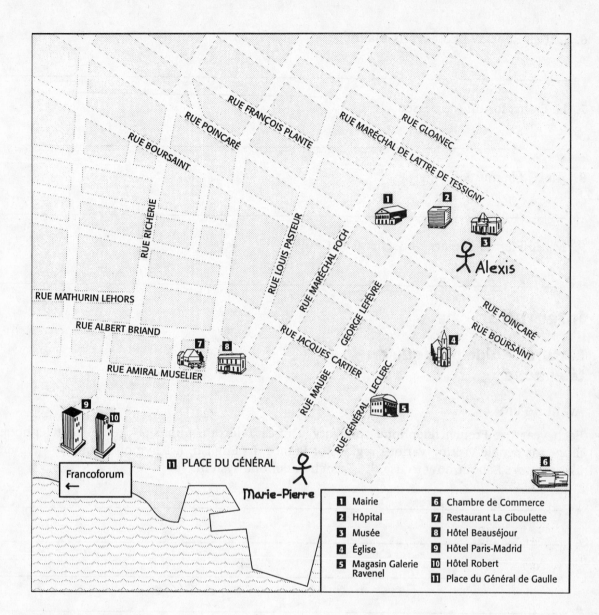

1 Mairie 6 Chambre de Commerce
2 Hôpital 7 Restaurant La Ciboulette
3 Musée 8 Hôtel Beauséjour
4 Église 9 Hôtel Paris-Madrid
5 Magasin Galerie 10 Hôtel Robert
Ravenel 11 Place du Général de Gaulle

2. La mairie / l'hôpital

_____

3. Le restaurant La Ciboulette / l'hôtel Beauséjour

_____

4. Le musée / l'hôpital

_____

5. Le magasin Galerie Ravenel / la rue Général Leclerc

_____

6. L'hôtel Robert / l'hôtel Paris-Madrid

_____

7. Le Francoforum / le musée

_____

8. Alexis / le musée

_____

9. Marie-Pierre / la place du Général de Gaulle

_____

Intégration

Lecture: Guide pratique du téléphone

Avant de lire

1 Each year the French telephone company, France Télécom, publishes guides to telephone usage for people visiting various regions of France. In English, list five questions you would like answered about how to use the French telephone system.

1. _____

2. _____

3. _____

4. _____

5. _____

En général

2 Skim the reading and identify the kind of information that is contained in each part. Match each section in the left-hand column to its content.

1. _____ «Un guide pratique à votre service»

2. _____ «Vous souhaitez»

3. _____ «Prix d'une communication»

4. _____ «Pour téléphoner à l'étranger»

5. _____ «La télécarte»

a. renseignements généraux
b. renseignements sur une carte
c. introduction
d. exemples de prix
e. comment téléphoner à un autre pays

3 Now scan the reading and note how many of the questions you formulated in activity 1 of **Avant de lire** are answered in the text. _____

Un Guide pratique à votre service

*C*haque° année, France Télécom *vous propose un petit guide pratique du téléphone.*

    Ce guide simplifié, destiné en priorité aux touristes de notre région, explique la tarification applicable aux communications téléphoniques et vous permet de mieux utiliser votre téléphone, ainsi que° le réseau° de cabines publiques mis à votre disposition.

— Chaque cabine peut° être appelée au numéro à 10 chiffres figurant près du publiphone.

Vous souhaitez

- **Demander un renseignement:°**
- **Par Minitel° (3 premières minutes gratuites)** . . . . . composez le 11
- **Par l'intermédiaire d'une opératrice** . . . . appelez le 12
  (mais pensez d'abord à l'annuaire°)
- **Signaler un dérangement°** . . . . appelez le 13
- **Envoyer un télégramme** . . . . appelez le 36 35
- **Demander une communication**
  avec la carte « France Télécom° »
- Automatiquement des publiphones à pièces,° à touches
  musicales en composant le 36 10
- Directement, à partir des cabines à cartes.
- Par opérateur pour les communications nationales en
  composant le 36 50
- **Obtenir l'Agence France Télécom** . . . . appelez le 14
- **Téléphoner vers les Départements et Territoires d'Outre-mer:°**
  Composez le 19, suivi de l'indicatif,

GUADELOUPE 590		POLYNÉSIE FRANÇAISE . . 689	
GUYANE FRANÇAISE 594		RÉUNION (LA) 262	
MARTINIQUE 596		SAINT-PIERRE-ET-	
MAYOTTE. 269		MIQUELON 508	
NOUVELLE-CALÉDONIE . . 687		WALLIS-ET-FUTUNA 681	

Glossary (right margin):

- each
- ainsi... *as well as / network*
- can
- *information*
- *computerized service*
- *phone book*
- *out-of-order phone*
- la... *a telephone credit card*
- *coins*
- les... *French overseas areas*

```
           Prix d'une communication, tarif normal,
                 des Alpes-Maritimes° vers
      PARIS  /  LYON  /  STRASBOURG  /  LILLE:
                    2,57 F la minute

      GENÈVE . . . . . . . . . . . . . . . 4,26 F la minute
      MONTRÉAL. . . . . . . . . . . . . 6,93 F la minute
      ABIDJAN . . . . . . . . . . . . . 14,59 F la minute

              Tarifs TTC° / Mai 1993
```

department in south-eastern France

tax included

Pour téléphoner à l'étranger,°

- **EN AUTOMATIQUE:**

— Composez le 19, attendez° la tonalité.

— Composez l'indicatif° du pays demandé et le numéro national de votre correspondant° (Ex. Rome: 19 .... 39 6 565 541).

→ Si le numéro de votre correspondant est précédé d'un 0 ne composez pas ce dernier.

- **PAR OPÉRATEUR:** (Autres pays et communications spéciales)

— Composez le 19, attendez la tonalité.

— Composez le 33 et l'indicatif du pays.

- **PAYS DIRECTS:°**

Pour vos communications payables à l'étranger (PCV°–carte crédit)

— Composez le 19 .. 00 et l'indicatif du pays.

à... to foreign countries (appels internationaux)
wait for
(country) code
person called

pays... direct-dial countries / collect

EUROPE

ALBANIE	355	ITALIE *	39
ALLEMAGNE *	49	LUXEMBOURG *	352
AUTRICHE *	43	MALTE	356
BELGIQUE *	32	NORVÈGE *	47
BULGARIE	359	PAYS-BAS *	31
C.E.I.	7	POLOGNE	48
CHYPRE	357	PORTUGAL *	351
DANEMARK *	45	ROUMANIE	40
ESPAGNE & CANARIES *	34	ROYAUME UNI *	44
FINLANDE *	358	SUÈDE *	46
GRÈCE	30	SUISSE	41
HONGRIE *	36	TCHÉCOSLOVAQUIE	42
IRLANDE *	353	TURQUIE *	90
ISLANDE	354	YOUGOSLAVIE	38

AFRIQUE

ALGÉRIE *	213	GABON *	241
BÉNIN	229	MAROC	212
BURKINA FASO	226	NIGER	227
CAMEROUN	237	SÉNÉGAL	221
CENTRAFRICAINE (République)	236	SOMALIE	252
CÔTE D'IVOIRE°	225	SUD-AFRICAINE (République)	27
ÉGYPTE	20	TUNISIE	216

PROCHE & MOYEN-ORIENT

ARABIE SAOUDITE 966		JORDANIE 962
ÉMIRATS ARABES UNIS * . . 971		KOWEÏT 965
IRAK 964		LIBAN 961
IRAN 98		SYRIE 963
ISRAËL * 972		YEMEN 967

AMÉRIQUES DU NORD & DU SUD

ARGENTINE * 54		HAWAII 18 08
BRÉSIL * 55		JAMAÏQUE 18 09
CANADA * 1		MEXIQUE 52
CHILI 56		PANAMA 507
COLOMBIE * 57		PARAGUAY 595
COSTA RICA 506		PÉROU 51
EL SALVADOR 503		PORTO-RICO 18 09
ÉTATS-UNIS * 1		URUGUAY 598
HAÏTI 509		VÉNÉZUELA 58

PACIFIQUE-SUD

AUSTRALIE * 61		NOUVELLE-ZÉLANDE * . . . 64

EXTRÊME-ORIENT

CHINE 86		MALAISIE 60
CORÉE (Rép. de) * 82		PHILIPPINES 63
HONG-KONG * 852		SINGAPOUR * 65
INDE 91		SRI-LANKA 94
INDONÉSIE 62		TAIWAN 886
JAPON * 81		THAÏLANDE 66

Pour téléphoner sans monnaie, LA TÉLÉCARTE°

La télécarte vous permet de téléphoner partout,° sans monnaie, à partir d'un publiphone à cartes. Vous pouvez l'acheter dans les bureaux de poste, les agences France Télécom, ou auprès des « revendeurs agréés° » facilement reconnaissables° par la signalisation télécarte.

la... *telephone debit card*

all over

revendeurs... *registered retailers / recognizable*

En détail

4

Les mots. Using logic and the context in which the following words occur in the reading, infer the meaning of these words. Match the words on the left with their synonyms or definitions in the order in which they appear in the reading.

Un guide pratique...

1. _____ destiné en priorité à
2. _____ la tarification
3. _____ communications téléphoniques
4. _____ permet
5. _____ mieux
6. _____ cabines publiques
7. _____ chiffres
8. _____ figurant

a. touch-tone
b. appearing
c. to send
d. dial tone
e. numbers
f. sign
g. meant especially for
h. allows
i. rates (prices)
j. through
k. telephone calls, etc.
l. telephone booths
m. better
n. change

Vous souhaitez...

9. _____ par l'intermédiaire de
10. _____ envoyer
11. _____ à touches musicales

Pour téléphoner à...

12. _____ la tonalité

La télécarte

13. _____ monnaie
14. _____ signalisation

5 **Le texte**

A. **Vrai ou faux?**   Read the text again and decide whether the following statements are true or false, writing **V** for **Vrai** if the statement is true and **F** for **Faux** if the statement is false. Correct the false statements.

1. _____ On peut appeler chaque cabine téléphonique.

_____

2. _____ On compose le 10 pour demander un renseignement à une opératrice.

_____

3. _____ On compose le 14 pour parler avec la compagnie Agence France Télécom.

_____

4. _____ Pour téléphoner à la Polynésie française on compose le 19 689 et le numéro de son correspondant.

_____

5. _____ Quand vous téléphonez en PCV, c'est vous qui payez.

_____

6. _____ La télécarte vous permet de téléphoner sans monnaie.

_____

7. _____ Le prix d'une communication de Nice (région Alpes-Maritimes) à Montréal, tarif normal, est de 2,57 F la minute.

_____

B. **Quel numéro?**   Indicate the number you would dial in France in each given situation.

1. You need to send a telegram. _____

2. Your phone is not working. _____

3. You want to use your credit card with France Télécom

  a. on a touch-tone coin phone. _____

  b. on a phone that accepts cards. _____

Chapitre 3 Workbook Activities   **45**

4. You want to call a friend in the United States with the assistance of the operator.

   _____

5. You want to dial direct to a friend in Rome, whose number is 6 572 572.

   _____

C. **Où?**   Indicate three places where one can buy a **télécarte.**

   1. _____

   2. _____

   3. _____

Et vous?

Feeling comfortable with telephone calls in another country takes some practice. You do not have the visual cues of facial expression and body gestures to help with meaning. Practice with the basic expressions of telephone usage can be a good beginning. Remember that messages on the telephone must be kept short and to the point.

   In French, write out a message that you want to leave on the answering machine (**un répondeur automatique**) of a French friend. Identify yourself. Tell him that you would probably **(probablement)** like to rent his apartment in France. Is it furnished? How many rooms are there? Ask if he has a stereo and cassettes or compact discs. What about a VCR and TV? Is the apartment downtown? Add any other special requests for information that is important to you.

Ici _____

_____

_____

_____

_____

_____

CHAPITRE 4

L'école
· · · · · · · · · ·

Première étape

A. **Chassez l'intrus!**   Cross out the word in each group that doesn't fit and write in one that's more appropriate.

1. la chimie / la biologie / les sciences politiques / _____

2. l'histoire / le dessin / la musique / _____

3. le commerce / la géographie / l'économie / _____

4. les langues étrangères / la littérature / l'informatique / _____

B. **Devinez.**   List the course(s) that fit the following descriptions.

1. On étudie les nombres. _____

2. On étudie des poèmes et des romans. _____

3. On étudie les plantes et les animaux. _____

4. On écoute des concerts et on joue des instruments. _____

5. On parle de la structure du gouvernement. _____

C. **Départ–arrivée.** Use the schedule below to find the departure and arrival times for the trips and train numbers indicated. Fill in the "official" times, and then write how you could express these times in conversation, spelling them out in full.

⟳ Dijon → Macon-Ville   Train 7341
Départ: _12 h 30_   Arrivée: _13 h 45_
Le train part à midi et demi et arrive à deux heures moins le quart.

941 Paris–Aix-les-Bains		7341 Dijon–Aix-les-Bains		939 Mâcon-Ville–Annecy	
Paris	23.50	Dijon	12.30	Macon-Ville	21.00
Macon-Ville	01.30	Macon-Ville	13.45	Lyon	21.40
Bourg-en-Bresse	02.05	Bourg-en-Bresse	14.45	Aix-les-Bains	22.55
Aix-les-Bains	06.15	Aix-les-Bains	16.05	Annecy	24.00

1. Paris → Aix-les-Bains   Train 941

   Départ: _____   Arrivée: _____

   Le train part à _____ et arrive à _____ .

2. Macon-Ville → Annecy   Train 939

   Départ: _____   Arrivée: _____

   Le train part à _____ et arrive à _____ .

3. Macon-Ville → Aix-les-Bains   Train 7341

   Départ: _____   Arrivée: _____

   Le train part à _____ et arrive à _____ .

4. Dijon → Bourg-en-Bresse   Train 7341

   Départ: _____   Arrivée: _____

   Le train part à _____ et arrive à _____ .

Deuxième étape

A. **En quel mois?** Read the following excerpt about French holidays. Write a complete sentence stating when each occurs according to the dates or months given in the list.

Fêtes et congés

Les fêtes

Les congés sont en grande partie commandés par les fêtes. Celles-ci comprennent les fêtes religieuses, issues de la tradition catholique (Pâques, Ascension, Pentecôte, Assomption, Toussaint, Noël) et les fêtes civiles qui évoquent les grandes dates de l'histoire nationale (fête nationale commémorant la prise de la Bastille, fête commémorant l'armistice du 1918, Fête de la Victoire 1945).

Fêtes légales

- 25 décembre: Noël
- 1er janvier: Jour de l'An
- mars ou avril: Pâques
- 14 juillet: Fête nationale
- 15 août: Assomption
- 1er novembre: Toussaint
- 11 novembre: Fête de l'armistice 1918
- 1er mai: Fête du Travail
- 8 mai: Fête de la Victoire 1945
- mai (un jeudi): Ascension
- mai ou juin: Pentecôte

Le Nouveau Guide France, 1990.

⊃ *Noël est le 25 décembre.*

1. _____

2. _____

3. _____

4. _____

5. _____

6. _____

7. _____

8. _____

9. _____

10. _____

B. **L'emploi du temps.** Based on his schedule, say when Jean-Michel has the courses indicated below or what he does on the days mentioned.

⊃ anglais: _le lundi, le mercredi et le vendredi_
  mercredi matin: _Il a le français, l'histoire, l'anglais et les maths_

LUNDI	MARDI	MERCREDI	JEUDI	VENDREDI	SAMEDI	DIMANCHE
dessin	français	français	allemand	éducation	match de foot (Club sport)	église
biologie	musique	histoire	géographie	physique		
anglais	éducation	anglais	biologie	français		
maths	physique	maths	français	histoire		
						dîner chez grand-mère
allemand	allemand	leçon de piano	peinture	anglais		
histoire	géographie		maths	musique		
français	biologie		informatique	informatique		

1. maths: _____

2. biologie: _____

3. géographie: _____

4. français: _____

5. le samedi: _____

6. le mercredi après-midi: _____

7. le dimanche: _____

C. **Et dimanche?**   Write a sentence indicating what the following people are going to do on the days noted.

⊃ Jeudi / Marie / faire du sport
Jeudi Marie va faire du sport.

1. Lundi / nous / faire une promenade _____

_____

2. Mardi / mes amis / jouer au tennis _____

_____

3. Mercredi / vous / faire du vélo _____

_____

4. Vendredi / Nathalie / faire des courses _____

_____

5. Samedi / tu / ne pas étudier _____

_____

6. Dimanche / je / ? _____

_____

Troisième étape

1. Je _____ bien faire de la natation cet après-midi. Malheureusement, je ne

    _____ pas parce que j'ai trop de travail. (vouloir, pouvoir)

2. Mes amis Thomas et Robert _____ bien faire des courses, mais ils ne

    _____ pas parce qu'ils n'ont pas d'argent. (vouloir, pouvoir)

3. Mon amie Claire _____ faire de la musique avec nous parce qu'elle joue de la

    guitare. Et elle _____ apprendre à jouer de la flûte aussi. (pouvoir, vouloir)

4. Mon ami et moi, nous aimons bien jouer au tennis, mais nous ne _____ pas

    jouer ce weekend parce que nous _____ aller au cinéma. (pouvoir, vouloir)

5. Qu'est-ce que tu _____ faire ce week-end? Tes amis et toi, quand est-ce que

    vous _____ faire du sport? Le mercredi? Le samedi? (vouloir, pouvoir)

B. **À l'école.** Write sentences using the components given.

1. étudiants / prendre / rue Neuve pour aller à l'école _____

    _____

2. professeur / prendre le temps de / expliquer la leçon _____

    _____

3. Nous / comprendre bien / professeur _____

    _____

4. Je / apprendre / français _____

_____

5. Tu / apprendre / parler / anglais _____

_____

6. Vous / ne pas comprendre / du tout? _____

_____

Intégration

Lecture: Le dimanche des enfants

Avant de lire

1 What do French children do on a day off from school? Check the activities that seem probable to you.

a. _____ Ils sont acteurs/actrices dans une pièce (*play*).

b. _____ Ils vont au cinéma.

c. _____ Ils font un petit voyage.

d. _____ Ils jouent au Monopoly.

e. _____ Ils jouent de la guitare.

f. _____ Ils font du ski.

g. _____ Ils regardent la télé.

2 In French, list three or four activities that you enjoy doing on Sundays.

1. _____

2. _____

3. _____

4. _____

En général

3 Skim the magazine article and list the possible activities given in activity 1 of **Avant de lire** that are actually mentioned in the reading.

_____

4 Skim the article a second time and choose the best ending for the following sentence:

Parmi (*among*) les dix enfants dans l'article...

a. _____ tous adorent le dimanche parce qu'il y a beaucoup à faire.

b. _____ tous adorent le dimanche parce que leurs parents organisent beaucoup d'activités pour eux.

c. _____ certains préfèrent l'école au dimanche parce qu'ils aiment étudier.

d. _____ certains préfèrent l'école au dimanche parce que leurs parents travaillent le dimanche et ils s'ennuient.

Enchanteur ou subi,°
le dimanche des enfants

toléré

Grasse matinée° ou jogging à l'aube,° théâtre ou télé... que font les écoliers durant leur journée de liberté?

grasse... *sleeping in* / tôt le matin

Les rituels

Élève au lycée Michelet de Marseille, Élodie vient d'avoir 15 ans. Il y a deux sortes de dimanches, dit Élodie: ceux qui sont «banals et ternes° parce qu'on se repose». Et ceux qu'elle consacre à sa passion: le théâtre. Depuis l'âge de 7 ans, Élodie joue dans la troupe amateur du Lacydon. Pour elle, dimanche égale répétitions° et... représentation.° «C'est le seul jour de la semaine où tout le monde est disponible° en même temps. C'est un plaisir incomparable d'être sur scène et de sentir° le public qui vous regarde.» Le public évidemment est conquis° d'avance: ce sont les parents, la famille et les copains.

dull

rehearsals / performance
available
feel
conquered

Le charme discret des dimanches en province

Pour Olivia, 11 ans, «les dimanches, c'est la forêt, c'est s'échapper de Nice, c'est la liberté, c'est du temps pas compté». Sa famille se partage une vieille et grande maison de village en montagne.° «C'est comme des vacances, en bien trop court. Les parents oublient d'être sur notre dos° pour nous dire: "C'est l'heure, fais tes devoirs, dépêche-toi."°» Quelques «instantanés°», de ceux qu'elle racontera° à sa copine pendant le cours de français? «Les longues parties de Monopoly avec papa, les châtaignes° que l'on cherche sous les feuilles en automne, les confitures° de mamie.°» Et aussi «les petits matins glacés° d'hiver où l'on part,° encore mal réveillé,° les skis sur le dos.»

mountains
sur... *on our case*
hurry up / examples
va raconter
chestnuts
jams / granny / icy
sets out / awake

J'sais pas quoi faire, vivement lundi!

Et puis, il y a les enfants qui s'ennuient,° parce que leurs parents travaillent, comme Obé, dont le papa est chauffeur de taxi, ou comme Csaba, qui regarde le sport à la télé, pendant que sa maman dirige° un théâtre. «Moi, mes parents veulent dormir,° et je n'ai pas le droit° de faire du bruit ou d'inviter des copines», regrette Nina. Alors, tout compte fait,° ces enfants-là préfèrent encore l'école au dimanche et attendent° le lundi avec impatience. Comme Mathieu, 13 ans, au collège Joffre de Montpellier. «Un dimanche sur quatre, je passe l'après-midi devant la télé. Pour tuer le temps, je zappe à la recherche d'un bon film. Mais il faut que le film soit bon, c'est-à-dire que ce soit un film d'action. Sinon, je regarde des cassettes: *Alien* I et II, *Terminator*.»

Flavie, 14 ans, déplore elle aussi les dimanches incolores. «C'est toujours pareil:° Canal Plus, famille, cousins... Voici un déjeuner typique chez mes grands-parents à Pantin: coquilles Saint-Jacques farcies,° gigot,° flageolets.° Trois heures à table, c'est long...»

are bored

directs
sleep / right
tout... *all in all*
wait for

la même chose
coquilles... *stuffed scallops / leg of lamb / beans*

Les enfants du divorce

Pour les enfants du divorce, comme Olivia, 13 ans, élève dans un collège de Saint-Bonnet-de-Mure dans le Rhône, l'année est rythmée par les dimanches avec papa et ceux avec maman. Ses parents sont séparés depuis à peine un an. Bien sûr, Olivia en a été perturbée, mais elle trouve au moins un intérêt à cette nouvelle situation. Ses week-ends ne sont plus, comme naguère,° synonymes d'ennui. «Maintenant, je fais deux fois plus de choses qu'avant. Le dimanche avec maman, on va au cinéma, et l'hiver, on fait du ski avec une association. Quand c'est le tour de papa, je l'accompagne à son club d'aviation.»

avant

Musique, pique-nique et embouteillages

Dimanche, jour de la musique: «Je joue du piano tout l'après-midi et je ne m'en lasse° pas, raconte la très sérieuse Élisabeth. Surtout Beethoven et Chopin. Mon prof dit qu'il faut que je joue encore plus et papa, qui est pianiste, corrige mes erreurs.» Dimanche, jour de pique-nique: «Ce qui est bien dans la forêt de Fontainebleau, c'est qu'on peut sortir de° table quand on veut», remarque Églantine. Dimanche et ses retours embouteillés: «Quand on revient de Trouville, y'a malheureusement plein de gens qui ont eu° la même idée que nous à la même heure.»

weary

sortir... *leave*

ont... *have had*

Source: Marie France, novembre 1993

En détail

5 **Les mots.** Using logic and the context in which they occur in the reading, can you guess what the following words mean? They are listed in the order in which they appear. Choose the best English equivalent from the choices given.

Section: Les rituels

1. _____ banal   a. ordinary   b. baleful

2. _____ se reposer   a. to pose   b. to rest

Chapitre 4 Workbook Activities   **55**

Section: Le charme...

3. _____ s'échapper   a. to shop   b. to escape from

4. _____ court   a. short   b. long

Section: J'sais pas...

5. _____ tuer (le temps)   a. to tie   b. to kill

6. _____ incolores   a. colorless   b. colorful

Section: Les enfants...

7. _____ l'ennui   a. the enemy   b. boredom

Section: Musique...

8. _____ retours   a. returns   b. travels

9. _____ embouteillés   a. bottles   b. jammed

6 **Le texte.**   For each of the children in the reading, list the activities that they do on Sundays. Note that some children do more than one activity.

1. Élodie _____

_____

2. Olivia (11 ans) _____

_____

3. Obé _____

_____

4. Csaba _____

_____

5. Nina _____

_____

6. Mathieu _____

_____

7. Flavie _____

_____

8. Olivia (13 ans) _____

_____

9. Élisabeth _____

_____

10. Églantine _____

_____

Et vous?

Complete the following sentences with your own ideas. In the first two, react to the school children in the magazine article. In the last item, describe at least four activities that you are going to do.

1. Je voudrais passer un dimanche avec _____

parce que _____

_____

2. Je ne voudrais pas aller chez _____

le dimanche parce que _____

_____

3. Ce dimanche, _____

_____

_____

_____

CHAPITRE 5

À table!
. . . .

Première étape

A. **Les achats.** Help Odile save time. Rearrange her shopping list so that all items bought at the same store are grouped together.

riz
sel
pêches
tarte aux pommes
yaourt
carottes
biftecks
crevettes
fromage
croissants
jambon
thon
tomates
pâté
pain
homard
lait
gâteau
saucisses
rosbif

épicerie

_____
_____
_____
_____
_____
_____
_____
_____

charcuterie

_____
_____
_____
_____

poissonnerie

_____
_____
_____

boucherie

_____
_____
_____

boulangerie-pâtisserie

_____
_____
_____

B. **Devinez.** Find vocabulary items that match the following descriptions.

1. C'est un légume vert, mince et long. _____

2. C'est un dessert froid. Il y a des parfums (*flavors*) différents. _____

3. C'est un produit énergétique. On fait un sandwich avec ce produit. _____

4. C'est une boisson alcoolisée. Quelquefois elle est rouge, quelquefois blanche.

   _____

5. C'est un fruit rond. Il est rouge ou vert ou jaune. _____

6. C'est un poisson qu'on trouve dans une salade niçoise. _____

7. À vous maintenant. Écrivez une devinette pour la classe.

   _____

C. **Quels ingrédients?** Say what ingredients you would buy to prepare the following items. Choose from the following list of ingredients and *add others* if you wish.

salade	fromage	bœuf	lait	œufs	pommes de terre
thon	sucre	tomates	carottes	farine (f.) (*flour*)	oignons

➲ Pour préparer un gâteau, j'achète *du sucre, du beurre, de la farine, du sel et du lait.*

1. Pour préparer un citron pressé, _____

   _____

2. Pour préparer un ragoût (*stew*), _____

   _____

3. Pour préparer une salade niçoise, _____

   _____

4. Pour préparer une quiche, _____

   _____

5. Pour préparer une tarte, _____

   _____

6. Pour préparer une omelette, _____

   _____

D. **Qu'est-ce qu'on boit?**   Say what the following people do and do not drink. Use the verb **boire** and a form of the partitive article as in the example.

⤷ Moi / + café, vin / − chocolat
Moi, je bois du café et du vin. Je ne bois pas de chocolat.

1. Mes cousins / + Canada Dry, Perrier / − bière

_____

2. Ma sœur (Mon frère) / + lait, eau minérale / − coca

_____

3. Vous / + vin rouge, thé au citron / − limonade

_____

4. Toi / + jus de fruits, vin blanc / − citron pressé

_____

5. Mes amies et moi, nous / + coca, bière / − thé au lait

_____

6. Moi / + ? / − ?

_____

E. **Claire Bouffetout.**   Complete the following paragraph about Claire Bouffetout using the appropriate *partitive*, *definite*, or *indefinite* article as required.

Claire est gourmande; elle adore manger. Chaque matin, elle prend _____ pain et

_____ beurre avant de manger _____ céréales. Comme boisson, elle a toujours _____

café au lait. Le matin vers dix heures, elle mange _____ tarte et boit _____ jus de fruits.

Claire aime surtout _____ déjeuner parce qu'elle aime beaucoup _____ légumes. D'habi-

tude elle prend _____ salade verte et une assiette de légumes: _____ petits pois, _____

haricots, _____ carottes ou _____ maïs. Claire ne mange pas _____ viande parce qu'elle

est végétarienne. Elle n'aime pas _____ bœuf ni _____ porc, mais quelquefois elle prend

_____ poisson. En général elle mange _____ fromage, _____ fruits et _____ dessert

(_____ glace, _____ mousse au chocolat, _____ gâteau). Comme boisson, elle boit

Chapitre 5 Workbook Activities   **61**

_____ eau minérale. Le soir, elle mange (un peu) moins. Elle prépare souvent _____

soupe, _____ quiche ou _____ pizza, ou bien elle prend _____ pâté et _____ pain ou

quelquefois _____ pâtes ou _____ riz. Elle aime beaucoup _____ coca ou _____

limonade. Bien sûr, elle aime aussi _____ dessert. Claire «bouffe tout»!

F. **Mangez au restaurant.** Create dialogues in which you and two of your friends order the
following meals. Vary the polite expressions you use to order.

1. (poulet / pommes de terre / bière); (rosbif / haricots verts / citron pressé); (poisson / maïs
/ café crème)

— _____

— _____

— _____

2. (salade / saucisse / coca); (bifteck frites / carottes / vin rouge); (hamburger à l'avocat /
frites / jus d'orange)

— _____

— _____

— _____

3. (À vous d'imaginer!)

— _____

— _____

— _____

Deuxième étape

A. **Mais non!** David surveyed several classmates on their eating habits. By coincidence, they
responded negatively to every question he asked. Read the questions that follow, then write
a likely answer using the expressions **ne ... pas, ne ... plus,** and **ne ... jamais.**

⟳ Tu manges encore avec ta famille?
Non, je ne mange plus avec ma famille.

1. Tu bois du lait?

_____

2. Tu prends souvent du homard?

_____

3. Tu manges des crevettes au petit déjeuner?

_____

4. Tu manges souvent dans des restaurants exotiques?

_____

5. Tu prends encore du thé au lait?

_____

6. Tu prépares encore du pain grillé?

_____

7. Tu paies souvent les repas de tes copains?

_____

8. Tu as encore le temps de prendre le petit déjeuner?

_____

B. **Combien de...** Specify the quantities of the grocery items M. Jospin purchased today. Fill in the blanks using the following expressions: **douzaine, tranche, boîte, kilo, bouteille, litre, morceau, 500 grammes.** Use each expression only once.

➭ *une bouteille de* limonade

1. _____ œufs   5. _____ carottes

2. _____ fromage   6. _____ lait

3. _____ jambon   7. _____ roquefort

4. _____ vin   8. _____ petits pois

C. **Qu'est-ce qu'on mange chez vous?** Compare your eating/drinking habits to those of the friends and family listed below. Decide what food items to compare and use **autant** (=), **moins** (−), and **plus** (+) as indicated.

➭ (mère / =) *Ma mère mange autant de légumes que moi.*

1. (frère / +) _____

2. (cousins / −) _____

3. (meilleure amie / =) _____

4. (père / −) _____

5. (camarade de chambre / =) _____

6. (? / +) _____

D. **Opinions personnelles.** Express a personal opinion on the items below using the adjectives indicated. Use all three types of comparisons: superiority, inferiority, and equality.

1. le homard et les crevettes (cher)

_____

2. les plats préparés (la pizza, les sandwichs, etc.) et un repas traditionnel français (appétissant)

_____

3. les fruits et les produits énergétiques (sain)

_____

4. le bifteck et le saucisson (gras)

_____

5. la glace au chocolat et le gâteau au chocolat (bon)

_____

Troisième étape

A. **Paul Pressé.** First look at the pictures below and on the next page and number them chronologically.

_____ faire les courses   _____ préparer le dîner   _____ regarder la télé

_____ prendre l'autobus

_____ acheter des légumes

_____ parler au téléphone;
oublier son dîner

_____ boire un café

Now write sentences in chronological order telling what Paul did last Saturday based on the pictures and verb cues.

1. _____

2. _____

3. _____

4. _____

5. _____

6. _____

7. _____

Chapitre 5 Workbook Activities **65**

B. **Qu'est-ce qu'ils ont fait?** Using the cues, write a statement in the passé composé telling what these people did yesterday.

1. Mamadou / faire les courses / supermarché

   _____

2. Jeanne et Pierre / acheter / légumes exotiques

   _____

3. Tu / ne pas manger / restaurant

   _____

4. Nous / prendre / poulet / comme plat principal

   _____

5. Vous / boire / vin blanc

   _____

6. Mes copains/ ne pas payer / mon dîner

   _____

C. **Et toi?** What about you? Write two things you have done recently and two things you have not done. Use different verbs for each sentence.

1. _____

2. _____

3. _____

4. _____

D. **Expliquez.** Try your hand at writing explanations about things, people, and places. Use the expressions on page 182 in your text to help you describe the following items.

   ⊃ épicerie *C'est un magasin. Une épicerie est plus petite qu'un supermarché. C'est là où on achète des fruits, des légumes et du lait, par exemple.*

1. un supermarché _____

   _____

2. un restaurant _____

_____

3. un dessert _____

_____

4. un plat principal _____

_____

5. une serveuse _____

_____

6. un chef de cuisine _____

_____

Intégration

Lecture: Sandwichs, le test

Avant de lire

1 Circle the words you are most likely to find in this article taken from a magazine on health and fitness, considering the title of the reading.

beurre   dessert   viande

régime   mayonnaise   santé

grossir   poulet   appartement

jambon   restaurant   tomate

En général

2 Skim the article and, looking at the subtitles and other information, rank the five sandwiches from healthiest to least healthy.

1. _____

2. _____

3. _____

4. _____

5. _____

Sandwichs, le test

En France, nous achetons chaque jour plus de trois millions de sandwichs. Ce n'est pas une raison pour avaler « n'importe quoi entre deux tranches de pain ». Le Dr Thierry Gibault, nutritionniste, a analysé pour vous les sandwichs les plus courants. Son opinion.

JAMBON-BEURRE-CORNICHONS : ÉQUILIBRÉ

Ce grand classique présente un bon équilibre nutritionnel entre les protéines, les sucres et les graisses. Une seule réserve : le beurre (graisse animale saturée) est déconseillé à ceux qui souffrent d'excès de cholestérol. Une bonne note tout de même.

Calories : 500
Sucres : 47%
Graisses : 34%
Protéines : 17%

POULET-CRUDITÉS* : IDÉAL

C'est incontestablement le meilleur sandwich sur le plan nutritionnel : un apport parfait en protéines et des graisses en proportion limitée. De plus, les lipides de la volaille, en majorité insaturés, sont bénéfiques pour la santé. Attention toutefois au surplus de mayonnaise…

*Concombre-tomate-salade-mayonnaise.

Calories : 560/sandwich
Sucres : 43%
Graisses : 35%
Protéines : 21%

BEURRE-CAMEMBERT : TROP GRAS

Un peu plus riche que le « jambon-beurre » car le camembert est plus gras. Bilan, plus de graisses et moins de protéines et de sucres lents. Attention, également, en cas de cholestérol.

Calories : 560
Sucres : 41%
Graisses : 42%
Protéines : 15%

LE « TURC* » : À ÉVITER

Carton rouge! Trop riche (250 cal de plus que les autres, soit l'équivalent d'un pain au chocolat ou de trois yaourts) et, surtout, bien trop gras (merci, les frites!). Du coup, pas assez de protéines à effet rassasiant ni de sucres lents. Une folie à réserver aux grandes occasions…

*Viande-tomates-oignons-sauce-frites.

Calories : 800
Sucres : 40%
Graisses : 43%
Protéines : 16%

HOT-DOG : PAS SI MAL

Contrairement aux apparences, cet en-cas est peu gras, nettement moins que le sandwich au camembert! De plus, les graisses de la saucisse (viande de porc) sont proportion-nellement moins satu-rées que celles du fromage. Un peu court en protéines toutefois.

Calories : 530
Sucres : 45%
Graisses : 36%
Protéines : 17%

LA MÉTHODE

Tous ces calculs prennent en compte un sandwich « de base », réalisé avec 100 g de pain (près d'une demi-baguette), 60 à 80 g de garniture (jambon, saucisses, camembert, poulet, crudités…) et des quantités adaptées de beurre, moutarde, salade, sauce.

En détail

3 **Les mots**

A. **Devinez.** Find the following words in context in the article and write their equivalent in English.

1. équilibre _____

2. graisses _____

3. folie _____

4. proportionnellement _____

5. contrairement _____

6. excès _____

7. bénéfiques _____

8. déconseillé _____

B. **Identifiez.** Read the magazine article and determine which of the phrases in the right-hand column best describes each of the sandwiches in the left-hand column.

1. _____ Le jambon-beurre-cornichons   a. est trop gras à cause des frites.

                                             b n'est pas aussi mauvais que sa réputation.

2. _____ Le poulet-crudités   c. est bon pour la santé, mais il contient un peu trop de matière grasse.

3. _____ Le beurre-camembert   d. a une proportion raisonnable de graisses et de protéines.

4. _____ Le «Turc»   e. contient un fromage très gras.

5. _____ Le hot-dog

4 Le texte

A. **Qualité.** Complete the following sentences with **plus, moins, aussi,** or **meilleur(e)(s)**, according to the information in the reading.

1. Un pain au chocolat est _____ riche que trois yaourts.

2. Le hot-dog est _____ dangereux pour le cœur que le «Turc».

3. Les graisses de la saucisse sont _____ que les graisses du camembert.

4. Le beurre-camembert est _____ gras que le hot-dog.

5. Le jambon-beurre-cornichons est équilibré, mais _____ bon que le poulet-crudités.

      Chapitre 5 Workbook Activities   **69**

B. **Quantité.** Complete the following sentences with **plus de, moins de,** or **autant de,** according to the information in the reading.

1. Le beurre-camembert a _____ calories que le poulet-crudités.

2. Le hot-dog a _____ calories mais _____ graisses que le poulet-crudités.

3. Le poulet-crudités a _____ légumes que le «Turc».

4. Le jambon-beurre-cornichons contient _____ protéines que le hot-dog.

Et vous?

1. In your opinion, what is the ideal sandwich? Write four sentences describing your creation.

   ➲ *Le meilleur sandwich a beaucoup de crudités, mais pas d'oignons.*

   1. _____

   2. _____

   3. _____

   4. _____

2. Now compare your sandwich with those in the article. Write five sentences using any of the following words.

   plus   moins   aussi   autant

   1. _____

   2. _____

   3. _____

   4. _____

   5. _____

CHAPITRE 6

Le temps et les passe-temps

· ·

Première étape

A. **Quel temps fait-il?** Based on the weather report below, say what the weather is like in the cities listed on page 72.

> ↪ À Regina *il y a des nuages et il fait très froid. La température est entre moins sept et moins quatorze degrés.*

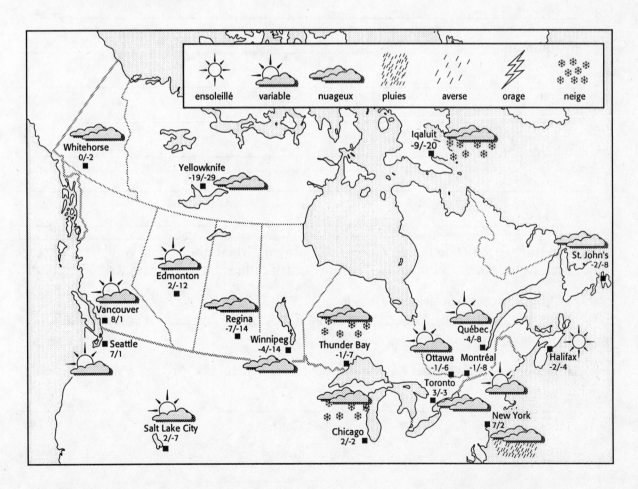

1. À Chicago _____

2. À Halifax _____

3. À Vancouver _____

4. À New York _____

5. À Iqaluit _____

B. **Associations.** Refer to the expressions in your textbook used to talk about weather. Describe the typical weather pattern in your area for each of the seasons using the expressions you associate with that season. (You can also say what the weather is *not* like.)

1. Au printemps _____

   _____

   _____

2. En été _____

   _____

   _____

3. En automne _____

   _____

   _____

4. En hiver _____

   _____

   _____

C. **Où? Quand?** Complete the sentences below, saying where the people went and whether they arrived on time, late, or early. The time in parentheses is the "expected" arrival time.

   ⮌ Hier matin / professeur / à la fac / 8 h 45 (8 h 45)
   Hier matin, le professeur est allé à la fac. Il est arrivé à l'heure à neuf heures moins le quart.

1. Samedi dernier / les Cartier / à une fête de mariage / 2 h (1 h 30)

   _____

2. Hier après-midi / je / à mon examen d'histoire / 3 h 45 (4 h)

_____

3. Hier soir / mes amis et moi, nous / au concert / 8 h 30 (8 h 30)

_____

4. Ce matin / vous / à Genève / 10 h 20 (10 h 30)

_____

5. Hier soir / mon amie Claudine / au cinéma / 7 h 40 (7 h 40)

_____

6. Dimanche après-midi / tu / au musée / 1 h 15 (1 h)

_____

D. **Combien de temps?** Complete the sentences saying how long the following people stayed in the places indicated and what time they returned home.

⊃ Léopold / à la bibliothèque (8 h 15 – 8 h 40)
Léopold est resté vingt-cinq minutes à la bibliothèque. Il est rentré à neuf heures moins vingt.

1. Les étudiants / au restaurant universitaire (9 h 10 – 10 h)

_____

2. Tu / à la pâtisserie (9 h 45 – 10 h 05)

_____

3. Nous / à la banque (10 h 15 – 10 h 25)

_____

4. M. Achat / au supermarché (10 h 50 – 12 h)

_____

5. Vous / au café (12 h 30 – 1 h 45)

_____

6. Je / au musée (2 h 15 – 4 h 30)

_____

Chapitre 6 Workbook Activities   **73**

E. **Il y a longtemps?** Help the police track down the bank robber. Look at the sign-in sheet below and say how long ago each person entered the bank vault. The current time is 4:30 pm.

8 h 15	*M. Jacques Tournier*
9 h 30	*Mme Anne-Marie Dion*
10 h 00	*Mlle Naïma Rubert*
11 h 30	*Mme Dupont*
1 h 30	*Mlle Mireille Dubonnet*
3 h 45	*M. Driss Mustapha*

1. M. Jacques Tournier _____

2. Mme Anne-Marie Dion_____

3. Mlle Naïma Rubert_____

4. Mme Dupont *est entrée il y a cinq heures* _____

5. Mlle Mireille Dubonnet_____

6. M. Driss Mustapha _____

Deuxième étape

A. **Chassez l'intrus.** One word in each group cannot be used with the verb in parentheses. Identify which one and explain your response, using the subject indicated.

> ⊃ (voir) un film / un roman / une comédie / un drame
> On *voit un film, une comédie et un drame, mais on lit un roman.*

1. (dire) des bêtises / la vérité / les variétés / son opinion

Je _____

_____

2. (voir) des dessins animés / des bandes dessinées / des drames / des feuilletons

Nous _____

_____

3. (écrire) les sports / des lettres / des romans / des rapports

Vous _____

_____

4. (lire) le journal / une histoire / le journal télévisé / une publicité

On _____

_____

B. **Un week-end pluvieux.**   Danielle describes how she and her cousin spent a rainy week-end. Complete the paragraph in the passé composé, choosing from the verbs in the list. You may use a verb more than once, but you must use each verb at least once. (Attention! Some verbs use **être** and others use **avoir** as the auxiliary.)

voir	écrire	oublier	décider
aller	arriver	lire	comprendre
rentrer	rester	faire	apprendre
rater	commencer	préparer	

Quel mauvais temps! Patrick (1.) _____ vers 9 h 30 samedi dernier

sous la pluie. Impossible de faire du sport ou une promenade. Alors nous

(2.) _____ les critiques de films dans le journal et nous

(3.) _____ d'aller au cinéma. Nous (4.) _____ vers

15 h 45. Le film (5.) _____ à 16 h. Nous (6.) _____

Germinal—un excellent film! Après la séance, nous (7.) _____ au café

retrouver nos copains et prendre une boisson. Malheureusement nous

(8.) _____ l'heure, alors nous (9.) _____ deux heures

en retard. Mes parents (ne pas) (10.) _____! Ils n'étaient pas du tout

contents parce que nous (11.) _____ le dîner—et la fête de mon oncle

Georges! Conséquence? Le lendemain, je (12.) _____ à la maison et j(e)

(13.) _____ mes devoirs. J(e) (14.) _____ un rapport

pour mon cours de psychologie et j(e) (15.) _____ un examen d'anglais.

Et j(e) (16.) _____ à ne pas oublier l'heure!

Chapitre 6 Workbook Activities   **75**

C. **La compatibilité.** Christophe is looking for someone to share an apartment with him. Read his questions, and answer according to your own preferences and habits. Use a direct object pronoun in your response.

> ⟳ Pavarotti est mon chanteur favori. J'adore la musique classique, et toi?
> *Bien sûr, je l'aime beaucoup. (or: Je ne l'aime pas du tout.)*

—En plus, j'aime les films d'épouvante—et toi?

_____

—Par contre, je ne regarde jamais la télévision. Tu regardes souvent la télévision?

_____

—Moi, j'ai un abonnement au journal. Tu lis le journal tous les jours?

_____

—Moi, je ne sais pas cuisiner. Tu fais la cuisine peut-être?

_____

—Je suis un étudiant sérieux et je fais mes devoirs tous les soirs. Et toi?

_____

—Le week-end j'adore faire du sport. Et toi, tu aimes le sport aussi?

_____

D. **Un(e) étudiant(e) typique?** The teacher wants to be sure you're keeping up with your work and that you understand the material well. Answer the following "teacher" questions using a direct object pronoun in your response. Don't forget to make agreement with the past participle when necessary.

1. Vous avez fait vos devoirs?

_____

2. Vous avez lu la leçon?

_____

3. Vous avez vu la vidéo?

_____

4. Vous avez compris les exercices?

_____

5. Vous voulez passer l'examen aujourd'hui?

_____

6. Vous voulez écrire votre rapport?

_____

7. Vous voulez aider vos camarades?

_____

8. Vous voulez écouter la cassette?

_____

Troisième étape

A. **Julien.** Julien is such a nice guy that people sometimes wonder what he's up to. Write sentences saying what he does, did, or will do for others based on the cues that follow. Use **lui** or **leur** in your sentences.

> ⊃ sa sœur: acheter une glace hier
> *Julien lui a acheté une glace hier.*

1. son camarade de chambre: payer le dîner hier

_____

2. son amie: faire un cadeau la semaine dernière

_____

3. ses parents: téléphoner souvent

_____

4. ses professeurs: dire toujours «bonjour»

_____

5. sa grand-mère: aller écrire une carte postale demain

_____

6. ses copains: parler demain

_____

B. **Les habitudes des étudiants.** Say whether you and your classmates usually do or *don't* do the activity mentioned. Use an object pronoun in your statement. (Be careful to distinguish between verbs requiring a direct object pronoun and those requiring an indirect object pronoun.)

⊃ regarder quelquefois *la télé*
*Oui, nous **la** regardons quelquefois.*
or: téléphoner souvent *au professeur*
*Non, nous ne **lui** téléphonons pas souvent.*

1. regarder *les films français*

_____

2. lire *les bandes dessinées*

_____

3. écouter *la musique de Garth Brooks*

_____

4. écrire des lettres *à vos parents*

_____

5. parler de politique *à votre camarade de chambre*

_____

6. dire la vérité *à vos copains*

_____

7. comprendre *le français*

_____

8. poser des questions *au professeur*

_____

C. **Des invitations.** Put the sentences of the following conversations in a logical order.

1. _____ Ça t'intéresse?

   _____ Je veux bien. Prenons ma voiture.

   _____ Il y a un match de hockey cet après-midi.

   _____ Bonne idée.

2. _____ Rendez-vous à six heures?

   _____ Allons au restaurant. Je t'invite.

   _____ Parfait.

   _____ Volontiers.

3. _____ D'accord.

   _____ Voudriez-vous aller au cinéma?

   _____ Une autre fois, alors?

   _____ Malheureusement, je n'ai pas le temps.

Intégration

Lecture: Ils sont champions du monde!

Avant de lire

1 **Les mots**

A. This article reports on the outcome of the 1998 World Cup final match. You will find many words in the reading that are similar to English words. Some of them are listed below. Can you guess their meaning?

1. héroïques _____

2. légendes _____

3. demi-finales _____

4. champions _____

5. gloire _____

6. mythologique _____

7. résidence _____

8. exubérants_____

B. You will also encounter some verbs in a past tense called the imperfect (l'imparfait). Try to guess the infinitive form of each of the following verbs, which appear in the article in the imperfect.

1. (se) préparait_____

2. commentait _____

3. pensait _____

4. chantaient _____

_____

En général

2 Choose the best description for each paragraph of the article.

1. _____ «Ils sont champions... »

2. _____ «Ils sont champions du monde et... »

3. _____ «Dès les premières heures... »

4. _____ «Les joueurs... »

a. la fête après le match
b. le jour du match et les fans
c. la diligence de l'équipe
d. la victoire des Français

Ils sont champions du monde!

Ils sont champions du monde de football. Ce titre est suprême dans le sport le plus populaire de la planète. On le pensait toujours destiné aux autres: aux Allemands, aux Argentins, Italiens ou Brésiliens, tous des habitués de la gloire. La France? Elle finissait plutôt en demi-finales et en défaites héroïques. C'était vrai jusqu'à cet historique 12 juillet 1998, jusqu'à cette liesse° insensée qui a déferlé sur tout un pays. «Maintenant, commentait simplement un supporteur brésilien, vous allez savoir ce que c'est que la gloire.

joie

Ils sont champions du monde et ils ont jeté un million et demi de personnes sur les Champs-Élysées, la plus célèbre avenue du monde et lieu mythologique de résidence des héros grecs. Ils sont venus de partout, de l'est et du nord, des banlieues et du centre, dans des voitures décorées de drapeaux tricolores, garçons et filles exubérants, chantant, dansant, s'embrassant, criant: «On est les champions!» Ils ont recouvert la chaussée° depuis la porte Maillot jusqu'à la place de l'Étoile, quelque chose de pas vu depuis la Libération.

l'avenue

Dès les premières heures de la journée, c'était étrange, la France entière se préparait à la victoire. Bleu-blanc-rouge étaient les visages maquillés, bleu-blanc-rouge les vêtements, bleu-blanc-rouge les drapeaux. Bien des heures avant le coup d'envoi,° la foule avait *kickoff* pris place au Stade de France. Ceux qui n'avaient pas de billets déambulaient autour du gigantesque bâtiment pour le simple plaisir d'être là. Tous chantaient: «On va la gagner! On va la gagner!» On voyait des très importantes personnes, invités de marque, chefs d'entreprise et des cadres supérieurs hilares, le visage bariolé° por- *painted* teurs du maillot de l'équipe de France ou en T-shirt. Michel Platini° montrait champion de foot l'exemple. Il avait le maillot sous la veste. Jacques Chirac° son maillot fétiche, Président de République numéro 23, à la main, et l'écharpe tricolore autour du cou, comme Lionel Jospin°. Ils sont champions du monde et ils l'ont bien mérité. Le match? Quel Premier ministre match? Le Brésil est tombé sans honneur, dominé par une équipe de France à peu près parfaite et, cette fois, si sûre de sa force.

Les joueurs, eux, n'ont jamais lâché, et c'est ce qui a compté. Le secret de ce groupe de vainqueurs ? «La volonté de rendre la France heureuse.»

Source: Reprinted with permission from *Le mundial*, 13 juillet 1998.

3 En détail

A. **Les mots**   Using context and cognates, guess the meaning of the words in bold and check the most likely English equivalent.

1. (par. 1) «On le pensait toujours **destiné** aux autres… »

   a. _____ described

   b. _____ destined

2. (par. 2) «Ils sont venus de partout, de l'est et du nord, des **banlieues** et du centre…»

   a. _____ suburbs

   b. _____ borders

3. (par. 3) «Ceux qui n'avaient pas de billets **déambulaient** autour du gigantesque bâti-ment pour le simple plaisir d'être là.»

   a. _____ demonstrated

   b. _____ strolled

4. (par. 4) «Les joueurs, eux, n'ont jamais **lâché,** et c'est ce qui a compté.»

   a. _____ scored

   b. _____ gave up

Chapitre 6 Workbook Activities   **81**

B. **Interprétez.** Using context and cognates, guess the meaning of the phrase «**tous des habitués de la gloire**» in the first paragraph.

a. _____ all habits of glory

b. _____ all accustomed to glory

c. _____ all glorious habitats

4 **Le texte**

Based on the article, choose the best verb to complete the following sentences in the **passé composé.**

chanter   gagner   faire   dire   arriver   voir

1. Le 12 juillet 1998, les Bleus _____ la Coupe du Monde.

2. Un million et demi de personnes _____ la fête dans la rue après le match.

3. La France (ne … pas) _____ une si grande célébration depuis la Libération.

4. Pendant le match, tout le monde _____: «On va le gagner!»

5. Un supporteur brésilien _____ que la France va comprendre la gloire.

6. La foule _____ au Stade de France des heures avant le match.

Et vous?

Imagine that you are a sports writer for your school newspaper. Choose a sport and write three or four sentences announcing an upcoming match and another three or four reporting about the match after the fact. Use expressions from Chapter 6 that indicate past and future time. Mention, for example, the day, the weather, the name of the two teams, the expected and actual outcome, and the reasons for the victory or defeat.

⊃ (Avant) *Demain notre équipe de…*
   (Après) *La semaine dernière…*

1. _____

   _____

   _____

   _____

2. _____

   _____

   _____

   _____

CHAPITRE 7

Voyages et transports

· ·

Première étape

A. **À l'agence de voyage.** Vous êtes agent(e) de voyage. Dans le tableau suivant vous indiquez les préférences de vos clients. Écrivez ces indications pour chaque client en phrases complètes à la page 84.

CLIENT	CHAMBRE						HÔTEL									
	1p.	2p.	3p.	4p.	sdb.	dche.	🏊	🚗	ascenseur	♿	📞	TV	☆	D.P.	S.R.	R.
Ahmed		X			X			X								X
Jean-Marc	X				X											X
Klein		X			X		X		X	X						
Saint-Paul		X									X				X	
Dupont			X			X	X	X				X	X			

Légende des abbréviations

sdb. = salle de bains   📞 = téléphone dans la chambre

dche. = douche   TV = télévision dans la chambre

🏊 = piscine   ☆ = petit déjeuner

🚗 = garage   D.P. = demi-pension

ascenseur = ascenseur   S.R. = sans restaurant

♿ = chambres accessibles   R. = restaurant
aux handicapés physiques

⊃ Mlle Ahmed: _Elle voudrait une chambre à deux personnes avec salle de bains. Elle préfère un hôtel avec un restaurant et un garage._

1. Jean-Marc: _____

2. M./Mme Klein: _____

   _____

3. Christine et Catherine Saint-Paul: _____

   _____

4. M./Mme Dupont, fils Charles: _____

   _____

B. **Lundi matin chez les Genet.** Monsieur Genet décrit le lundi matin typique dans sa famille. Complétez sa description en employant les éléments donnés.

1. Nous / ne pas dormir / tard

   _____

2. Ma femme / dormir / jusqu'à 6 h 30

   _____

3. Les enfants / dormir / jusqu'à 7 h

   _____

4. Ma femme / servir / petit déjeuner / à 7 h 15

   _____

5. 8 h / les enfants / partir pour l'école

   _____

6. 8 h 15 / ma femme et moi, nous / partir aussi

   _____

7. Et vous? Jusqu'à quelle heure / dormir?

   À quelle heure / sortir?

   _____

NAME _____ SECTION _____ DATE _____

C. **Habitudes.** Jacques fait un sondage sur les habitudes des étudiants. Répondez à ses questions par des phrases complètes.

1. Aimez-vous les repas qu'on sert au restaurant universitaire? Qu'est-ce qu'on a servi hier?

   _____

   _____

2. Qu'est-ce que vous servez quand vous avez des invités chez vous? _____

   _____

3. À quelle heure est-ce que vous partez pour vos cours d'habitude (*usually*)? Est-ce que

   vous êtes parti(e) à l'heure ce matin? _____

   _____

4. Est-ce que vous dormez tard le samedi matin? Avez-vous dormi tard ce matin? _____

   _____

   _____

5. Où allez-vous quand vous sortez le week-end? Avec qui êtes-vous sorti(e) le week-end

   dernier? _____

   _____

D. **Habiter en Tunisie.** En 1987, Sadia et son mari sont allés habiter en Tunisie. Décrivez sa vie depuis 1987 d'après les informations suivantes en employant les expressions de temps indiquées.

arriver en Tunisie	commencer ses études	stage d'été en France	terminer ses études	enseigner le français	présent
1987	1988	1990	1993	1994	200?

   ⊃ commencer ses études (il y a)
   Sadia a commencé ses études il y a ____ ans.

1. être en Tunisie (depuis) _____

2. arriver (il y a) _____

3. étudier à la fac (pendant) _____

4. faire un stage en France (pendant) _____

Copyright © Houghton Mifflin Company. All rights reserved.   Chapitre 7 Workbook Activities **85**

5. terminer ses études (il y a) _____

6. trouver un poste (il y a) _____

7. être professeur de français (depuis) _____

Deuxième étape

A. **En vacances.** Qu'est-ce que vous aimez faire pendant les vacances? Souvent l'activité dépend de l'endroit. Complétez la liste d'activités possibles pour les endroits indiqués. (Regardez le vocabulaire à la fin du chapitre, pages 273–274, dans votre manuel de classe si vous voulez.)

1. Au bord de la mer ou d'un lac, on peut aller à la pêche, _____

   _____

2. Dans la forêt ou à la montagne, on peut faire du camping, _____

   _____

3. Dans une grande ville, on peut visiter les vieux quartiers, _____

   _____

4. Moi, j'aime beaucoup _____

   _____

B. **Les grandes vacances.** Où ces étudiants vont-ils passer leurs vacances? Complétez les phrases avec les prépositions ou l'article qui conviennent. Placez un **X** dans l'espace si la préposition ou l'article n'est pas nécessaire.

1. _____ Dakar est la capitale _____ Sénégal où Izà va passer un mois cet été.

2. _____ Portugal est la destination de Monique et de ses amis. Après ça, ils vont aller _____

   Espagne.

3. Kai pense aller _____ Londres, mais il n'est pas sûr. S'il a assez d'argent, il va aller chez sa

   tante _____ Japon.

4. Guy a de la chance! Il va passer un mois _____ Chicago _____ États-Unis. _____ Chicago

   est sa ville préférée!

5. Christine veut aller _____ Danemark, _____ Belgique et _____ Pays-Bas.

6. Alain a trouvé un travail d'été _____ Israël.

7. Marc va voir sa cousine _____ Guadalajara, _____ Mexique.

8. Cet été, Bernard va _____ Genève. Il va faire de l'alpinisme _____ Suisse avec son ami

   Patrice.

C. **De quel pays?**   D'où viennent les personnes suivantes? D'où reviennent-elles? Répondez selon les indications suivantes concernant leur pays d'origine et le pays dont elles reviennent.

   ⊃ Tu: Suisse / Maroc
   Tu viens de Suisse. Tu reviens du Maroc.

   1. Mme Lagarde: Luxembourg / Pays-Bas

   _____

   2. Sadia et Karim Ahmed: Algérie / France

   _____

   3. Mes amis et moi, nous: Allemagne / Chine

   _____

   4. Tu: Canada / Philippines

   _____

   5. Vous: Brésil / Chili

   _____

   6. Je: ? / ?

   _____

Troisième étape

A. **Vacances.**   Complétez les phrases suivantes en employant les éléments donnés.

   À l'école le jour avant les vacances...

   1. Anne / ne pas répondre / questions du professeur

   _____

   2. Georges / ne pas entendre / ses questions

   _____

Chapitre 7 Workbook Activities   **87**

3. Les étudiants / attendre / vacances avec impatience!

_____

Pendant les vacances...

4. Ma famille et moi, nous / rendre visite / nos grands-parents

_____

5. Thomas / perdre beaucoup de temps / aéroport

_____

6. Julie et Paul Martin / descendre / dans un hôtel au bord de la mer

_____

7. Et vous? Attendre / les vacances avec impatience?

_____

B. **Comment y aller?**   Comment allez-vous aux endroits indiqués: en voiture? en avion? en train? en vélo? en bateau? à pied? Donnez toutes les possibilités logiques. Employez le pronom **y** dans vos réponses.

> ⊃ au cinéma *J'y vais en voiture / à pied...*

1. à l'école _____

2. au supermarché _____

3. chez votre grand-mère _____

4. en Afrique _____

5. au parc _____

C. **Allons-y!**   Pour trouver l'endroit parfait pour vos vacances, l'agent de voyage vous pose certaines questions. Répondez à ses questions en employant le pronom **y** dans vos réponses pour remplacer les mots en italique.

> ⊃ Vous parlez français. Voudriez-vous aller *dans un pays francophone?*
> *Oui, je voudrais y aller.*
> ou: *Non, je ne voudrais pas y aller. (Je préfère...)*

1. Aimez-vous faire des promenades *sur la plage?*

_____

2. Voulez-vous nager *dans l'océan?*

_____

3. Avez-vous déjà fait du camping *à la montagne?*

_____

4. Voudriez-vous descendre *à l'hôtel Bellevue au bord de la mer?*

_____

5. Aimez-vous acheter des souvenirs *dans les magasins pour touristes?*

_____

6. Êtes-vous déjà allé(e) *en France?*

_____

D. **Y? lui?** Complétez les mini-dialogues en employant le pronom **y** ou **lui.**

1. —Carole, tu as téléphoné à Claude?

   —Oui, je _____ ai téléphoné il y a dix minutes.

   —Il vient au restaurant?

   —Oui, oui, il _____ va avec nous.

2. —Véronique, tu vas voir Marie-Claire demain?

   —Eh bien, oui. Je vais _____ rendre visite après mes cours.

   —Elle habite toujours près de la gare, n'est-ce pas?

   —Non, elle n(e) _____ habite plus.

3. —Jean a encore raté son cours de français.

   —Mais il va au laboratoire, non?

   —Non, il n(e) _____ va jamais. Je _____ ai dit de parler à son professeur.

   —Moi aussi, mais il ne veut pas _____ parler.

Chapitre 7 Workbook Activities   **89**

Intégration

Lecture: Club Med en montagne

Avant de lire

1 Qu'est-ce qu'on fait dans une station de ski (*ski resort*) pendant l'été? Cochez toutes les réponses qui vous semblent probables.

a. _____ On joue au tennis.

b. _____ On fait du golf.

c. _____ On nage dans la piscine.

d. _____ On va en promenades guidées.

e. _____ On fait du ski.

f. _____ On fait du golf miniature.

g. _____ On fait de l'équitation (*horseback riding*).

h. _____ On fait de la voile (*sailing*).

i. _____ On fait de la musculation (*weight lifting*).

En général

2 Parcourez le texte une première fois. Parmi les possibilités notées dans **Avant de lire,** quelles activités trouvez-vous dans l'article?

3 Parcourez le texte une deuxième fois et cochez les renseignements que vous y trouvez.

a. _____ une description de Bourg-St-Maurice

b. _____ les heures où on peut faire du ski

c. _____ le prix des différents sports

d. _____ les activités organisées par le club

e. _____ les activités supplémentaires

f. _____ le nombre de jours de pluie en été

g. _____ une description de l'hôtel et des chambres

Tignes-Val Claret

Pour les mordus[1] de ski, il y a de la neige sur les glaciers! L'après-midi, tennis, piscine ou repos! Pour les amateurs de promenades, les montagnes majestueuses vous accueillent.[2] Neige d'été!

Village

Vous êtes en Savoie, dans «la» grande station du ski d'été, à 27 km de Bourg-St-Maurice. L'hôtel est situé au pied de la Grande Motte. Vous y trouverez un restaurant, un bar, une boutique, une piscine, un sauna.

Loisirs

Jeux de société,[3] films vidéo en quatre langues sur grand écran, concerts enregistrés,[4] discothèque, soirées Club.

Ski, golf, vélo, tennis, randonnées[5]... vous n'aurez que l'embarras du choix. Détente entre amis, ou en famille, au bord de la piscine.

Ski d'été

Vous skierez sans interruption jusqu'à 13 heures, entre 2 600 et 3 550 m,[6] sur le glacier de la Grande Motte. Si le ski d'été se pratique en tenue[7] légère, prévoyez[8] cependant un équipement chaud pour les jours de temps couvert.

Sports

Tennis: 4 courts en dur.[9] Petite salle de musculation. Gymnastiques variées: aérobic, stretching... Tir à l'arc.[10] Golf. Promenades à la découverte[11] de la faune, la flore, la géologie et l'habitat. Promenades guidées en moyenne[12] montagne.

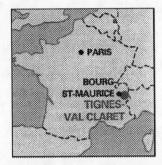

Activités hors club

Voile. Pêche à la truite. Tir.[13] Équitation. Rafting.

Informations utiles

Températures et jours de pluie

	mai	juin	juil.	août	sept.	oct.
☀	12,2	15,5	18,2	17,6	14,8	10,4
′′′′	4,7	5,2	5	4,7	4	4

220 chambres à 2 lits avec salle de bains—quelques-unes de 3 et 4 lits pour les familles. Il existe également[14] des chambres individuelles avec douche. Les chambres ferment à clef et sont équipées de coffrets de sécurité.[15] Vous pourrez louer des skis au village.

---

1. fanatiques   2. *welcome*   3. jeux... *parlor games*   4. *recorded*
5. promenades   6. 1 mètre = 39 inches   7. vêtements   8. *plan for*
9. en... *hard surface*   10. *archery*   11. *discovery*   12. *middle*
13. *rifle practice*   14. aussi   15. coffrets... *safes*

En détail

4 **Les mots**

A. **Devinez.** Quel est le sens des mots suivants? Écrivez l'équivalent anglais. Vous allez remarquer que les mots sont presque identiques dans les deux langues.

1. le repos _____

2. majestueuses _____

3. l'embarras _____

4. le choix _____

5. au bord de _____

6. situé _____

7. société _____

8. se pratique _____

9. couvert _____

10. variées _____

11. la faune et la flore _____

12. sécurité _____

B. **Soulignez.** Maintenant, soulignez au moins dix autres mots dans l'article qui sont semblables (ou identiques) en anglais et en français.

5 **Le texte**

A. **Renseignements.** Complétez les phrases suivantes d'après l'article.

1. Pour danser je peux aller _____.

2. Tignes–Val Claret est près de la ville _____.

3. Pour faire du shopping à l'hôtel il y a une _____.

4. Quand on fait des randonnées on peut découvrir _____

_____.

5. Tignes–Val Claret est dans la partie de la France qui s'appelle _____.

6. Certaines chambres ont des bains et d'autres des _____.

B. **Le temps.** Choisissez la meilleure façon de terminer cette phrase.

Quand on considère les mois de mai, juin, juillet, août, septembre et octobre...

1. _____ est le mois avec les températures les plus élevées.

2. _____ est le mois avec les températures les moins élevées.

3. _____ est le mois avec plus de cinq jours de pluie.

4. _____ est/sont le(s) mois avec un minimum de pluie.

Et vous?

1. En regardant les activités offertes à Tignes–Val Claret, décidez ce que vous voudriez y faire pendant un séjour d'une semaine.

jours	mes activités		
	matin	après-midi	soir
dimanche			
lundi			
mardi			
mercredi			
jeudi			
vendredi			
samedi			

2. Quand on écrit une carte postale, ce qu'on dit dépend de la personne à qui on écrit. Le langage et les faits mentionnés peuvent varier beaucoup. Imaginez que vous avez passé une semaine magnifique à Tignes–Val Claret. D'abord, écrivez une carte postale à une personne âgée que vous avez rencontrée en France, puis une carte à votre meilleur(e) ami(e).

Chère madame,   Cher (chère) _____,

_____   _____

_____   _____

_____   _____

_____   _____

_____   _____

CHAPITRE 8

Les relations humaines
· ·

Première étape

A. **Il était une fois...**   Mme Lagarde décrit sa jeunesse. Complétez les paragraphes suivants en employant l'imparfait des verbes indiqués.

faire   rester   passer   aller

Dans ma famille, on _____ beaucoup de temps ensemble. Nous

_____ des travaux ménagers le samedi matin, et l'après-midi, nous

_____ quelquefois au parc ou au musée. Pendant la semaine, nous

_____ en général à la maison.

regarder   écrire   avoir   lire   préférer

On _____ des goûts différents. Le soir, j(e) _____ des bandes

dessinées alors que mes sœurs _____ des rapports pour leurs cours. Quelquefois,

j(e) _____ des variétés ou des dessins animés avec mes sœurs, mais elles

_____ les feuilletons.

être   aimer   partager   avoir   dire   penser

La vie n(e) _____ quand même pas parfaite. Nous _____ de temps

en temps des disputes, comme tous les enfants. Parce que mes sœurs _____ plus

âgées, elles n(e) _____ pas jouer avec moi, et elles n(e) _____ pas leurs

affaires avec moi non plus. Elles _____ que j(e) _____ trop jeune.

Chapitre 8 Workbook Activities   **95**

faire   passer   jouer   écouter

Alors, par pitié, maman et Thierry, mon petit frère, _____ aux cartes avec

moi, ou nous _____ de la musique à la radio. En somme, j(e) _____

des heures à m'amuser, mais à huit heures tous les soirs, chaque enfant _____ ses

devoirs!

B. **En vacances!**   Quand elle était petite, Christine et sa famille passaient cinq semaines chaque été à Amboise dans le Val de Loire en France. Regardez les renseignements touristiques sur la région (page 97), puis essayez d'imaginer ce qu'ils faisaient. En employant l'imparfait des verbes donnés, écrivez plusieurs possibilités.

⊃ *(faire) Ils faisaient des promenades.*

1. (faire) _____

_____

_____

2. (jouer) _____

_____

_____

_____

3. (visiter) _____

_____

_____

_____

4. (?) _____

_____

_____

_____

FRANCE VAL DE LOIRE

TOURAINE
Jardin de la France

Amboise

37400 INDRE-ET-LOIRE

Séjour préféré des rois de France

ACTIVITÉS

Pêche en rivière

Tennis
Île d'Or
Centre Charles-Péguy

Nautisme
Canoë-kayak
Centre Charles-Péguy
Île d'Or

Promenades aériennes
-Aérodrome de Dierre, tél. (47) 57-93-91.
-Montgolfières - Promenades au-dessus des châteaux
 (Amboise, Chenonceaux)

Campings
CAMPING DE L'ÎLE D'OR ** - Tél. 57-23-37 - Bord de Loire
(1.200 campeurs)

Ne manquez pas de visiter

L'HÔTEL DE VILLE (XVIe): Abrite des documents et œuvres d'art relatifs à l'histoire de la ville d'Amboise.

CHAPELLE SAINT-JEAN: Édifice de la fin du XIIe siècle. Belle architecture intérieure du style angevin Plantagenêt.

ÉGLISE SAINT-FLORENTIN: Édifice du XVe siècle entièrement remanié à l'intérieur.

ÉGLISE DU BOUT-DE-PONTS: Édifice du XVIe siècle.

CHÂTEAU: Moyen Âge. Renaissance. Nombreux événements et souvenirs historiques. Tél. (47) 57-00-96.

CLOS-LUCE: Manoir du XVe. Lieu où vécut et mourut Léonard de Vinci. Monument privé. Tél. (47) 57-62-88.

C. **Ah, je comprends...**   Gilles parle à Bruno de ses relations avec son amie et avec sa famille. Bruno répond en répétant ce que Gilles lui dit. Lisez ce que Gilles dit, puis écrivez la réponse de Bruno en choisissant parmi les verbes suivants.

se parler	ne pas s'ennuyer	se retrouver
se téléphoner	(ne pas) s'entendre (bien/mal)	se voir
s'amuser	se disputer	se comprendre

⟳ Julie et moi, nous avons de bonnes relations.
Alors, vous vous entendez bien!

1. —Je téléphone tous les jours à mon amie. _____

   —_____

2. —Elle me comprend, et je pense que je la comprends aussi. _____

   —_____

3. —Nous avons rendez-vous au café ce soir. _____

   —_____

4. —Je vois ma famille le week-end.

   _____

5. —De temps en temps nous avons des disputes.

   —_____

6. —Mais la vie en famille n'est jamais ennuyeuse.

   —_____

D. **À l'âge de neuf ans...**   Comment étiez-vous quand vous aviez neuf ans? Écrivez des phrases en employant l'imparfait des verbes indiqués.

1. être _____

   _____

2. avoir _____

   _____

3. vouloir _____

_____

4. s'amuser à _____

_____

Deuxième étape

A. **L'homme de ses rêves.** Caroline a rencontré l'homme de ses rêves. Lisez sa conversation avec sa copine Marianne. Complétez les phrases avec **qui** ou **que.**

—Alors, qui est cet homme de tes rêves?

—Pierre? Mais c'est l'homme (1.) _____ j'ai rencontré le mois dernier chez Claude et

Annette.

—Ah bon. Dis-moi, comment est-il?

—Alors, c'est un homme (2.) _____ aime s'amuser, (3.) _____ m'écoute, et

(4.) _____ je comprends parfaitement.

—Il semble exceptionnel!

—Eh oui, c'est un homme (5.) _____ n'est pas du tout égoïste et (6.) _____ tout le

monde trouve charmant.

—Et tes parents, que pensent-ils de cet homme (7.) _____ tu aimes tant (*so much*)?

—Voilà le problème. Il n'y a que mes parents (8.) _____ ne l'aiment pas!

B. **Et vous?** Décrivez l'homme/la femme idéal(e) pour vous.

Pour moi, l'homme/la femme idéal(e) c'est quelqu'un qui _____

_____

En plus, c'est quelqu'un que _____

_____

C. **Un copain fauché** (*broke*). Votre camarade de chambre, Théo, n'a jamais d'argent et il vous demande constamment des «petits services». Répondez à ses questions en employant les pronoms **me, te, vous** et **nous**. Êtes-vous généreux, très généreux ou *trop* généreux?

⟳ Tu m'aides à trouver un cadeau pour Carole?
Mais oui, je t'aide à trouver un cadeau!

1. Je peux te demander un petit service?

_____

2. Tu me prêtes 100 F?

_____

3. Tes parents vont nous payer notre loyer (*rent*) ce mois-ci?

_____

4. Ils vont nous acheter à manger?

_____

5. Tu me prêtes tes disques compacts?

_____

6. Tu nous invites au restaurant ce soir, Carole et moi?

_____

D. **Des plaintes** (*complaints*). Les étudiants se plaignent, les parents se plaignent, tout le monde se plaint de temps en temps. Regardez les tableaux suivants et écrivez les plaintes des étudiants et du père. Ensuite, jouez le rôle des professeurs et du fils qui se défendent. Répondez en employant le pronom d'objet direct ou d'objet indirect (**me, te, nous, vous**) qui convient.

Plaintes des étudiants au sujet de leurs professeurs	Défense des professeurs
⟳ parler toujours en français	apprendre à parler français
1. poser trop de questions	aider toujours à répondre
2. donner trop de devoirs	donner de bonnes notes
3. ?	?

↻ —*Vous nous parlez toujours en français.*
   —*Oui, mais nous vous apprenons à parler français!*

1. _____

   _____

2. _____

   _____

3. _____

   _____

Plaintes du père concernant son fils	Défense du fils
↻ ne jamais téléphoner	apprécier beaucoup
4. ne pas écrire	dire toujours la vérité
5. ne jamais rendre visite	aimer beaucoup
6. ?	?

↻ —*Tu ne me téléphones jamais.*
   —*Oui, mais je t'apprécie beaucoup!*

4. _____

   _____

5. _____

   _____

6. _____

   _____

    Chapitre 8 Workbook Activities   **101**

Troisième étape

A. **Logique.** Complétez les phrases ci-dessous d'une manière logique en employant le verbe **devoir** *et* les expressions verbales suivantes.

travailler dur	passer un examen	s'accepter	faire les devoirs
rire ensemble	passer des heures au laboratoire		?

⊃ Pour être vraiment satisfait, tu *dois apprécier ce que tu as.*

1. Pour être vraiment content, on _____

2. Pour arriver à mes objectifs, je _____

3. Pour bien nous entendre, ma famille et moi, nous _____

4. Pour avoir de bonnes notes, les étudiants _____

5. Pour entrer à la fac, tes camarades et toi, vous _____?

6. Pour apprendre une langue étrangère, tu _____?

B. **Obligations.** Expliquez les obligations des personnes indequées en écrivant une phrase pour chaque situation.

1. Ce que ces personnes *ont dû* faire la semaine derniére…

   Mes parents _____

   Mon professeur _____

2. Ce que ces personnes *devait* faire la semaine dernière (mais ne l'ont pas fait)…

   Moi, je _____

   Mes frères (sœurs) _____

3. Ce que ces personnes *doivent* faire cette semaine.

   Mes copains et moi, nous _____

   Mon (Ma) camarade de chambre _____

C. **Des problèmes.** Caroline est très compréhensive (*understanding*) et elle donne souvent de bons conseils à ses sœurs, Aimée et Marianne. Lisez leurs plaintes, et jouez le rôle de Caroline en faisant des suggestions. Employez des expressions comme **avoir besoin, devoir, il faut,** etc.

1. Aimée:

   Mes relations avec mon ami Étienne ne sont pas bonnes.

   _____

   _____

   Je ne suis pas bonne en français et je me sens découragée.

   _____

   _____

   Je veux voyager au Canada cet été, mais je n'ai pas assez d'argent.

   _____

   _____

2. Marianne:

   Maman et papa ne me comprennent pas.

   _____

   _____

   Je n'ai pas assez de temps pour faire tous mes devoirs.

   _____

   _____

   Je m'ennuie.

   _____

   _____

Intégration

Lecture: Sortir de sa solitude

Avant de lire

1 Quand vous pensez à un article du magazine *20 Ans* intitulé «Je ne connais personne» (*I don't know anyone*), quelles sont les images qui vous viennent à l'esprit? Cochez les suggestions appropriées.

Quand on ne connaît personne...

a. _____ on se sent populaire.

b. _____ on a des difficultés à se faire une carrière.

c. _____ on se sent seul.

d. _____ on n'a pas de partenaires pour jouer aux cartes.

e. _____ on s'apitoie (*feels sorry for oneself*).

2 Pour connaître des gens et remédier à sa solitude, que peut-on faire? Donnez cinq suggestions.

1. _____

2. _____

3. _____

4. _____

5. _____

En général

3 Parcourez le texte une première fois. Parmi les possibilités que vous avez notées dans **Avant de lire,** activité 2, quelles suggestions avez-vous trouvées?

_____

4 Parcourez le texte une deuxième fois et choisissez la meilleure façon de terminer la phrase.

On a recommandé aux gens qui ne connaissent personne...

a. _____ d'apprendre à jouer aux cartes, de ne pas être polis et de s'engager dans l'armée.

b. _____ de devenir plus indépendants et égoïstes, de bien s'habiller et d'aller en colonies de vacances.

c. _____ de sortir souvent, d'apprendre à jouer aux cartes et d'aller où il y a beaucoup de monde.

d. _____ de sentir bon, de participer aux manifestations dans la rue et d'acheter une belle maison.

Je ne connais personne!

Les gens se disent toujours: «Comment vaincre° ma solitude, me faire des relations et réussir brillamment dans la vie, puisque° je ne connais personne?» Rien n'est plus facile que de faire connaissance, surtout avec des gens qu'on ne connaît pas.

to conquer
since

Pourquoi connaître des gens?

Il y a très exactement trois raisons majeures de vouloir connaître des gens:

1. On se sent seul. On va de sa table de cuisine à sa table de salon. On se réveille le matin en ne se disant pas même bonjour. On ne s'appelle jamais au téléphone.

2. On veut faire carrière dans un métier° où il vaut mieux connaître des gens. Et on ne connaît personne.

job

3. On voudrait faire une partie de cartes parce que le Game Boy n'a plus de piles.°

batteries

Comment connaître des gens?

Leçon N° 1: Ne pas s'apitoyer. Non. Car rien ne sert de s'apitoyer, il faut partir à temps.[1] Et en forme, frais et dispo.° Car ce n'est pas en pleurant sur son sort° qu'on va l'améliorer.°

alert
fate / improve

Leçon N° 2: Être gentil(le), faire des efforts. Car il faudra finir par vous l'avouer:° si vous ne connaissez personne, alors que les autres en connaissent, c'est qu'il doit bien y avoir des raisons. Peut-être égoïste, ou trop indépendant(e), ou pas assez poli(e). Il faut donc y remédier.

acknowledge

Leçon N° 3: Mettre toutes les chances de son côté. Et déjà, apprendre à jouer aux cartes. Ne serait-ce que pour se faire remarquer.° Car il est clair que les gens qu'on ne remarque pas, on ne les remarque pas. Donc, s'habiller° joliment, sentir° bon, et être de très bonne humeur.°

se... get noticed
dress
smell / bonne...
good mood

Leçon N° 4: Sortir de chez soi. C'est évident, mais tout le monde ne semble pas en être conscient. Il y a par exemple des gens qui vous disent «Ah mais c'est incroyable, je ne rencontre jamais personne!» et qui ne sont pas sortis de chez eux depuis juin 1987.

---

1. **Rien ne sert de...** Expression that parallels a famous French proverb: **«Rien ne sert de courir, il faut partir à temps.»** (*It is useless to run, you have to leave on time.*)

Leçon N° 5: Se regrouper à plusieurs.°
several

1. *Les clubs de sport,* réputés pour la solidité de leurs membres. Relationnellement parlant surtout.
2. *Les boîtes de nuit.* En choisir une, arriver à y entrer, et y aller tous les soirs. Au bout de quelques semaines, si vous avez évité la dépression nerveuse, on ne vous désemplira° plus.

   on ne vous laissera plus seul(e)
3. *Les partis politiques.* Parce que beaucoup de leurs adhérents sont désœuvrés° les liens entre eux n'en sont que renforcés.°

   idle / *plus forts*
4. *Les amicales.°* Amis du beaujolais, de l'andouillette°...

   groupes qui ont un intérêt commun /
   sausage
5. *Les communautés spirituelles minoritaires.* Si la franc-maçonnerie, ou la Témoignerie de Jéhovah, ou la Scientologie, ou l'Adventisme du 7ᵉ jour vous attirent.
6. *Les colonies de vacances.*
7. *Les transports en commun.*
8. *Les croisières aux bahamas.*
9. *L'armée.*
10. *Les manifestations dans la rue.*

Source: 20 ans, N° 23, mai 1994; pages 90–91

En détail

5 **Les mots.** Devinez le sens des mots en caractères gras d'après le contexte ou en utilisant ce que vous savez des verbes pronominaux. Trouvez l'équivalent anglais dans la liste de droite.

1. _____ Les gens **se disent** toujours...

2. _____ Il y a ... trois raisons **majeures** de vouloir connaître des gens...

3. _____ On **se réveille** le matin...

4. _____ On ne **s'appelle** jamais au téléphone.

5. _____ **s'habiller** joliment

6. _____ **se regrouper** à plusieurs

a. say to themselves
b. to form a group
c. important
d. calls oneself
e. to dress oneself
f. wakes up

6 **Le texte.** Répondez aux questions suivantes, selon le texte.

1. Pourquoi le Game Boy n'est-il pas bon pour connaître des gens?

   _____

2. À quels traits de personnalité faut-il remédier?

   _____

3. Quelles sont les deux raisons données pour apprendre à jouer aux cartes?

   _____

4. Dans les groupes suivants, qu'est-ce qui aide les gens à se rencontrer?

   a. les clubs de sport _____

   b. les boîtes de nuit _____

   c. les partis politiques _____

   d. les amicales _____

   e. les communautés spirituelles minoritaires _____

Et vous?

A. Répondez aux questions suivantes.

1. Quand est-ce que vous vous sentez seul(e)?_____

   _____

2. Quelle carrière voulez-vous exercer? Est-ce qu'il faut connaître des gens pour cette

   carrière? Qui? Pourquoi? _____

   _____

   _____

3. Qu'est-ce que vous faites pour rencontrer des gens? _____

   _____

Chapitre 8 Workbook Activities **107**

B. Imaginez que vous êtes journaliste et que vous répondez chaque mois aux lettres de vos lecteurs. Ce mois-ci vous allez répondre à une lettre de Paul, qui dit qu'il ne connaît personne. Écrivez vos suggestions à Paul.*

Cher Paul,

_____

_____

_____

_____

_____

_____

_____

_____

_____

_____

*Remember that journalists express themselves directly and in very few words due to the cost of space in publications. When writing as a journalist (even in a letter format), be sure to use a succinct style.

CHAPITRE 9

Les souvenirs
· · · · · · · · · · · · · · ·

Première étape

A. **À l'étranger.**   Hélène, une jeune Française, décrit sa première journée dans une univer-sité américaine où elle est venue passer un an. Complétez sa description avec le passé com-posé ou l'imparfait des verbes entre parenthèses.

Je me souviens bien de mon premier jour à la fac. J(e) (1. avoir) _____ un

peu peur parce que j(e) (2. être) _____ loin de ma famille et je n(e) (3. avoir)

_____ pas d'amis. Le campus (4. être) _____ très joli, mais très grand

aussi, comme une petite ville. Et il y (5. avoir) _____ beaucoup d'étudiants—

20 000 personnes! Pour m'inscrire aux cours, j(e) (6. aller) _____ au gymnase où

j(e) (7. attendre) _____ pendant deux heures avec beaucoup d'autres étudiants.

Pendant ce temps j(e) (8. faire) _____ la connaissance d'une jeune Américaine,

Janine. Elle (9. être) _____ très gentille, et je lui (10. poser) _____ des

questions au sujet du «système» américain. Elle m(e) (11. apprendre) _____

beaucoup de choses, et elle m(e) (12. inviter) _____ à sortir avec elle en disant,

«*I'll call you*». Je l(e) (13. remercier) _____ parce que j(e) (14. être)

_____ très contente d'avoir une nouvelle copine!

Après ça, j(e) (15. aller) _____ à la librairie universitaire où j(e) (16. acheter)

_____ mes manuels de classe. J(e) (17. avoir) _____ besoin de neuf manuels différents, et j(e) (18. trouver) _____ que les prix (19. être)

_____ exorbitants. Après, j(e) (20. avoir) _____ faim alors j(e)

(21. déjeuner) _____ au restaurant universitaire. La plupart des étudiants

(22. rire) _____ et (23. bavarder) _____ avec leurs copains en

mangeant des hamburgers, et moi, j(e) (24. être) _____ toute seule! Puis j(e)

(25. faire) _____ une petite promenade parce qu'il (26. faire) _____ si

beau—mais toujours toute seule. À la fin de la journée j(e) (27. commencer)

_____ à me sentir un peu triste et solitaire. Beaucoup d'étudiants que je ne con-

naissais (*know*) pas m(e) (28. dire) _____ «*hello*» en passant. Ça me (29. sembler)

_____ un peu superficiel parce que personne ne m(e) (30. vraiment parler)

_____. Ma camarade de chambre n(e) (31. être) _____ pas encore là

et j(e) (32. vouloir) _____ vraiment parler à ma famille.

Pour ce qui est de Janine—je ne l(e) (33. revoir jamais) _____ (*never saw her*

again). Plus tard, j(e) (34. apprendre) _____ que «*I'll call you*» n'est pas vraiment

une invitation. Il faut s'habituer aux coutumes différentes quand on habite à l'étranger,

n'est-ce pas?

B. **Le 24 décembre.**   Qu'est-ce que la famille Robert a fait le 24 décembre? Pour chaque personne, écrivez une phrase au passé composé pour dire ce que la personne a fait et une autre
phrase à l'imparfait pour décrire quelles étaient les circonstances.

⊃ Mariette (s'amuser; être heureuse)
   Mariette s'est amusée. Elle était heureuse.

1. Papa (dormir; être fatigué)

   _____

2. Mariette (jouer avec son ours en peluche; attendre Noël avec impatience)

   _____

3. Éric (écouter ses disques compacts; vouloir voir sa petite amie)

_____

_____

4. Maman (écrire des cartes de Noël; avoir besoin de se reposer)

_____

_____

5. La grand-mère (préparer le déjeuner; être contente)

_____

_____

C. **Des excuses.** Pourquoi est-ce que ces étudiants n'ont pas bien préparé leur examen de français? Tout le monde a des excuses différentes. Complétez les phrases en employant le passé composé ou l'imparfait des verbes indiqués.

—Nous avons un examen ce matin et moi, je (1. ne pas pouvoir) _____

le préparer parce que j(e) (2. avoir) _____ mes autres cours.

—Claude et moi, nous (3. ne pas pouvoir) _____ comprendre la

différence entre le passé composé et l'imparfait.

—Moi, je (4. devoir) _____ étudier avec André, mais j(e) (5. devoir)

_____ travailler tard au magasin et après j(e) (6. être)

_____ trop fatiguée.

—J(e) (7. avoir) _____ de la chance (*got lucky*). On m'a donné un billet

pour aller au concert, alors je (8. ne pas avoir) _____ le temps de bien

préparer l'examen.

—Béatrice n'a pas d'excuses. Elle (9. ne pas vouloir) _____ étudier!

Deuxième étape

A. **Classifions.** Classifiez les mots et les expressions suivants selon les usages indiqués.

une peluche	un passeport	un jeu vidéo	un ballon
Merci mille fois	Bonnes vacances	un jouet	C'est très aimable
Bon voyage	Bon anniversaire	Bonne année	le Jour d'action de grâces
le Ramadan	une valise	Noël	Vous êtes trop gentil
Hanoukka	une poupée		

1. Pour parler des jours de fête: _le Ramadan..._ _____

2. Pour souhaiter: _____

3. Pour parler des cadeaux: _____

4. Pour remercier: _____

5. Pour parler des voyages: _____

B. **Que dire?** Écrivez une expression appropriée pour souhaiter, féliciter ou remercier les personnes indiquées dans les situations suivantes.

1. C'est le premier janvier et vous rencontrez une camarade de classe. _____

_____

2. C'est l'anniversaire de votre camarade de chambre. _____

3. Votre copain part pour la France. _____

4. Votre professeur vous félicite pour votre bon travail. _____

5. Votre petite sœur a eu la meilleure note de sa classe. _____

6. Vos grands-parents vous font un joli cadeau. _____

7. Votre frère vous remercie pour le CD que vous lui prêtez. _____

_____

8. Votre copine va passer un examen important dans dix minutes. _____

_____

C. **Comparaisons.** Indiquez vos préférences pour les catégories suivantes en écrivant des phrases au superlatif. (N'oubliez pas l'accord et le placement des adjectifs!)

> ⟳ l'actrice / + charmant
> *Juliette Binoche est l'actrice la plus charmante!*

1. les sports / – intéressant?

_____

2. la musique / + bon?

_____

3. les fêtes / + amusant?

_____

4. le cours / – difficile?

_____

Maintenant employez le superlatif pour comparer les suivants.

> ⟳ parler français / + vite (Toi ou ton professeur?)
> *Mon professeur parle français le plus vite.*

5. courir / + vite (Toi ou ton frère/ta sœur?)

_____

6. chanter / + bien (Toi ou ton/ta camarade de chambre?)

_____

7. travailler / – sérieusement (Toi ou tes camarades de classe?)

_____

8. faire du sport / – souvent (Toi ou ton copain/ta copine?)

_____

Troisième étape

A. **Connaître.** Formez des phrases en employant les éléments suivants pour indiquer qui connaît bien certaines régions francophones.

1. Édith / connaître bien / Polynésie française. Elle / ne pas savoir / tahitien.

   _____

   _____

2. Lionel et Mathieu / connaître / Québec. Ils / savoir / où / être / château Frontenac.

   _____

   _____

3. Ma famille et moi, nous / connaître bien / Louisiane. Nous / savoir / préparer / plats cajuns.

   _____

   _____

4. Je / ne pas connaître du tout / Côte d'Ivoire. Je / ne pas savoir / nom / capitale.

   _____

   _____

5. Vous / ne pas connaître / Paris. Vous / ne pas savoir / pourquoi / on / l'adorer?

   _____

   _____

6. Mais tu / reconnaître / photos de Paris. Et tu / savoir / français.

   _____

   _____

B. **Connaître ou savoir?** Simone et André discutent le voyage d'un copain, Édouard. Complétez le dialogue avec la forme convenable du verbe **connaître** ou du verbe **savoir.**

—Tu (1) _____ Édouard?

—Oui.

—Tu (2) _____ qu'il part pour le Maroc?

—Oui, mais je ne (3) _____ pas pourquoi. Je (4) _____ qu'il va y

passer deux mois.

—C'est vrai. Et il ne (5) _____ pas parler arabe!

—Mais il peut l'apprendre. Et tu ne (6) _____ pas qu'on parle français aussi au

Maroc? D'ailleurs, Édouard (7) _____ des gens qui habitent à Rabat, et eux, ils

(8) _____ les coutumes marocaines.

—Moi, je ne (9) _____ pas du tout le Maroc. Je ne (10) _____ même

pas exactement où ce pays se trouve.

—Tu ne (11) _____ pas que c'est un pays nord-africain et que le Maroc est une

ancienne (*former*) colonie française?

—Euh... maintenant je le (12) _____.

—Tu ne (13) _____ pas l'écrivain Tahar Ben Jelloun?

—Ah oui, je (14) _____ son roman *Les Yeux baissés*. Et maintenant je

(15) _____ qu'il est marocain!

C. **Un homme difficile.**   Michel est un homme difficile. Il a passé ses vacances en Italie, mais il n'est pas content. Rien ne lui plaît. Jamais! Imaginez et écrivez ses réponses aux questions suivantes en employant **ne... jamais** et **ne... personne.**

⟳ À qui est-ce que tu as rendu visite?
Je n'ai rendu visite à personne.

1. Qu'est-ce que tu as mangé d'intéressant? _____

_____

2. Avec qui est-ce que tu es sorti? _____

_____

3. Alors, tu as rencontré des gens intéressants? _____

_____

4. Alors à qui est-ce que tu as parlé?_____

_____

Chapitre 9 Workbook Activities   **115**

5. Tu t'intéressais à quoi? _____

   _____

6. Tu as écrit des cartes postales, n'est-ce pas? À qui? _____

   _____

7. Qu'est-ce que tu as appris en voyageant? _____

   _____

Intégration

Lecture: *L'enfant noir* (extrait)

Avant de lire

1 Vous allez lire un extrait du livre *L'Enfant noir*, écrit par Camara Laye, un auteur qui est né à Kouroussa en Guinée et qui a fait des études à Conakry (aussi en Guinée) et à Paris. Pouvez-vous deviner quelle sorte de livre il a écrit?

a. _____ un livre sur l'histoire de l'Afrique

b. _____ une histoire autobiographique

c. _____ un guide pour les parents

2 Maintenant, regardez la première phrase du passage. Quelle réponse est la bonne? Comment le savez-vous?

En général

3 Parcourez le texte une première fois et cochez les sujets que vous y trouvez.

a. _____ une description de la chambre de l'auteur à Conakry

b. _____ un dialogue entre l'auteur et sa mère

c. _____ la réaction de l'auteur après sa première nuit à Conakry

d. _____ une description de sa nouvelle école

e. _____ un discours sur l'importance de bien manger

f. _____ une description de Conakry

g. _____ la réaction de l'auteur quand il voit la mer de près pour la première fois

Extrait de
L'enfant noir

Cette nuit fut la première que je passai dans une maison europèenne. Était-ce le manque d'habitude, était-ce la chaleur humide de la ville ou la fatigue de deux journées de train, je dormis mal. C'était pourtant une maison très confortable que celle de mon oncle, et la chambre où je dormis était très suffisamment vaste, le lit assurément moelleux,[1] plus moelleux qu'aucun de ceux sur lesquels je m'étais jusque-là étendu; au surplus j'avais été très amicalement accueilli, accueilli comme un fils pourrait l'être; il n'empêche: je regrettais Kouroussa, je regrettais ma case![2] Ma pensée demeurait toute tournée vers Kouroussa: je revoyais ma mère, mon père, je revoyais mes frères et mes sœurs, je revoyais mes amis. J'étais à Conakry et je n'étais pas tout à fait à Conakry: j'étais toujours à Kouroussa; et je n'étais plus à Kouroussa! J'étais ici et j'étais là; j'étais déchiré. Et je me sentais très seul, en dépit de l'accueil affectueux que j'avais reçu.

—Alors, me dit mon oncle, quand je me présentai le lendemain devant lui, as-tu bien dormi?

—Oui, dis-je.

—Non, dit-il; peut-être n'as-tu pas très bien dormi. Le changement aura été un peu brusque. Mais tout cela n'est qu'affaire d'habitude. Tu reposeras déjà beaucoup mieux, la nuit prochaine. Tu ne crois pas?

—Je le crois.

—Bon. Et aujourd'hui, que comptes-tu faire?

—Je ne sais pas. Ne dois-je pas rendre visite à l'école?

—Nous ferons cette visite demain et nous la ferons ensemble. Aujourd'hui, tu vas visiter la ville. Profite de ton dernier jour de vacances! Es-tu d'accord?

—Oui, mon oncle.

Je visitai la ville. Elle différait fort de Kouroussa. Les avenues se coupaient à angle droit. Des manguiers les bordaient et leur ombre épaisse était partout la bienvenue, car la chaleur était accablante[3] non qu'elle fût beaucoup plus forte qu'à Kouroussa—peut-être même était-elle moins forte—mais saturée de vapeur d'eau à un point inimaginable. Les maisons s'entouraient toutes de fleurs et de feuillage beaucoup étaient comme perdues dans la verdure, noyées dans un jaillissement effréné de verdure.[4] Et puis je vis la mer!

Je la vis brusquement au bout d'une avenue et je demeurai un long moment à regarder son étendue, à regarder les vagues[5] se suivre et se poursuivre, et finalement se briser contre les roches rouges du rivage. Au loin, des îles apparaissaient, très vertes en dépit de la buée[6] qui les environnait. Il me sembla que c'était le spectacle le plus étonnant qu'on pût voir; du train et de nuit, je n'avais fait que l'entrevoir; je ne m'étais pas fait une notion juste de l'immensité de la mer et moins encore de son mouvement, de la sorte de fascination qui naît de son infatigable mouvement; à présent j'avais le spectacle sous les yeux et je m'en arrachai difficilement.

—Eh bien, comment as-tu trouvé la ville? me dit mon oncle à mon retour.

—Superbe! dis-je.

Source: Extrait de Camara Laye, «L'enfant noir». © Librairie Plon.

---

1. confortable   2. maison   3. suffocante   4. végétation luxuriante
5. *waves*   6. *mist*

En détail

4 **Les mots.** En utilisant le contexte et la logique, devinez le sens des mots en caractères gras. Écrivez leur équivalent en anglais.

1. ... au surplus j'avais été très **amicalement** accueilli, accueilli comme un fils...

   _____

2. Et je me sentais très seul, **en dépit de** l'accueil affectueux que j'avais reçu.

   _____

3. Le changement aura été un peu **brusque.** _____

4. Les avenues se coupaient **à angle droit.**

   _____

5. Les maisons s'entouraient toutes de fleurs et de **feuillage;** beaucoup étaient comme per-

   dues dans la verdure... _____

5 **Le texte.** Vrai ou faux? Écrivez **V** si la phrase est vraie ou **F** si la phrase est fausse. Corrigez les phrases fausses.

1. _____ L'auteur ne dort pas bien parce que son lit n'est pas assez moelleux.

   _____

2. _____ Son oncle devine qu'il a mal dormi.

   _____

3. _____ Son oncle suggère qu'ils visitent l'école après la fin des vacances.

   _____

4. _____ Kouroussa est une grande ville près de la mer.

   _____

5. _____ L'auteur passe son dernier jour de vacances dans un train.

   _____

6. _____ La chaleur est plus intense à Conakry à cause de l'humidité.

   _____

7. _____ Lorsque l'auteur regarde la mer, il pense aux spectacles de nuit dans la ville.

   _____

8. _____ Après sa journée à Conakry, l'auteur va beaucoup mieux.

   _____

Et vous?

Avez-vous déjà voyagé? Est-ce que vous vous souvenez de votre première nuit dans une nouvelle ville? Étiez-vous avec votre famille? Est-ce que la ville différait de chez vous? Quelles ont été vos premières impressions de la nouvelle ville? Écrivez un paragraphe qui décrit votre première nuit dans une nouvelle ville.

1. D'abord, choisissez un de vos souvenirs et identifiez-le en quelques mots.

   _____

2. Donnez un titre à votre paragraphe. _____

3. Faites une liste de verbes qui disent ce qui s'est passé et quelles étaient les circonstances (sentiments, temps, etc.).

   Qu'est-ce qui s'est passé?   Quelles étaient les circonstances?

   _____   _____

   _____   _____

   _____   _____

4. Maintenant, écrivez votre paragraphe.

   _____ (titre)

   _____

   _____

   _____

   _____

   _____

   _____

   _____

CHAPITRE 10

La vie de tous les jours

· ·

Première étape

A. **Au Tchad.** Décrivez une journée typique du petit frère de Larmé. Choisissez parmi les verbes suivants. Employez chaque verbe une seule fois.

se coucher	se dépêcher	se fâcher
s'intéresser	se laver	se lever
se réveiller	s'habiller	se reposer

1. Zoua n'aime pas dormir tard. Il _____ de bonne heure.

2. D'habitude, il _____ tout de suite.

3. Ensuite il _____ et quand il fait chaud il

   _____ en short (*shorts*).

4. Il (ne pas) _____ pour aller aux champs parce qu'il (ne pas)

   _____ beaucoup au travail.

5. Papa _____ quand il arrive en retard aux champs.

6. Après le travail des champs, il _____ avec les hommes.

7. Le soir, il _____ quand il fait trop noir pour y voir.

B. **Samedi, une journée typique?**   Hier, samedi, les personnes suivantes en ont eu marre (*got fed up*) de la routine quotidienne. Indiquez si elles ont fait ou n'ont pas fait les choses indiquées. Attention à l'accord des partícipes!

➲ Sophie / se réveiller à six heures du matin
Sophie ne s'est pas réveillée à six heures du matin.

1. Patrick et Patricia / s'habiller en short

   _____

2. Mon (Ma) camarade de chambre et moi, nous / nous lever de bonne heure

   _____

3. Mon professeur / se dépêcher

   _____

4. Vous / vous laver les cheveux

   _____

5. Tu / te brosser les dents

   _____

6. Je / m'intéresser à mes études

   _____

7. Les enfants / se coucher de bonne heure

   _____

8. Tout le monde / se reposer

   _____

Deuxième étape

A. **Vêtements.**   Monsieur et Madame Dujardin vont faire des achats pour leurs enfants. Lisez les descriptions données, puis suggérez au moins cinq vêtements dont chaque enfant aura besoin (*will need*).

1. Julien a 19 ans. Il vient d'avoir (*just passed*) son bac. L'année prochaine il va faire un stage aux États-Unis. Il va étudier l'anglais dans une université dans l'Orégon.

   Je suggère: _____

   _____

2. Denise a 24 ans. Elle vient de trouver un poste dans une maison d'édition (*publishing house*). La compagnie est à Montréal.

   Je suggère: _____

   _____

3. Charles a 10 ans. Il va bientôt aller en colonie de vacances où il espère faire du sport: du foot, du basket, du tennis. La colonie est près d'un lac, alors il va pouvoir nager aussi.

   Je suggère: _____

   _____

B. **Le temps et les vêtements.**   Complétez les phrases suivantes avec la bonne forme du verbe **mettre** et des vêtements appropriés selon la météo ou la saison.

1. Il va pleuvoir aujourd'hui, alors Claude _____

   _____

2. Quand il fait moins de 0 degrés, les étudiants _____

   _____

3. Au printemps, tu _____

   _____

4. En été je _____

   _____

5. S'il fait très, très chaud, mes copains et moi, nous _____

   _____

Chapitre 10 Workbook Activities   **123**

6. Et vous? Est-ce que vous _____

_____ en automne?

C. **Qu'est-ce que je mets?**   Votre camarade de chambre est un étudiant d'échange du Togo. Il vous demande toujours conseil au sujet de ses vêtements parce qu'il ne connaît pas très bien les coutumes américaines. Répondez à ses questions en employant l'impératif du verbe **mettre** à l'affirmatif ou au négatif selon le cas. Si vous employez le négatif, suggérez un autre vêtement.

⮑ Pour me promener dans le parc, je mets mon costume?
Non, ne le mets pas! Mets ton jean!

1. Pour aller en cours, je mets ma cravate?

_____

2. Pour aller au centre commercial, je mets mes chaussures habillées?

_____

3. Pour aller au gymnase, je mets mon jogging?

_____

4. Pour sortir avec des copains, je mets mes tennis?

_____

5. Pour jouer au basket, je mets mon polo?

_____

6. Pour aller à un mariage, je mets ma veste?

_____

Troisième étape

A. **Vocabulaire: les parties du corps.**   Testez votre mémoire. Écrivez les noms des parties du corps indiquées sur le dessin, puis corrigez vos réponses. Ensuite comptez vos points— un point pour chaque réponse correcte. Quelle note avez-vous?

18–20 points: excellent
15–17 points: très bien
13–14 points: satisfaisant
10–12 points: insuffisant

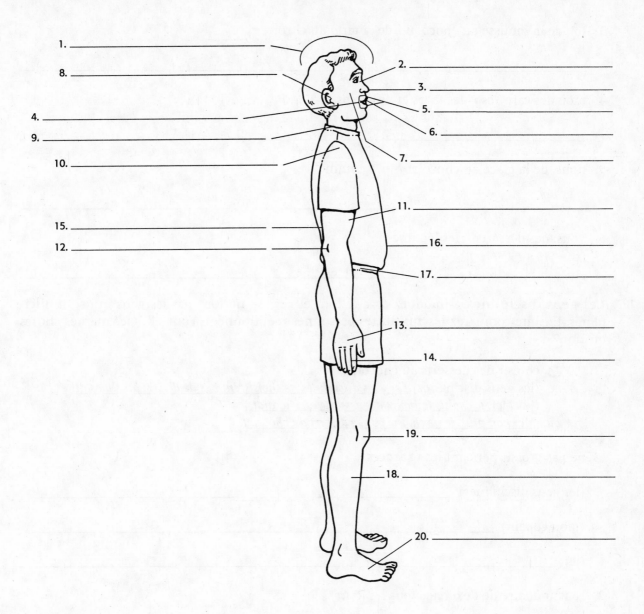

1. _____

8. _____

2. _____

3. _____

5. _____

4. _____

6. _____

9. _____

7. _____

10. _____

11. _____

15. _____

16. _____

12. _____

17. _____

13. _____

14. _____

19. _____

18. _____

20. _____

B. **Grossir ou maigrir?** Lisez ce que les personnes suivantes prennent habituellement. Décidez s'ils grossissent ou maigrissent en prenant les aliments ou les boissons mentionnés.

⊃ Caroline: du beurre / du thé au citron
Elle grossit quand elle prend du beurre. Elle maigrit quand elle boit du thé au citron.

1. les étudiants: des hamburgers et des frites / de l'eau minérale

_____

2. le professeur: de la salade / du gâteau

_____

Chapitre 10 Workbook Activities **125**

3. toi: de la mousse au chocolat / de la tarte au citron

_____

4. moi: des carottes / des tacos et des chips

_____

5. nous: de la glace au chocolat / une pomme

_____

6. vous: des desserts / des légumes

_____

C. **Les gens disciplinés.**   Indiquez ce que font et ce que ne font pas les gens qui sont disciplinés. Ensuite comparez-les aux autres personnes mentionnées. Font-elles les mêmes choses
ou non?

⊃ choisir des desserts au chocolat
(les gens disciplinés) _Les gens disciplinés ne choisissent pas de dessert au chocolat!_
(je) _Moi, je choisis toujours des desserts au chocolat._
ou: _Moi non plus, je ne choisis pas de dessert au chocolat._

1. ne pas grossir pendant les vacances

(les gens disciplinés) _____

(mon copain) _____

(je) _____

2. réussir à faire de l'exercice tous les jours

(les gens disciplinés) _____

(ma famille et moi, nous) _____

(vous) _____

3. finir vite leurs devoirs

(les étudiants disciplinés) _____

(mes camarades de classe) _____

(je) _____

4. choisir des cours importants

(les étudiants disciplinés) _____

(mon/ma camarade de chambre) _____

(je) _____

Intégration

Lecture: Le rôle social de l'habillement

Avant de lire

1 D'abord, regardez le titre du passage qui suit. Pouvez-vous deviner quels sujets y seront traités? Cochez les réponses appropriées.

a. _____ la Sécurité Sociale en France

b. _____ la mode et l'individu

c. _____ la création des vêtements de haute couture

d. _____ les techniques de vente

e. _____ l'importance des vêtements pour les enfants

f. _____ l'exportation des vêtements français

g. _____ le choix vestimentaire des Français

h. _____ une comparaison entre les vêtements des filles et des garçons

2 Maintenant, regardez le début de la première phrase de chaque paragraphe. Quelles sont les bonnes réponses? _____

Chapitre 10 Workbook Activities **127**

En général

3 Parcourez le texte et puis choisissez la description qui convient le mieux à chaque paragraphe de l'article.

1. _____ «La montée de l'individualisme… »

2. _____ «Le résultat… »

3. _____ «En se faisant moins… »

4. _____ «L'importance de la mode… »

5. _____ «Les modes vestimentaires… »

6. _____ «Après quelques années… »

a. les Français et leurs dépenses en vêtements
b. Les vêtements et l'identité des jeunes
c. la mode perd de son influence
d. les sources d'influence de la mode
e. la distinction entre mode masculine et mode féminine
f. la liberté à travers l'habillement

Le rôle social de l'habillement

La montée de l'individualisme a réduit l'influence de la mode, tandis que la crise économique et morale a modifié les comportements. Le vêtement a perdu progressivement son statut de signe extérieur de richesse; il est devenu davantage un moyen de chercher et d'affirmer sa propre identité. L'élégance est aujourd'hui moins ostentatoire, la personnalisation moins artificielle. Le confort, la discrétion, la simplicité et le naturel prennent une importance croissante.

Le résultat est que les Français renouvellent moins souvent leur garde-robe. Ils cherchent davantage à s'insérer dans leur milieu social ou professionnel qu'à jouer avec leur apparence. Les hommes ont tendance à mélanger davantage les genres (une veste habillée avec un jean, un parka sur un costume) et à privilégier les vêtements et accessoires qui permettent de changer d'apparence à moindre coût (chaussures, cravates, ceintures…). Les femmes se sentent obligées de suivre la mode et d'acheter des vêtements coûteux.

En se faisant moins contraignant, moins uniforme et moins structuré, l'habillement participe à la libération de l'individu.

Les jeunes ont des comportements vestimentaires différents de ceux des adultes.

L'importance de la mode se manifeste dès l'école primaire chez l'enfant et prend une importance considérable à l'entrée au collège. Tout ce qui peut permettre une identification à travers le vêtement ou l'accessoire est recherché: inscriptions, formes, matériaux et marques. Mais le poids des grandes marques diminue chez les jeunes comme chez les adultes, avec une tendance à mélanger les vêtements coûteux avec d'autres bon marché achetés éventuellement en grande surface. Le jean continue d'être la base de la garde-robe des jeunes: 80% des 8–16 ans achètent au moins un jean par an; 20% des 14–16 les achètent sans être accompagnés de leurs parents.

Les modes vestimentaires des adolescents (12 à 18 ans) sont influencées par la musique et le sport, mais leurs goûts dans ces domaines évoluent très vite. La mode inspirée du *snowboard* est ainsi en train de changer: vêtements moins larges, tissus plus sobres. Mais elle continue de traduire un goût pour l'extrême et une volonté de rébellion.

Après quelques années de mode unisexe, la différenciation entre les filles et les garçons tend à s'accroître. Chez les filles, la robe a perdu du terrain au profit de la jupe. Les magasins de sport jouent un rôle croissant dans l'habilliment de ville.

Source: From Gérard Mermet, *Francoscopie* 1997. © Larousse-Bordas, 1996. Used by permission.

En détail

4

Les mots.   En utilisant le contexte et la logique, devinez le sens des mots suivants et cochez l'équivalent en anglais.

1. La montée de l'individualisme **a réduit** l'influence de la mode...

   a. _____ has reported

   b. _____ has reduced

   c. _____ has received

2. Le résultat est que les Français renouvellent moins souvent **leur garde-robe.**

   a. _____ their guardians

   b. _____ their dresses

   c. _____ their wardrobe

3. ... les vêtements et accessoires qui permettent de changer d'apparence **à moindre coût**

   a. _____ at the cash register

   b. _____ at the highest cost

   c. _____ at the lowest cost

4. En se faisant moins **contraignant**, moins uniforme et moins struturé...

   a. _____ contradictory

   b. _____ restrictive

   c. _____ casual

5. Après quelques années de mode unisexe, la différenciation entre les filles et les garçons tend à **s'accroître**

   a. _____ to grow

   b. _____ to be abandoned

   c. _____ to be believed

5 **Le texte**

A. **Vrai ou faux?** Écrivez **V** si la phrase est vraie ou **F** si la phrase est fausse. Corrigez les phrases fausses.

1. _____ La mode est plus importante en France maintenant que dans le passé.

_____

2. _____ Les Français achètent moins de vêtements aujourd'hui.

_____

3. _____ Les femmes achètent souvent des vêtements chers.

_____

4. _____ L'habillement ne joue pas un grand rôle dans la vie des enfants.

_____

5. _____ La mode change rapidement chez les jeunes.

_____

6. _____ 80% des jeunes achètent leurs propres vêtements.

_____

B. L'article compare l'habillement des Français cette année avec la mode de l'année passée. Complétez le tableau suivant en indiquant si chaque phrase s'applique à cette année, à l'année dernière ou aux deux.

	cette année	l'année dernière
1. Les adultes jouent avec leur apparence.		
2. L'élégance est plus discrète.		
3. Le jean est indispensable pour les jeunes.		
4. Les vêtements des jeunes sont très larges.		
5. Les filles portent les mêmes vêtements que les garçons.		
6. Les filles portent plus de jupes.		

Et vous?

Quel rôle est-ce que l'habillement joue dans votre vie? Faites-vous plus attention au choix de vos vêtements en certaines occasions? Pensez à une occasion où ce que vous portiez était important pour vous. Puis, en un paragraphe, décrivez l'événement, vos vêtements et vos sentiments. Voici quelques suggestions pour commencer vos phrases:

Quand j'avais (j'étais…)...

Je me souviens toujours de (du)...

_____

_____

_____

_____

_____

_____

_____

_____

CHAPITRE 11

Plans et projets
· ·

Première étape

A. **Devinette: les professions.** Devinez le nom des professions correspondant aux descriptions qui suivent. Écrivez le nom de toutes les professions qui correspondent. Ajoutez **un** ou **une** pour indiquer le genre.

1. Une personne qui aide les malades: _____

2. Un reporter: _____

3. Un professeur: _____

4. Une personne qui travaille dans une usine (*factory*): _____

5. Une personne qui travaille pour le gouvernement: _____

6. Un chef dans un restaurant: _____

7. Une personne qui vous prête ou ne vous prête pas d'argent: _____

8. Une personne qui vous aide à préparer votre déclaration d'impôts (*taxes*): _____

   _____

9. Une personne qui vous aide dans un magasin: _____

10. Une personne qui est directeur (-trice) d'une société: _____

B. **Un job commun?** Regardez les résultats du sondage suivant, puis complétez les phrases en indiquant ce que les jeunes français entre 15 et 25 ans ont l'intention de faire dans l'avenir. Employez les verbes et les expressions suivantes: **espérer, compter, avoir l'intention de, avoir envie de, vouloir.**

Quels sont les secteurs professionnels que vous préférez?

le commerce et l'artisanat	14%
les médias et la publicité	13%
la mode	10%
une activité artistique	10%
l'informatique	9%
la santé	7%
la recherche scientifique	7%
l'espace	6%
l'administration	6%
l'aide sociale	6%
l'enseignement	5%
l'armée	4%
l'industrie	4%

➲ 5% *espèrent travailler dans l'enseignement.*

1. 9% _____

2. 13% _____

3. 14% _____

4. 10% _____

5. 7% _____

6. Moi, j(e) _____

C. **L'avenir lointain ou l'avenir proche?** Alexis aime rêver de l'avenir lointain. Sa sœur, Marina, a plutôt l'esprit pratique et pense en général à l'avenir proche. Lisez leur conversation, et complétez-la avec le futur simple des verbes entre parenthèses.

ALEXIS: Moi, quand j(e) (1. avoir) _____ trente ans, j(e) (2. être)

_____ agent de publicité et je (3. gagner) _____ beaucoup

d'argent. Je (4. travailler) _____ avec des gens célèbres—des acteurs,

des actrices, des millionnaires... Je (5. monter) _____ vite dans la com-

pagnie. Je (6. devoir) _____ voyager souvent pour vendre les produits

de mes clients. J(e) (7. aller) _____ partout en Europe, en Afrique, en

Amérique du Nord et du Sud. Je (8. pouvoir) _____ visiter toutes les

capitales du monde. Quand j'en (9. avoir) _____ marre de travailler, je

(10. ne plus travailler)_____. Je (11. faire) _____ des

achats ou je (12. m'amuser) _____ avec des gens riches.

MARINA: Peut-être, mais demain il te (13. falloir) _____ chercher un travail

d'été. Tu (14. lire) _____ les petites annonces, tu (15. demander)

_____ un entretien, tu (16. remplir) _____ un formulaire

et—si tu as de la chance—tu (17. être) _____ embauché. Tu ne

(18. gagner) _____ pas beaucoup d'argent, mais tu (19. travailler)

_____ dur. C'est ça la réalité quand on a dix-sept ans!

Deuxième étape

A. **L'avenir.** Parlez de l'avenir en composant des phrases qui utilisent les éléments donnés. Mettez les verbes au futur.

⊃ Quand ma copine / avoir son bac / ?
Quand ma copine aura son bac, elle étudiera à la fac.

1. Quand mes copains / avoir trente ans / ?

   _____

2. Quand ma sœur (mon frère) / finir ses études / ?

   _____

3. Quand tu / aller au Québec / ?

   _____

4. Dès que je / parler bien le français / ?

   _____

5. Dès que ma famille et moi, nous / avoir le temps / ?

   _____

6. Dès que vous / réussir à trouver un poste / ?

   _____

Chapitre 11 Workbook Activities   **135**

B. **Si...** Marie-Christine essaie d'expliquer au professeur pourquoi elle a dépensé son argent pour des billets de loterie au lieu d'acheter son manuel de classe. Elle dit que c'est une bonne façon d'apprendre le français! Pour comprendre sa logique, enchaînez les verbes suivants selon l'exemple.

        a. acheter beaucoup de billets de loterie
        b. gagner à la loterie
        c. être riche
        d. abandonner mes études
        e. pouvoir voyager
        f. aller en France
        g. rencontrer des Français
        h. apprendre à parler français

    ⊃ (a–b) *Si j'achète beaucoup de billets de loterie, je gagnerai à la loterie.*

1. (b–c) _____

2. (c–d) _____

3. (d–e) _____

4. (e–f) _____

5. (f–g) _____

6. (g–h) _____

C. **La réussite.** D'après les personnes suivantes, qu'est-ce que la réussite? Composez des phrases pour répondre en employant un pronom tonique et en choisissant parmi les expressions indiquées.

être indépéndant	le confort matériel	avoir du temps libre
pouvoir voyager	aider les autres	avoir un poste important
la tranquillité	s'amuser	être en bonne santé

    ⊃ les étudiants
    Pour eux, la réussite c'est avoir "A" en français!

1. vos parents

_____

2. votre sœur/frère

_____

3. votre camarade de chambre

_____

4. vos copains et vous

_____

5. vous

_____

D. **La réussite, c'est avoir son diplôme!**   Vous montrez à un copain une photo de famille prise le jour où vous avez reçu votre diplôme. Il vous pose des questions sur la photo. Répondez selon les indications données en employant un pronom tonique.

    ⊃ —C'est ton père? (oui)　　　　*—Oui, c'est lui.*
       —C'est ta mère? (non, tante)　*—Elle? Non, ça c'est ma tante.*

1. — C'est ton oncle Georges? (oui) _____

2. — Ce sont tes grands-parents? (oui) _____

3. — C'est ta sœur Lise? (non, cousine Anne) _____

4. — C'est ton frère? (non, cousin Paul) _____

5. — Ça c'est toi avec tes parents? (oui) _____

Troisième étape

A. **L'égalité?**   Qualifiez les phrases suivantes en employant des adverbes formés sur les adjectifs donnés. Ensuite indiquez si c'est probablement le député libéral ou le député conservateur qui a dit chaque phrase.

    ⊃ (sûr) On peut parler d'égalité entre les hommes et les femmes aujourd'hui.
       On peut sûrement parler d'égalité entre les hommes et les femmes aujourd'hui.
       (député conservateur)

1. (absolu) Les femmes sont les égales des hommes dans le monde professionnel.

_____

2. (évident) Le pouvoir économique et politique est réservé aux hommes.

_____

3. (fréquent) Ce sont les hommes qui dirigent les grandes entreprises.

_____

　　　　Chapitre 11 Workbook Activities　**137**

4. (difficile) Les femmes montent dans les entreprises.

_____

5. (général) Les femmes gagnent moins que les hommes.

_____

6. (malheureux) Il y a très peu de femmes au Parlement français.

_____

7. (vrai) Il faut beaucoup de temps pour changer les institutions et les mentalités.

_____

B. **Au contraire!** Joseph et Gérard ont des opinions opposées au sujet de l'avenir. Gérard est optimiste tandis que Joseph est plutôt pessimiste. Complétez leur dialogue en ajoutant des expressions pour garder ou prendre la parole et pour interrompre. Variez les expressions autant que possible.

GÉRARD: Pour réussir, il faut avoir un diplôme universitaire.

JOSEPH: _____. Il y a beaucoup de jeunes diplômés qui ne travaillent pas...

GÉRARD: _____, si on est qualifié et responsable...

JOSEPH: _____, mais rien n'est sûr, même si on est qualifié. _____, moi je connais...

GÉRARD: _____, je pense qu'on peut faire fortune si on a de l'ambition et si...

JOSEPH: ... on est au bon endroit au bon moment! _____ Gérard, tu es naïf. Tu ne...

GÉRARD: _____, Joseph. Je ne suis pas naïf; je suis optimiste. _____, si on travaille dur...

JOSEPH: _____ «Si on travaille dur... » D'abord, il faut avoir un travail!

Intégration

Lecture: Les femmes dans la population active

Avant de lire

1 D'abord, regardez le titre du passage qui suit. Pouvez-vous deviner quel en est le sujet? Cochez la réponse qui convient.

a. _____ la journée d'une femme

b. _____ les femmes et les exercices d'aérobic

c. _____ les femmes au foyer

d. _____ les femmes qui travaillent

e. _____ les femmes mères de famille

2 Maintenant, regardez les sous-titres des quatre parties de ce passage. Quelle réponse est la bonne?

_____

3 Ensuite, regardez l'illustration «Le partage du travail» et essayez de répondre aux questions suivantes.

1. En quelle année le taux d'activité des femmes a-t-il été le plus bas? _____

2. En quelle année le taux d'activité des hommes a-t-il été le plus bas? _____

3. Quelle est votre interprétation initiale des changements que vous observez dans

l'illustration? _____

_____

En général

4 Parcourez le texte une première fois pour identifier les sections qui contiennent les idées générales suivantes:

Section	Idées générales
1. _____	a. Environ 80 pour cent des femmes entre 25 et 29 ans travaillent.
	b. Il y a plusieurs facteurs démographiques et économiques qui sont
2. _____	favorables au travail des femmes.
	c. Il y a actuellement moins d'emplois qui nécessitent la force masculine.
3. _____	d. Depuis 1968, beaucoup de femmes considèrent le travail rémunéré
	comme un droit (*right*) qui est nécessaire à leur indépendance.
4. _____	

Chapitre 11 Workbook Activities

Activité féminine

1. 46% des femmes de 15 ans ou plus sont actives.

L'accroissement du travail féminin est l'une des données° majeures de l'évo-lution sociale de ces vingt-cinq dernières années; leur nombre a augmenté de trois millions, contre moins d'un million pour les hommes. Pourtant, ce phénomène n'est pas nouveau. *de donner*

Après avoir atteint° un maximum vers 1900, le taux d'activité des femmes avait fortement baissé jusqu'à la fin des années 60, sous l'effet de l'évolution démographique. Depuis, la proportion des femmes actives a augmenté, alors que celle des hommes diminuait. *reached*

Si les femmes ont, depuis 1968, «repris le travail», c'est en partie sous l'im-pulsion du grand mouvement féministe des années 70, dont l'une des reven-dications° majeures était le droit au travail rémunéré, condition première de l'émancipation. *claims*

2. Entre 25 et 49 ans, les trois quarts des femmes sont actives, contre moins de la moitié en 1968.

C'est entre 25 et 29 ans que l'activité féminine atteint son maximum: 80,5%. Les taux décroissent ensuite avec l'âge, du fait des contraintes familiales (mater-nités, éducation des enfants) et de la volonté d'exercer une activité rémunérée moins fréquente parmi les anciennes générations. Plus les femmes ont d'en-fants et moins elles exercent une activité rémunérée. Entre 25 et 39 ans, neuf femmes sur dix n'ayant pas d'enfants à charge travaillent. Elles ne sont plus que 83% lorsqu'elles ont un enfant, 73% avec deux, 47% avec trois.

3. L'évolution de la nature des emplois a été favorable à l'insertion des femmes.

Le très fort développement des activités de service et la diminution du nom-bre d'emplois nécessitant la force masculine ont beaucoup favorisé l'arrivée des femmes sur le marché du travail; elles occupent ainsi plus de la moitié des emplois du secteur tertiaire.° À ces deux raisons liées au progrès économique et technique s'en sont ajoutées d'autres, moins avouables.° À travail égal, les femmes étaient le plus souvent moins bien payées que les hommes; une bonne aubaine° pour un certain nombre d'employeurs... *secteur... service sector* / *mentionable* / *windfall*

Mais c'est peut-être le développement du travail à temps partiel qui a le plus contribué à celui du travail féminin. On constate d'ailleurs que c'est dans les pays où les possibilités de travail à temps partiel sont les plus développées que les femmes sont les plus nombreuses à travailler.

4. La norme de la femme au foyer° a été remplacée par celle de la femme au travail.

au... à la maison

Pour un nombre croissant de femmes, travailler est la condition de l'autonomie et de l'épanouissement° personnel. Les femmes qui n'ont jamais travaillé sont d'ailleurs trois fois moins nombreuses parmi les moins de 30 ans (moins de 4%) que parmi les plus âgées (12%). La diminution du nombre des mariages, l'accroissement du nombre des femmes seules, avec ou sans enfants, la sécu- *fulfillment* rité (parfois la nécessité) pour un couple de disposer de deux salaires sont autant de raisons qui expliquent le regain de faveur du travail féminin.

La crainte° du chômage, la difficulté de trouver un travail conforme à ses aspirations, la fatigue représentée par la «double journée de travail» et les mesures d'incitation prises par le gouvernement pourront amener certaines femmes à rester au foyer. Mais elles ne semblent guère susceptibles de compenser les facteurs favorables au travail féminin.

° la peur

Source: From Gérard Mermet, *Francoscopie* 1993, pp. 263–265. © Larousse, 1992. Used by permission.

Le partage[1] du travail

Évolution du taux d'activité des hommes et des femmes (en % de la population de chaque sexe):

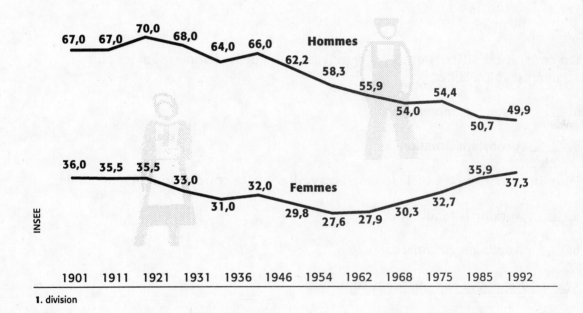

1. division

En détail

5 **Les mots**

A. **Plus ou moins?** Parmi les mots suivants du passage, lesquels indiquent «plus» (P) et lesquels indiquent «moins» (M)?

1. _____ l'accroissement   4. _____ diminuait   6. _____ la diminution

2. _____ baissé   5. _____ décroissent   7. _____ croissant

3. _____ augmenté

Chapitre 11 Workbook Activities **141**

B. **Déduisez.** En utilisant le contexte et la logique, pouvez-vous déduire le sens des expressions en caractères gras?

1. Après avoir atteint un maximum vers 1900, **le taux d'activité des femmes** avait fortement baissé...

   a. _____ the active task of women

   b. _____ the proportion of women who work

2. Les taux décroissent ensuite avec l'âge, **du fait des** contraintes familiales...

   a. _____ as a function of

   b. _____ by making

3. **On constate d'ailleurs** que c'est dans [ces] pays que les femmes sont les plus nombreuses à travailler.

   a. _____ It is noted, moreover

   b. _____ A constant situation

4. Pour un nombre croissant de femmes, **travailler est la condition de** l'autonomie.

   a. _____ working is conditional

   b. _____ working is essential to

6 **Le texte.**   Répondez aux questions suivantes.

1. D'après le passage, quelle est la position du mouvement féministe des années 70 à l'égard du travail des femmes?

   _____

2. Dans quel secteur est-ce que les femmes travaillent surtout?

   _____

3. Le travail à temps partiel est-il important pour les femmes qui travaillent?

   _____

Et vous?

1. Chaque famille est différente. Certaines ont une longue tradition de femmes qui travaillent hors du foyer. Dans d'autres familles la femme travaille seulement à la maison. Comparez les femmes de différentes générations dans votre famille en terminant les phrases suivantes.

Ma grand-mère _____

_____

_____

_____

Ma mère _____

_____

_____

_____

Pour moi, le travail _____

_____

_____

_____

2. Le passage dit que «pour un nombre croissant de femmes, travailler est une condition de l'autonomie et de l'épanouissement personnel». Êtes-vous d'accord? Écrivez vos idées à ce sujet.

_____

_____

_____

_____

_____

CHAPITRE 12

Soucis et rêves

. . . .

Première étape

A. **Devinette.** Écrivez le nom des maladies ou des problèmes médicaux décrits ci-dessous.

1. Une maladie causée par des allergies. On a le nez qui coule et on éternue.

   _____

2. Un mal d'estomac qu'on a après avoir mangé trop de sucre ou de matières grasses (*fat*)

   _____

3. Un problème grave du cœur (*heart*) _____

4. Une maladie contagieuse et d'habitude mortelle (*deadly*) _____

5. Un mal de tête très sévère _____

6. Une maladie commune où on a le nez bouché et mal à la gorge _____

7. Une maladie sérieuse qui peut attaquer toutes les parties du corps, par exemple les

   poumons (*lungs*), l'estomac, le cerveau (*brain*), etc. _____

8. Une infection des poumons. Il faut prendre un antibiotique pour combattre l'infection.

   _____

B. **Que feriez-vous?** Si les situations suivantes se présentaient, quelle serait votre réaction ou la réaction des personnes indiquées? Lisez les circonstances qui suivent, puis complétez les phrases avec le conditionnel du verbe que vous choisissez.

⊃ Si je me sentais mal... (me coucher; demander conseil au pharmacien)
je me coucherais. ou: *je demanderais conseil au pharmacien.*

1. Si je tombais dans la rue... (me faire mal; me sentir stupide)

    _____

2. Si mes camarades de classe étudiaient pendant dix heures... (avoir une migraine; se sentir bien)

    _____

3. Si mon camarade de chambre tombait malade... (appeler le médecin; se coucher)

    _____

4. Si mes copains et moi, nous avions mal aux jambes... (aller chez le médecin; prendre des comprimés)

    _____

5. Si tu te blessais sérieusement... (mettre un pansement; aller à l'hôpital)

    _____

6. Si ta copine et toi, vous toussiez tout le temps... (demander un antibiotique; acheter du sirop)

    _____

C. **À sa place...** Aimez-vous donner vos opinions aux autres quand ils ont des problèmes? Considérez les situations suivantes, puis écrivez des recommandations pour chaque image en employant les suggestions données avec le conditionnel des verbes **devoir** ou **pouvoir**. Ensuite écrivez une phrase originale pour indiquer ce que vous feriez à la place de ces gens.

⊃ Cette femme / appeler le pharmacien; prendre des comprimés; se coucher?
Cette femme devrait appeler le pharmacien. Elle pourrait prendre des comprimés et elle devrait se coucher. À sa place, je dormirais toute la journée.

1.　　　　　　　　　　　　　　　　　　　　2.

1. ce garçon / ne plus manquer son cours; travailler plus sérieusement; poser plus de questions en classe?

   <u>Le semestre prochain, ce garçon</u> _____

   _____

   _____

2. Les témoins (*witnesses*) / appeler la police; faire venir une ambulance; ne pas bouger (*move*) le garçon?

   <u>Les témoins</u> _____

   _____

   _____

   _____

Chapitre 12 Workbook Activities　**147**

Deuxième étape

A. **Circonstances imaginaires!** Les rêves des profs ne sont pas toujours profonds—ni réalistes! Décrivez les fantasmes du prof au sujet des étudiants en employant **si** et les expressions verbales données.

     ⊃ parler plus / être moins anxieux
       Si les étudiants parlaient plus, ils seraient moins anxieux.

1. étudier en groupes / s'amuser mieux

    _____

2. poser plus de questions / comprendre mieux la leçon

    _____

3. faire les exercices / savoir les réponses

    _____

4. regarder les vidéos / parler mieux

    _____

5. travailler plus sérieusement / réussir aux examens

    _____

Maintenant, décrivez les fantasmes des étudiants concernant le professeur.

     ⊃ être plus patient / être moins anxieux
       Si le prof était plus patient, nous serions moins anxieux.

6. parler moins vite / comprendre mieux

    _____

7. nous montrer des films / nous amuser mieux

    _____

8. nous donner moins de devoirs / l'aimer beaucoup

    _____

9. être absent(e) / ne pas avoir de classe

_____

10. nous donner l'argent nécessaire / aller à Tahiti pour parler français

_____

B. **Fantasmes?**   Une camarade de classe qui veut être psychiatre s'entraîne à l'analyse en vous posant des questions hypothétiques. Répondez à ses questions en employant le conditionnel et en suivant l'exemple.

⊃ Qu'est-ce que tu achèterais si tu pouvais avoir la voiture de tes rêves?
Si je pouvais avoir la voiture de mes rêves, j'achèterais une Ferrari.

1. Si tu pouvais être un personnage historique, qui est-ce que tu serais?

_____

2. Qu'est-ce que tu ferais si tu étais millionnaire?

_____

3. Où irais-tu si tu pouvais voyager dans le temps?

_____

4. Comment serait la maison de tes rêves?

_____

5. Qu'est-ce que tu apporterais avec toi sur une île déserte?

_____

6. Qu'est-ce que tu serais si tu étais un animal?

_____

Troisième étape

A. **Chômeurs.** Un journaliste prépare un article au sujet des chômeurs. Il interviewe Édouard, un jeune diplômé qui n'a pas de travail, et pour qui l'avenir semble incertain. Répondez pour Édouard en remplaçant les mots en italique par le pronom **en.**

⊃ Vous avez eu beaucoup *de soucis* récemment?
Oui, j'en ai eu beaucoup.

1. Vous cherchez *un travail?*

   _____

2. Vous avez déjà eu *des entretiens (job interviews)?*

   _____

3. Vous avez parlé *de vos aspirations?*

   _____

4. Est-ce que vous avez *de l'ambition?*

   _____

5. Vous avez peur *du chômage?*

   _____

Maintenant, répondez aux questions 6–10 en choisissant parmi les pronoms suivants: **y / en / lui.**

6. Est-ce que vous vous intéressez *à une profession libérale?*

   _____

7. Vous avez envie *d'un travail dans la fonction publique?*

   _____

8. Vous pensez souvent *à l'avenir?*

   _____

9. Avez-vous peur *de l'avenir?*

_____

10. Entre temps, est-ce que vous pouvez demander de l'aide *à votre père?*

_____

B. **Une bavarde!** Josée sait beaucoup de choses au sujet des gens qui habitent son bâtiment parce qu'elle parle beaucoup—et à tout le monde! Complétez les phrases avec le pronom relatif qui convient: **dont** ou **où.**

1. Monsieur Girard? Il adore la politique. Il rêve du jour _____ il sera député ou

    même président!

2. Christine? Je sais qu'elle dépense trop d'argent dans les magasins _____ on

    vend des vêtements de haute couture!

3. Thomas? Lui, il a la voiture de sport _____ mon mari rêve!

4. Anne Marie? Oh, elle est très timide. Il y a beaucoup de gens _____ elle a

    peur.

5. Monsieur Lechef? Lui, il a un restaurant _____ on sert des spécialités

    tahitiennes.

6. Monsieur Dupont? Le professeur? Je suis sûr qu'il y a des jours _____ il ne

    veut pas aller en cours. Il aime dormir tard.

7. Madame Lamour? Eh bien, elle est si vieille qu'il y a beaucoup de choses

    _____ elle ne se souvient pas bien.

8. Olivier? Il a de la chance. Il connaît une femme _____ la fille est actrice. Il va

    pouvoir faire sa connaissance!

Chapitre 12 Workbook Activities **151**

C. **Mauvaise mémoire.** Alain et son frère Alexis discutent de leurs souvenirs d'enfance. Complétez le dialogue avec le pronom relatif qui convient: **qui, que, dont** ou **où**.

—Tu te souviens de Monsieur Jospin?

—Le monsieur (1.) _____ j'avais peur à cause de son chapeau bizarre et sa barbe

rousse?

—Oui, mais tu étais petit. C'est l'homme (2.) _____ j'aimais beaucoup parce qu'il

jouait au foot avec moi.

—Tu veux dire le propriétaire du magasin (3.) _____ nous achètions des

bonbons?

—Oui, c'était le magasin (4.) _____ tous les enfants aimaient beaucoup.

—C'est l'homme (5.) _____ habitait au coin de la rue (6.) _____ tu as

eu cet accident de voiture?

—Oui. Le monsieur (7.) _____ la femme était prof à la fac.

—Celui (8.) _____ avait souvent le rhume des foins?

—Oui! Monsieur Jospin!

—Non, je ne me souviens pas de lui!

Intégration

Lecture: Les médecines douces et la psychanalyse: sciences ou pseudosciences?

Avant de lire

1 Pouvez-vous deviner la définition probable de l'expression «les médecines douces»? Cochez une réponse.

a. _____ le sucre et la santé

b. _____ formes non traditionnelles de médecine

c. _____ la médecine classique

En général

2 Parcourez le texte une première fois et cochez les renseignements que vous y trouvez.

a. _____ une période de temps où les médecines douces se sont développées

b. _____ une raison pour le succès de la médecine douce

c. _____ le nom de quelques médecins qui pratiquent la médecine douce

d. _____ le nom de quelques types de médecine douce

e. _____ la relation entre les guérisseurs et les psychanalystes

f. _____ la légalité de la psychanalyse

g. _____ l'utilité de la psychanalyse

Toubib[1] or not toubib

Les médecines douces

Les médecines dites «douces» se sont considérablement développées ces dernières années. Elles doivent être pratiquées par des médecins, qu'ils soient généralistes ou spécialistes.

Les utilisateurs considèrent en général qu'il s'agit d'un recours complémentaire à la médecine classique, et non pas d'une méthode unique.

Le succès des médecines douces est souvent présenté comme une demande de contact personnalisé avec le médecin; une demande de prise en charge globale du malade[2] à laquelle ne répond pas la médecine moderne, très spécialisée et très technique. Le médecin applique des tarifs plus élevés que les tarifs remboursés par la Sécurité sociale, mais il sait prendre le temps d'écouter les malades.

Pour ceux qui ont recours aux médecines douces, l'homéopathie arrive en tête, suivie par l'acuponcture, puis la phytothérapie.[3] L'ostéopathie est également de plus en plus utilisée.

Les guérisseurs[4] ne sont pas reconnus légalement.[5] Ils peuvent être poursuivis pour exercice illégal de la médecine, bien qu'ils bénéficient le plus souvent d'une certaine tolérance.

La psychanalyse[6]

La psychanalyse est de plus en plus admise par les Français: 31% d'entre eux n'écarteraient pas l'idée de se faire psychanalyser (58% sont d'un avis contraire) et 46% déclarent qu'ils auraient une réaction favorable si leur conjoint décidait de se faire psychanalyser.

Les plus intéressés sont les femmes (33% des femmes contre 29% des hommes), les personnes ayant un niveau d'instruction supérieure, et les moins de 50 ans.

Les personnes interviewées voient le psychanalyste plutôt comme quelqu'un qui écoute et laisse parler (58%) que comme quelqu'un qui donne des conseils (24%).

C'est une thérapie qui leur paraît utile pour traiter les problèmes de personnalité (51%) et dans une moindre mesure, les problèmes sexuels (35%), mais elles se montrent sceptiques sur son utilité pour les problèmes professionnels (31%). Elle peut s'adresser aussi aux enfants (64%).

Si la psychanalyse est aujourd'hui admise, elle n'est pourtant pas couramment pratiquée. 16% seulement des Français déclarent avoir dans leur entourage familial ou professionnel des gens qui ont fait une analyse.

1. *slang for* médecin   2. prise... *treatment of the whole patient rather than a specific ailment*
3. *herbal medicine*   4. *healers*   5. *In France, most practitioners of homeopathy have medical degrees. Most other "healers" do not.*   6. D'après un sondage SOFRES pour *Le Figaro Magazine*, 10–14 septembre 1987

Source: Le Figaro Magazine/Pessin. Reprinted with permission.

En détail

3 **Les mots.** Devinez le sens des mots suivants. Vous allez remarquer qu'ils sont (presque) identiques dans les deux langues. Écrivez l'équivalent anglais.

1. pratiquées _____

2. utilisateurs _____

3. le recours _____

4. complémentaire _____

5. présenté _____

6. demande _____

7. remboursés _____

8. l'acuponcture _____

9. légalement _____

10. bénéficient _____

4 **Le texte**

A. **Vrai ou faux?** Écrivez **V** si la phrase est vraie ou **F** si la phrase est fausse. Corrigez les phrases fausses.

1. _____ Récemment les médecines douces sont de plus en plus populaires. _____

_____

2. _____ En général, les patients utilisent les médecines douces comme traitement unique.

_____

3. _____ La médecine moderne est trop technique. _____

_____

4. _____ La médecine classique est trop personnalisée. _____

_____

5. _____ Les médecins qui pratiquent la médecine douce ont des tarifs moins élevés que les

médecins «classiques». _____

_____

6. _____ L'acuponcture est moins utilisée que l'homéopathie. _____

_____

7. _____ On accepte avec tolérance les «guérisseurs». _____

_____

8. _____ 58% des Français considèrent l'idée de se faire psychanalyser. _____

_____

9. _____ Les femmes s'intéressent plus que les hommes à la psychanalyse. _____

_____

10. _____ La majorité des Français considèrent la psychanalyse utile pour des problèmes

professionnels. _____

_____

11. _____ D'après le sondage, 16% des Français ont un ami ou un membre de leur famille

qui a été en traitement chez un psychanalyste. _____

_____

B. L'humour du titre. Expliquez ce qui est amusant dans le titre de cet article.

_____

_____

_____

_____

C. L'humour de l'illustration. Regardez l'illustration. Il faut savoir que les «plantes» des
pieds sont le dessous des pieds (*soles*). Dans un article qui traite des «médecines douces»,
comment est-ce que le titre du livre que l'homme lit montre de l'humour?

_____

_____

_____

_____

Et vous?

Les médecines douces et la psychanalyse. Prenez position pour ou contre l'efficacité de la médecine non traditionnelle. Complétez le tableau qui suit, et donnez des exemples pour soutenir votre point de vue.

Type de médecine non traditionnelle	Efficacité (Oui ou non?)	Exemples
L'acuponcture		
La psychanalyse		
L'homéopathie		
L'ostéopathie		
La phytothérapie		

Maintenant, écrivez un paragraphe dans lequel vous développez une de ces idées.

_____

_____

_____

_____

_____

_____

_____

CHAPITRE COMPLÉMENTAIRE

Des questions d'actualité

· ·

A. **Subjonctif?**   Décidez si les phrases suivantes emploient le subjonctif. Soulignez le verbe au subjonctif. Indiquez pour chaque phrase s'il y a *un* sujet ou *deux*.

⊃ Je voudrais que la discrimination *finisse.*

1. _____ Les immigrés contribuent à notre société.

2. _____ Il est temps que le gouvernement protège les immigrés.

3. _____ Nous avons tous besoin de lutter contre l'intolérance.

4. _____ Il faut que nous nous entendions mieux.

5. _____ C'est dommage qu'on ferme les frontières.

6. _____ J'aimerais qu'on encourage le respect des autres cultures.

B. **L'intolérance.**   Complétez les phrases suivantes avec le subjonctif des verbes indiqués.

1. Il est important qu'on _____ (apprendre) la langue du pays.

2. Il ne faut pas que nous _____ (fermer) les frontières.

3. Il n'est pas nécessaire que le gouvernement _____ (interdire) la liberté d'expression

Chapitre complémentaire Workbook Activities   **159**

4. Il est temps qu'on _____ (accepter) des différences culturelles.

5. Je suis triste que nous _____ (ne pas s'entendre) bien.

6. C'est dommage que vous _____ (ne pas respecter) le droit à la différence.

7. Je suis content que tant de gens _____ (choisir) d'habiter notre pays.

C. **Point de vue.** D'abord, lisez les phrases suivantes qui experiment un fait objectif, puis changez-les selon l'exemple pour exprimer une opinion subjective. Commencez chaque phrase avec une des expressions données.

Il est temps	Il faut	Il est nécessaire	Il est important
C'est dommage	C'est malheureux	Je voudrais que	J'aimerais que

⊃ Le gouvernement stimule la recherche pour trouver des solutions aux problèmes.
  Il faut que le gouvernement stimule la recherche pour trouver des solutions aux problèmes.

1. Nous cherchons des solutions aux problèmes économiques.

   _____

2. Vous ne pensez pas au problème de l'immigration.

   _____

3. Les immigrés réussissent à apprendre la langue du pays.

   _____

4. Nous éliminons les préjugés.

   _____

5. Nous organisons des campagnes contre l'intolérance.

   _____

6. Vous acceptez les différences culturelles.

   _____

D. **Émotions.** Patrick veut aider les sans-abri. Indiquez ses émotions et ses désirs en complétant les phrases suivantes.

⊃ Je suis triste que / ne pas avoir de logement
(tant de gens) *Je suis triste que tant de gens n'aient pas de logement.*

1. Je suis triste que / ne pas avoir de logement

(les immigrés) _____

(nous) _____

2. C'est dommage que / être intolérant

(vous) _____

(Jean-Marie) _____

3. Il faut que / vouloir aider les pauvres

(vous) _____

(ces politiciens) _____

4. J'aimerais que / pouvoir avoir du travail

(tout le monde) _____

(nous) _____

5. Il est important que / faire appel aux députés

(vous) _____

(tu) _____

6. Je voudrais que / savoir combattre la misère

(on) _____

(ces gens) _____

Chapitre complémentaire Workbook Activites **161**

E. **Un sans-logis.** Monsieur Chevalier, un des milliers de sans-logis en France, partage les sentiments de l'abbé Pierre. Complétez le paragraphe en employant l'infinitif ou le subjonctif des verbes suivants. N'employez chaque verbe qu'une fois.

attendre   faire   perdre   défendre
être   vivre   lancer   se mobiliser
vouloir

Je suis triste que beaucoup de gens (1.) _____ leur logement. C'est dommage

de (2.) _____ dans la rue. Je suis surpris que tant de gens (3.) _____

si indifférents. Mais je suis content que l'abbé Pierre (4.) _____ aider les pauvres.

Il voudrait (5.) _____ les sans-logis. Il est triste que le gouvernement

(6. ne rien) _____. Il est temps de (7.) _____. Il faudrait

(8.) _____ des pétitions. Il ne faut pas qu'on (9.) _____ des

catastrophes!

F. **Opinions.** En français, on peut exprimer ses opinions et ses sentiments en employant le subjonctif *ou* l'infinitif. Récrivez les phrases suivantes en employant le sujet donné et le subjonctif.

> ➲ C'est dommage d'abandonner les sans-logis. (on)
> *C'est dommage qu'on abandonne les sans-logis.*

1. C'est triste de ne pas avoir de logement. (les sans-abri)

_____

2. C'est dommage de refuser de donner des logements vides aux sans-abri. (les villes)

_____

3. C'est malheureux de dormir dans la rue. (tant de jeunes)

_____

4. Il ne faut pas oublier les sans-abri. (nous)

_____

Maintenant, récrivez les phrases suivantes en employant un infinitif selon l'exemple.

➲ Il faut que nous aidions les pauvres.
Il faut aider les pauvres.

5. Il faut que tout le monde respecte les sans-abri.

_____

6. Il est temps que nous bâtissions de nouveaux logements.

_____

7. Il vaut mieux qu'on fasse appel aux maires.

_____

8. Je voudrais que nous arrêtions la misère.

_____

Laboratory Manual

CHAPITRE PRÉLIMINAIRE

Bonjour !
. . . .

Prononciation

🔘 A. **L'alphabet.**   Listen to the French alphabet and repeat each letter.
Audio CD

a b c d e f g h i j k l m n o p q r s t u v w x y z

Now, listen again and write the letters you hear.

1. _____   4. _____

2. _____   5. _____

3. _____   6. _____

B. **Les accents.**   Listen to the French diacritical marks and repeat each one.

un accent aigu   un tréma
un accent grave   un trait d'union
un accent circonflexe   une apostrophe
une cédille

You will now hear a series of letters, each followed by a diacritical mark. Listen and write each letter with its diacritical mark.

1. _____   4. _____

2. _____   5. _____

3. _____   6. _____

Chapitre préliminaire Laboratory Activities

C. **Comment ça s'écrit?**   Listen as the following names are read. Spell them and then listen to verify your answers.

> ⟳ *You see and hear:* Sandrine Rosier
> *You say:* S-a-n-d-r-i-n-e R-o-s-i-e-r
> *You hear:* S-a-n-d-r-i-n-e R-o-s-i-e-r

1. Thierry Villain
2. Josée Tourneau
3. Gérard Perdreaux
4. Robert Coufin
5. Karima Wéry
6. Mariama Bâ
7. Jean-François Gruyère

Activités de compréhension

A. **Formel? familier?**   Listen to the statements and indicate whether they are formal or familiar by circling your choice.

1. formel   familier
2. formel   familier
3. formel   familier
4. formel   familier
5. formel   familier
6. formel   familier
7. formel   familier
8. formel   familier

B. **Masculin? féminin?**   For each noun that you hear, give the indefinite article **un** or **une**. Then listen to verify your responses.

> ⟳ *You hear:* craie
> *You say:* une craie
> *You verify:* une craie

CHAPITRE 1

Qui êtes-vous?
....

À l'écoute: Faisons connaissance

You will hear a short interview with a young woman from Madagascar, a large Francophone island in the Indian Ocean. Do task 1 in **Avant d'écouter,** then read task 2 in **Écoutons** before you listen to the interview.

Avant d'écouter

1 Look at the map of the Francophone world in your textbook, and locate Madagascar. Can you predict the ethnic origins of the people who live there? Check the possibilities that seem likely to you.

Ils sont d'origine...

_____ africaine (Afrique).

_____ asiatique (Asie).

_____ européenne (Europe).

_____ polynésienne (Polynésie).

Écoutons

Attention!   As you listen to the interview, remember that you do not need to understand every word. For each task, focus only on what you are asked to listen for. One step at a time, your ability to understand will increase.

2 Listen to the interview a first time in order to identify the topics covered. Check the categories that are mentioned.

1. ＿＿ name of the interviewer

2. ＿＿ name of the young woman from Madagascar

3. ＿＿ origin of her name

4. ＿＿ origin of the people of Madagascar in general **(les Malgaches)**

5. ＿＿ origin of her family **(la famille)**

6. ＿＿ her profession

7. ＿＿ adjectives that describe **les Malgaches** in general

8. ＿＿ adjectives that describe her personally

3 Play the conversation again, listening for the nationalities mentioned. Were your predictions correct? Circle the ethnic origins that are mentioned, either as adjectives or through the name of the continent or country.

africaine	égyptienne	sénégalaise	arabe
asiatique	chinoise	malaysienne	japonaise
européenne	française	allemande	anglaise
polynésienne	australienne		

4 Listen to the conversation a third time, paying close attention to the young woman's name. Fill in the missing letters **(les lettres),** then answer the two questions.

1. FRANÇOISE RA __ __ __ __A __ __ __IV __ __O

2. Using the context and logic, can you infer the meaning of **quinze?** Write it in digits.

   Quinze = ＿＿

3. What is the probable origin of the prefix Ra- in that last name?

   Ra- est un préfixe d'origine ＿＿＿＿＿＿＿＿＿＿.

5 Listen to the conversation a final time in order to identify the adjectives that Françoise uses to describe herself. Complete the list.

complexe, ＿＿＿＿＿＿＿＿＿＿＿＿＿＿＿＿＿＿, ＿＿＿＿＿＿＿＿＿＿＿＿＿＿＿＿＿＿＿

Prononciation

A. **Les consonnes finales et la liaison.** Review the pronunciation section on final consonants and **liaisons** in the **Première étape** of Chapter 1 in your textbook. Then, in the following sentences, look at the consonants in bold type. Cross out the ones that should be silent, underline the ones that should be pronounced, and indicate the **liaisons** with a link mark (͜).

⊃ Françoise n'est pas africaine.

1. Ils sont africains.
2. Elles ne sont pas anglaises.
3. Elle est petite, intelligente, amusante; elle est heureuse.
4. Il est petit, intelligent, amusant; il est heureux.
5. C'est un garçon très intéressant; il n'est pas ennuyeux.
6. C'est une fille très intéressante; elle n'est pas ennuyeuse.

Audio CD Now, listen to the sentences, and repeat each one.

B. **Le rythme et l'accentuation.** First, review the pronunciation section on rhythm and accentuation in the **Troisième étape** of Chapter 1 in your textbook.

Audio CD Now, listen to the following sentences a first time and mark them as you listen. Use a slash to indicate the word groups you hear, and underline the accented syllables.

1. Les Malgaches sont d'origine malaysienne, polynésienne, africaine et arabe.
2. Les origines de ma famille, c'est la Malaysie, la Polynésie et la France.
3. Françoise est complexe, sérieuse... et principalement heureuse.
4. Elle est petite et mince, brune et très sympathique.

You will now hear the sentences again. Listen and repeat each one. Make sure you say each syllable evenly except the last syllable of each group, which must be slightly longer and show a change in intonation.

Activités de compréhension

A. **Le verbe *être*.** First, listen carefully and decide if the sentences you hear refer to one person or to more than one person. Indicate your answers by circling your choices.

1. one person   more than one person
2. one person   more than one person
3. one person   more than one person
4. one person   more than one person
5. one person   more than one person

Chapitre 1 Laboratory Activities **171**

6. one person   more than one person

7. one person   more than one person

8. one person   more than one person

You will now hear the sentences again. If the sentence refers to one person, change it so that it refers to more than one person and vice versa. Then, listen in order to verify your answers.

> *You hear:*   Tu es italien?
> *You say:*   Vous êtes italiens?
> *You verify:*   Vous êtes italiens?

B. **Traits de caractère.**   Listen to Nicolas's questions. Answer each of his questions positively, using a subject pronoun in place of the noun subject.

> *You hear:*   Je suis allergique à l'école?
> *You write:*   Oui, *tu es* allergique à l'école.

1. Oui, _____ _____ sympathique.

2. Oui, _____ _____ amusants.

3. Oui, _____ _____ sociables.

4. Oui, _____ _____ typique.

5. Oui, _____ _____ raisonnable.

6. Oui, _____ _____ actifs.

C. **Masculin, féminin.**   Check whether each adjective or noun you hear refers to a man (**homme**) or a woman (**femme**). If you can't tell, check **?**.

> *You hear:*   grand
> *You check:*   ✔ homme   ____ femme   ____ ?

1. ____ homme   ____ femme   ____ ?

2. ____ homme   ____ femme   ____ ?

3. ____ homme   ____ femme   ____ ?

4. ____ homme   ____ femme   ____ ?

5. ____ homme   ____ femme   ____ ?

6. ____ homme   ____ femme   ____ ?

7. ____ homme   ____ femme   ____ ?

8. ____ homme   ____ femme   ____ ?

D. **Qui est-ce?**   You will hear the descriptions of five people, four of whom are pictured below. Do not worry if you do not understand every word you hear. Just listen for familiar words, and write the number of the description you hear under its corresponding picture. Can you draw in the picture that is missing?

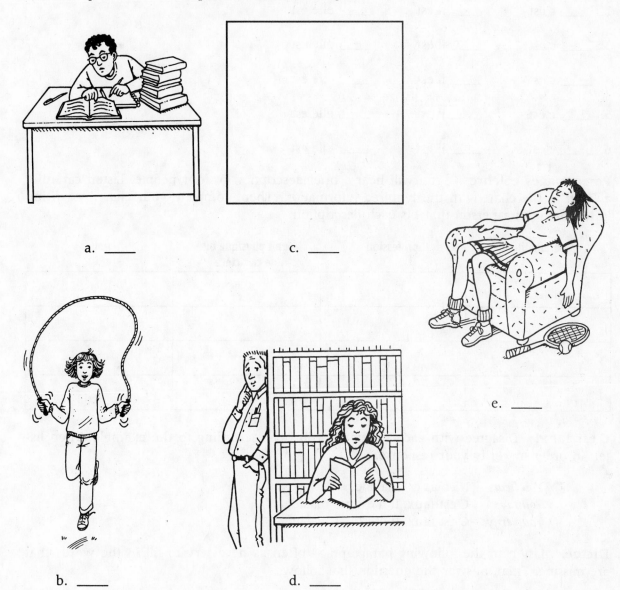

a. ____

c. ____

e. ____

b. ____

d. ____

Chapitre 1 Laboratory Activities   **173**

E. **C'est? Il est?**   For each adjective or noun you hear, check the expression you would use if you were saying a complete sentence.

⊃ *You hear:*   américaine
  You check: _____ c'est   _____ il est   ✓ elle est

1. _____ c'est   _____ il est   _____ elle est

2. _____ c'est   _____ il est   _____ elle est

3. _____ c'est   _____ il est   _____ elle est

4. _____ c'est   _____ il est   _____ elle est

5. _____ c'est   _____ il est   _____ elle est

6. _____ c'est   _____ il est   _____ elle est

F. **Personnages célèbres.**   You will hear a brief description of four people. Listen carefully and fill in the chart with the required information. Then, complete your chart by writing in the name of a person that fits each description.

	nationalité	profession	trait physique ou de caractère	nom
1.				
2.				
3.				
4.				

G. **C'est faux!**   Disagree with each statement you hear according to the example. Then listen in order to verify your response.

⊃ *You hear:*   Nicolas est malade.
  You say: C'est faux. Il n'est pas malade.
  You verify: C'est faux. Il n'est pas malade.

H. **Dictée.**   Listen to the following paragraph as often as necessary to fill in the words that are missing. Then, answer the question that follows.

Je _____ _____. _____ suis _____

et _____. Nicolas _____ Alceste _____ mes (*my*)

_____. Nicolas _____ _____ _____ un peu

fou—et il _____ _____ malade! Alceste _____

_____ mais un peu _____. Moi, _____ _____

_____ et énergique. _____ _____ nous _____

_____ élèves _____?

Et moi, qui suis-je? _____

CHAPITRE 2

La famille
· · · · · · · · · · · ·

À l'écoute: La famille de Françoise

Do you remember Françoise from Madagascar? (See Chapter 1 in your lab manual.) You will now hear her speak about her family. Do task 1 in **Avant d'écouter,** then read task 2 in **Écoutons** before you listen to the conversation.

Avant d'écouter

1 In describing a family with several children, the following words are likely to be mentioned. Can you infer their meaning? Match them with their equivalent.

1. _____ le/la deuxième   a. l'enfant numéro 1

2. _____ le/la troisième   b. l'enfant numéro 2

3. _____ le fils/la fille aîné(e)   c. l'enfant numéro 3

Écoutons
Audio CD

Attention! This conversation contains some unfamiliar expressions that you are not expected to understand. For each task, focus only on what you are asked to listen for. One task at a time, your comprehension will increase.

2 Listen to the conversation a first time in order to identify the type of information it contains. Check all categories that are mentioned, then listen again and put them in the proper sequence, following the example.

☑ __2__ information about her parents

☐ ____ information about her brothers and/or sisters

☐ ____ information about her grandparents

☐ ____ information about family activities

3 Listen to the conversation again in order to identify how many children there are in Françoise's family, and where she fits in. Circle the correct answers.

1. Nombre de fils   0   1   2   3   4   5

2. Nombre de filles   0   1   2   3   4   5

3. Françoise est   l'aînée   la deuxième   la troisième de sa famille.

4 Now play the conversation as often as necessary in order to complete the following chart. Write X in each box for which the information is either not given or irrelevant.

Nom	Âge	Marié(e)?	Nombre d'enfants	Profession
Françoise		non		
Anne-Marie	35 ans			travaille à Air-Madagascar
Chantal			3	
Béatrice		fiancée		infirmière (*nurse*)
Christiane				travaille dans un bureau
Cyril				
Aimée				

5 Listen to the conversation a final time in order to answer the following questions.

1. Qui n'a pas un prénom typiquement français? _____

2. Quel est le nom de jeune fille (*maiden name*) de la mère? Complétez.

R __ Z __ __ __ __ __ O

3. Quelles sont les activités préférées de la famille de Françoise? Cochez les bonnes réponses.

    a. _____ manger ensemble (*together*)

    b. _____ le cinéma

    c. _____ le sport

    d. _____ les jeux: le Scrabble, les dominos, etc.

    e. _____ voyager

Prononciation

A. **Le son [r].**   First, review the three keys to pronouncing a French [r] correctly in the **Première étape** of Chapter 2 in your textbook.

Now, listen to the following sentences and repeat each one, paying close attention to the pronunciation of the French **r**.
1. Alors, Françoise n'a pas de frères.
2. Anne-Marie, la sœur aînée, a trente-cinq ans.
3. Elle travaille à Air-Madagascar.
4. La sœur qui est architecte est mariée et a trois enfants.
5. Béatrice n'est pas mariée.
6. Christiane travaille dans un bureau.
7. Le père s'appelle Cyril.

B. **L'intonation.**   Review the four basic intonation patterns outlined in the pronunciation section of the **Troisième étape** of Chapter 2 in your textbook.

Now, listen to the following sentences and repeat each one, using proper intonation as indicated.
1. Alors ma sœur aînée s'appelle Anne-Marie, elle a trente-cinq ans, elle est mariée, elle a deux garçons et elle travaille à Air-Madagascar.
2. Ma petite sœur est à Madagascar, avec mes parents. Elle a vingt-neuf ans et elle travaille dans un bureau.
3. Comment s'appelle-t-elle? —Christiane.
4. Vos parents aussi ont des noms bien français?
5. Mon père s'appelle Cyril et ma mère s'appelle Aimée.

Chapitre 2 Laboratory Activities   **179**

Activités de compréhension

A. **Adjectifs possessifs.**   Listen to the following nouns, and write the possessive adjectives that correspond to the subject pronouns provided.

> ⟳ *You hear:*   une mère
> *You see:*   je
> *You write:* <u>*ma mère*</u>

1. elle _____

2. il _____

3. tu _____

4. tu _____

5. je _____

6. je _____

7. ils _____

8. nous _____

9. vous _____

10. elles _____

B. **Les adjectifs démonstratifs.**   Listen as several people are described. Indicate the form of the demonstrative adjective that you hear in each sentence.

> ⟳ *You hear:*   Cet homme est français.
> *You check:* _____ ce   ✓ cet   _____ cette   _____ ces

1. _____ ce   _____ cet   _____ cette   _____ ces

2. _____ ce   _____ cet   _____ cette   _____ ces

3. _____ ce   _____ cet   _____ cette   _____ ces

4. _____ ce   _____ cet   _____ cette   _____ ces

5. _____ ce   _____ cet   _____ cette   _____ ces

6. _____ ce   _____ cet   _____ cette   _____ ces

C. **Les verbes en -er.**   Listen to the following sentences and determine if each one is singular or plural. If it is singular, change the sentence to the plural. If it is plural, change it to the singular. Don't forget to pay particular attention to **liaison.**

> ⟳ *You hear:*   Il écoute la radio.
> *You say:*   Ils écoutent la radio.
> *You verify:* Ils écoutent la radio.

D. **La famille d'Angèle.** Angèle is going to describe the likes and dislikes of the members of her family. Listen as many times as necessary to fill in the chart with the information you hear. Pause the audio CD as needed to write your answers.

la personne	ce qu'on aime	ce qu'on n'aime pas	un adjectif pour le/la décrire
1. La sœur			
2.			
3.			sérieux
4.			

E. **Comment?** Patrick surveyed students in his French class on their likes and dislikes. Listen as he reads the results of his poll. For each of his statements, confirm what you heard by asking a question using **qu'est-ce que** or **qui est-ce que**. Then, listen in order to verify your questions.

⊃ *You hear:*   Nous aimons les vacances.
  You say: Qu'est-ce que vous aimez?
  You verify: Qu'est-ce que vous aimez?

F. **Les nombres.** Write down the ages of the people you hear mentioned.

⊃ *You hear:*   Robert a 13 ans.
  You write: Robert: *13* ans

1. Nicolas: _____ ans

2. Hélène: _____ ans

3. Tante Geneviève: _____ ans

4. Oncle Joseph: _____ ans

5. Mon grand-père: _____ ans

6. Étienne: _____ ans

7. Anne: _____ ans

8. Moi: _____ ans

G. **Dictée.** First, listen as Babette describes her family. Then, listen to her description as many times as necessary in order to complete the paragraph with the missing words. When you finish the paragraph, answer the question about Babette's family that follows.

J' _____ une _____ assez _____. Nous

_____ _____ personnes. _____ _____

_____ _____ père, _____ _____,

_____ deux _____ et moi. Chez nous, _____

_____ beaucoup les activités en _____, _____

_____, les concerts et _____ _____ aussi. Bientôt

_____ _____ fête de _____ _____ Charles qui

_____ _____ ans. Il _____ amusant _____ il

_____ beaucoup _____ _____ _____.

_____ _____ Bernard _____ _____

_____ et il _____ _____ aussi. Tous les deux,

_____ _____ les matchs de _____ et de _____.

Moi, _____ _____ la _____: _____ musique

_____ et _____ _____. J' _____

_____ de disques compacts et de _____. J'_____ aussi les

_____ _____. _____ _____ _____

la _____ classique et les _____, _____ _____ la

_____. Nous _____ _____ _____

_____ à la maison. Peut-être que nous _____ _____

_____ _____ _____ typique!

On the basis of Babette's description, which of the following magazines would you *not* expect to find in the family's home?

_____ *Loisirs et sports*

_____ *Le Monde de la musique*

_____ *Télérama*

_____ *Études littéraires*

_____ *La Revue du cinéma*

CHAPITRE 3

La maison et la ville
· ·

À l'écoute: Les maisons à Tahiti

You will hear a short interview with a Tahitian man who is going to talk about houses in French Polynesia. Do task 1 in **Avant d'écouter,** then read task 2 in **Écoutons** before you listen to the interview.

Avant d'écouter

1 The Tahitian word for house is **fare. Fare tupuna** is the traditional ancestral home. How do you imagine a **fare tupuna?** Check the possibilities that seem likely to you.

l'extérieur

_____ construction en bois (*wood*)

_____ construction en matières végétales: branches d'arbres (*trees*), feuilles (*leaves*), etc.

_____ construction en briques

l'intérieur

_____ une seule (*single*) pièce

_____ plusieurs (*several*) pièces séparées

_____ une seule maison pour plusieurs familles

_____ plusieurs maisons pour une famille

Écoutons

Audio CD

2 Listen to the interview a first time to identify its organization. Put the following topics in the proper sequence from 1 to 4.

a. _____ description of houses in Papeete, the capital of Tahiti

b. _____ the inside of a **fare tupuna**

c. _____ the outside of a **fare tupuna**

d. _____ family communities

3 Listen to the interview again to find out if the following statements are true or false. Write **V** for **Vrai** or **F** for **Faux,** and correct any false statements.

1. _____ Les maisons tahitiennes typiques sont construites en matières végétales.

   _____

2. _____ On utilise des feuilles de cocotier (*coconut tree*) pour le toit (*roof*).

   _____

3. _____ Le **fare tupuna** est une maison avec trois murs.

   _____

4. _____ Pour l'intimité (*privacy*) on utilise un système de rideaux.

   _____

5. _____ Trente personnes peuvent dormir (*can sleep*) dans la grande pièce.

   _____

6. _____ Il y a un coin cuisine dans la grande pièce.

   _____

7. _____ Il y a une maison séparée pour dormir, une maison pour se laver (*to wash up*), etc.

   _____

8. _____ Plusieurs familles qui sont rattachées au même **tupuna** (*related to the same ancestor*) habitent ensemble.

   _____

9. _____ À Papeete, il n'y a pas de maisons polynésiennes traditionnelles.

   _____

4 Listen a final time to identify four specific rooms that are mentioned in the conversation.

   _____

   _____

   _____

   _____

Prononciation

A. **Les voyelles nasales.** First, review the pronunciation section on nasal vowels in the **Première étape** of Chapter 3 in your textbook.

🔘 *Audio CD*

Now, listen to the following sentences, underline the nasal vowels you hear, and write the words with nasal sounds in the appropriate column. The first one is done for you.

	[ɑ̃]	[ɔ̃]	[ɛ̃]
1. Monsieur[1], vous êtes tahiti<u>en</u>... Comm<u>ent</u> s<u>on</u>t les mais<u>on</u>s à Tahiti?	comm<u>ent</u>	s<u>on</u>t mais<u>on</u>s	tahiti<u>en</u>
2. Les maisons tahitiennes sont construites en matières locales.			
3. La maison des ancêtres, c'est une grande pièce, comme une énorme chambre pour trente personnes.			
4. Les oncles et les tantes, les cousins et les cousines, les enfants, les parents et les grands-parents habitent ensemble.			
5. En ville, il y a des maisons comme en France avec des pièces séparées à l'intérieur.			

You will now hear the sentences again. Listen and repeat each one.

B. **Les sons [u] et [y].** First, review the pronunciation section on [u] and [y] in the **Troisième étape** of Chapter 3 in your textbook. Now, look at the following sentences. Underline the [u] sounds with one line and the [y] sounds with two lines.

1. Pouvez-vous nous parler des maisons à Tahiti?

2. C'est une maison avec ses quatre murs, pour une communauté de plusieurs familles.

3. Il y a une maison pour dormir, une maison pour la cuisine...

4. Et toi, tu connais Tahiti? —Pas du tout!

🔘 *Audio CD*

Now listen to the sentences, and repeat each one.

_____

1. *Remember that the* **on** *in* **monsieur** *does not correspond to a nasal sound.*

Activités de comprehension

A. **Les pièces.** You will hear several people describing a room in their house or apartment. Listen and circle the room that is most likely being described.

1. une chambre   une cuisine   un séjour   une salle à manger
2. une chambre   une cuisine   un séjour   une salle à manger
3. une chambre   une cuisine   un séjour   une salle à manger
4. une chambre   une cuisine   un séjour   une salle à manger
5. une chambre   une cuisine   un séjour   une salle à manger
6. une chambre   une cuisine   un séjour   une salle à manger

B. **Questions.** You will hear several students asking questions. Listen and check the most logical response.

1. _____ Devant le cinéma.   _____ Agréable.   _____ Dakar.

2. _____ Au magasin.   _____ Français.   _____ Amusante.

3. _____ Sympathiques.   _____ Deux.   _____ Américains.

4. _____ Un peu fou.   _____ Maintenant.   _____ Georges.

5. _____ Je déteste les langues.   _____ Je vais aller en France.   _____ J'aime le jazz.

6. _____ Demain.   _____ Au centre-ville.   _____ C'est intéressant.

7. _____ Au restaurant.   _____ Le placard.   _____ Ma radio.

8. _____ Les films.   _____ Maintenant.   _____ Un studio.

9. _____ Je préfère les livres.   _____ J'aime les sports.   _____ Je déteste le rock.

C. **Les dépenses.** Étienne is trying to keep track of his expenses. Write down the amount he spent this month on each item and how much he has left.

1. Le studio: _____ F   4. Des livres: _____ F

2. Le téléphone: _____ F   5. Pour manger: _____ F

3. Le sac à dos: _____ F   6. Ce qui reste: _____ F

D. **Les adjectifs.** You will hear a list of adjectives. Listen and determine if each adjective refers to a bedroom or a living room, and circle the correct choice. If it can refer to either a bedroom or a living room, circle **les deux.**

1. une chambre   un salon   les deux
2. une chambre   un salon   les deux

3. une chambre   un salon   les deux

4. une chambre   un salon   les deux

5. une chambre   un salon   les deux

6. une chambre   un salon   les deux

7. une chambre   un salon   les deux

8. une chambre   un salon   les deux

You will now hear the adjectives again. Based on the choices you made in the first part of this activity, write the complete adjective + noun phrase(s).

> ⟳ *You hear:*   petit
> *You write:*   *un petit salon*

1. _____

2. _____

3. _____

4. _____

5. _____

6. _____

7. _____

8. _____

E. **Le week-end.**   You will hear a series of questions about weekend plans—yours and those of others you know. Listen and answer affirmatively or negatively.

> ⟳ *You hear:*   Tu vas travailler beaucoup?
> *You say:*   Oui, je vais travailler beaucoup.
> *or:*   Non, je ne vais pas travailler beaucoup.

F. **L'impératif.**   You will hear Madame Péron confirming the directions she has just been given. Reassure her by repeating the directions using the imperative. Then, listen in order to verify each of your statements.

> ⟳ *You hear:*   Je tourne à gauche?
> *You say:*   Oui, tournez à gauche.
> *You verify:*   Oui, tournez à gauche.

     Chapitre 3 Laboratory Activities

G. **Où vont-ils?** You will hear bits of conversations or a variety of sounds. Listen carefully and write down where you think the people are or where they are going. Use the verbs **être** or **aller** as appropriate.

> ↺ *You hear:* Une chambre pour deux personnes, s'il vous plaît.
> *You write:* <u>Ils sont à l'hôtel.</u>

1. _____

2. _____

3. _____

4. _____

5. _____

6. _____

7. _____

8. _____

H. **Dictée.** First, listen as Dominique describes his neighborhood. Then, listen to his description as many times as necessary in order to complete the paragraph with the missing words. When you finish the paragraph, label the houses with the names of the people who live in them to find out which one belongs to Dominique's family.

J(e) _____ un _____ quartier (*neighborhood*) _____.

Mes _____ et mes _____ _____ dans _____

quartier aussi. Cécile _____ un _____ _____ dans un

bâtiment tout _____ _____ _____ poste.

_____ de Salima est _____ _____ _____ ce

studio. Mon copain Alain _____ une _____ maison _____

_____ _____ chez Salima (*Salima's place*), et Catherine a un

_____ appartement _____ _____ _____

chez Alain. Kofi, le _____ de Salima, habite _____ _____

d'elle. La _____ de _____ copain Gilles est _____

_____ _____ la _____. Enfin, ma _____ Denise

habite un _____ immeuble (*apartment building*) _____ la

_____ de Gilles.

Où est-ce que j'habite, moi?

Chapitre 3 Laboratory Activities **191**

CHAPITRE 4

L'école
· · · · · · · · · ·

À l'écoute: En première année de fac

You will hear a short interview with a French student from the Paris area. Do task 1 in **Avant d'écouter,** then read task 2 in **Écoutons** before you listen to the conversation.

Avant d'écouter

1 In an interview with a student who is in her first year at a French university, what topics are likely to come up? Check the ones you would anticipate.

1. _____ des présentations: son nom, d'où elle vient, etc.

2. _____ ce qu'elle fait comme études (sa spécialisation)

3. _____ une description de ses cours

4. _____ ses plans: ce qu'elle veut devenir (*to become*)

5. _____ des commentaires sur ses profs

6. _____ des commentaires sur les examens

7. _____ son emploi du temps

8. _____ ce qu'elle fait après (*after*) les cours

9. _____ ce qu'elle fait pendant l'été (*during the summer*)

10. _____ une comparaison entre le lycée et la fac

Écoutons

2 Listen to the interview a first time in order to verify the topics discussed. Place a second check mark in task 1 next to the topics that are mentioned.

3 Listen to the conversation again in order to complete the following statements. Check the correct answers.

1. La jeune fille s'appelle Christelle

   a. _____ Guermantes.

   b. _____ Lazéras.

   c. _____ Marne-la-Vallée.

2. Elle vient de

   a. _____ Guermantes.

   b. _____ Lazéras.

   c. _____ Marne-la-Vallée.

3. Elle habite à _____ de Paris.

   a. _____ 2 km

   b. _____ 12 km

   c. _____ 24 km

4. Elle mentionne EuroDisney parce que c'est là

   a. _____ que son père travaille.

   b. _____ qu'elle travaille pendant l'été.

   c. _____ qu'elle veut travailler après ses études.

5. La fac où elle fait ses études est à

   a. _____ Paris.

   b. _____ Marne-la-Vallée.

   c. _____ L. C. E.

6. Elle fait des études

    a. _____ de langue et civilisation étrangères.

    b. _____ de commerce international.

    c. _____ d'informatique.

7. Elle a cours

    a. _____ de 9 h à 14 ou 15 h.

    b. _____ de 10 h à 16 ou 18 h.

    c. _____ de 8 h à 16 h.

8. Après ses cours, elle _____ avec des copains.

    a. _____ fait du sport

    b. _____ fait ses devoirs

    c. _____ va au café

9. Elle a _____ de devoirs par jour.

    a. _____ 2–3 heures

    b. _____ 3–4 heures

    c. _____ 4–5 heures

10. Dans son programme d'études, les professeurs donnent beaucoup

    a. _____ de dissertations (*papers*).

    b. _____ de travail de laboratoire.

    c. _____ d'examens.

4 Listen to the conversation a final time in order to complete the list of her courses. Then answer the question about Christelle's professional plans.

1. Elle a des cours de

    a. _____ britannique

    b. grammaire _____

    c. littérature _____

Chapitre 4 Laboratory Activities

d. littérature _____

e. _____ espagnole

f. conversation _____

g. _____ anglaise

h. _____ britannique

2. Quelle profession Christelle prépare-t-elle? _____

Prononciation

A. **Les sons [e] et [ɛ].** Review the pronunciation section on the sounds [e] and [ɛ] in the **Première étape** of Chapter 4 in your textbook.

Now, listen to the following sentences, paying particular attention to the highlighted sounds. Underline the closed [e] sounds that you hear with one line, and the open [ɛ] sounds with two lines.

1. **Est**-ce que tu peux te pr**é**sent**er**?
2. Je m'app**elle** Christ**e**lle Laz**é**ras.
3. Pendant l'**été** je travaille à EuroDisn**ey**.
4. Je suis en premi**ère** ann**ée** à la fac d**es** lettres de Marne-la-Vall**ée**; je f**ais** d**es é**tudes de langue et civilisation **é**trang**ères**.
5. J'**ai** de la grammaire anglaise, un cours de litt**é**rature française, de la conversation espagnole. Qu'**est**-ce que j'**ai** d'autre?
6. C'**est** un emploi du temps ass**ez** charg**é**.

Now, check the answers in the answer key.

Listen to the sentences again and repeat each one, being careful to distinguish between the closed [e] and the open [ɛ] sounds. Make sure you do not make a diphthong for either sound.

B. **Les sons [ø] et [œ].** Review the pronunciation section on the sounds [ø] and [œ] in the **Troisième étape** of Chapter 4 in your textbook.

Now, listen to the following sentences a first time and mark them as you listen. Do the highlighted sounds correspond to a closed [ø] or to an open [œ]? Underline the [ø] sounds that you hear with one line, and the [œ] sounds with two lines.

1. D'aill**eu**rs (*by the way*), elle travaille à **Eu**roDisney.
2. Christelle v**eu**t être profess**eu**r d'anglais.
3. Elle n'est pas paress**eu**se; c'est une j**eu**ne fille séri**eu**se.
4. Son cours qui commence à d**eu**x h**eu**res est quelquefois un p**eu** ennuy**eu**x.

5. Alors elle fait des dessins sur une **feu**ille de son cahier, pour passer le temps...

6. Les étudiants qui **veu**lent être avec **leu**rs copains **peu**vent aller au café.

🔘 Now, check the answers in the answer key.

Listen to the sentences again and repeat each one, showing clearly the difference between the closed [ø] and the open [œ].

Activités de compréhension

A. **L'heure.** You will hear several statements in which someone mentions the time of an event. Write down each indication of time that you hear.

> ➲ *You hear:* Le train numéro 300 pour Lyon-Ville part à 22 h 40
> *You write:* <u>22 h 40</u>

1. _____   4. _____   7. _____

2. _____   5. _____   8. _____

3. _____   6. _____   9. _____

B. **Réactions.** Listen to several statements made by your roommate, then check the *least* appropriate response.

1. ____ Vraiment?   ____ Tiens!   ____ Formidable!   ____ Et alors?

2. ____ J'en ai marre!   ____ Quelle chance!   ____ C'est vrai?   ____ Chouette!

3. ____ Super!   ____ C'est pas vrai!   ____ Mince!   ____ Ah bon?

4. ____ C'est incroyable!   ____ Tant pis!   ____ Zut alors!   ____ Oui?

5. ____ Tu plaisantes!   ____ C'est embêtant!   ____ Zut alors!   ____ Je m'en fiche.

C. **Les dates de naissance.** You will hear a number of people giving their birth date. Write down the dates you hear.

> ➲ *You hear:* Ma date de naissance est le 5 septembre 1947.
> *You write:* <u>5/9/47</u>

1. _____   4. _____   7. _____

2. _____   5. _____   8. _____

3. _____   6. _____   9. _____

D. **Les cours.**   You will hear Suzette talk about her weekly schedule. Listen as often as necessary in order to complete the schedule that follows.

LUNDI	MARDI	MERCREDI	JEUDI	VENDREDI	SAMEDI	DIMANCHE

What do you think she does on Saturday and Sunday? Include several activities in the schedule for those days.

E. **Que font-ils?**   You will hear statements describing the following pictures. Write the number of each statement below the picture to which it corresponds.

a. ____   b. ____   c. ____

d. ____   e. ____   f. ____

g. ____   h. ____

F. **Les verbes.**   Listen to the following sentences and determine if each one is singular or plural. If it is singular, repeat the sentence in the plural and vice versa, paying particular attention to pronunciation. Then listen to verify your answer.

> *You hear:*   Il apprend le français.
> *You say:*   Ils apprennent le français.
> *You verify:*   Ils apprennent le français.

Chapitre 4 Laboratory Activities   **199**

G. **La diseuse de bonne aventure** (*fortuneteller*). Look into your crystal ball and say whether you think someone is or is not going to do the following things, based on the information you hear. Then listen and see if your answer is the same as that of the fortuneteller.

> ⟳ *You see:*   faire ses devoirs
> *You hear:*   Elle déteste étudier.
> *You say:*   Elle ne va pas faire ses devoirs.
> *You verify:* Elle ne va pas faire ses devoirs.

1. être médecin
2. comprendre les Français
3. comprendre le professeur
4. avoir une bonne note

5. étudier aujourd'hui
6. jouer au golf ce week-end
7. apprendre à jouer au tennis

H. **Dictée.** First listen as a young person describes himself. Then listen to the description as often as necessary in order to complete the paragraph with the missing words. When you finish the paragraph, answer the question that follows.

Je _____ très _____. _____

_____ _____, et _____

_____ _____ lire. _____

_____ dans _____ _____ de

_____ _____. _____

_____ ce que papa écrit _____

_____ aussi. Papa _____ _____ et

fier de moi, _____ maman dit qu'il a tort (*he's wrong*).

_____ _____ _____.

_____ _____ convaincue que _____

cerveau _____ éclater, _____ _____

dit que _____ _____ _____

_____ _____ _____

_____ avec papa.

Qui suis-je? _____

CHAPITRE 5

À table!
· · · · · · · · · ·

À l'écoute: Les repas au Cameroun

You will hear a short conversation in which a woman from Cameroon talks about meals in her native country. Do task 1 in **Avant d'écouter,** then read task 2 in **Écoutons** before you listen to the conversation.

Avant d'écouter

1 What kind of food do you think people generally eat in West Africa **(en Afrique de l'Ouest)?** Check the items you think are plausible.

a. _____ du pain et du camembert

b. _____ des pâtes

c. _____ du riz

d. _____ du couscous (*wheat semolina*)

e. _____ du bœuf

f. _____ du poulet

g. _____ du poisson

h. _____ des haricots verts

i. _____ des tomates

j. _____ des épinards (*spinach*)

k. _____ des bananes

l. _____ des mangues (*mangoes*)

m. _____ des arachides (*peanuts*)

n. _____ des soupes

o. _____ des sauces

p. _____ ?

Écoutons

2 Listen to the conversation a first time in order to verify your predictions. Put a second check mark in task 1 next to the food items that are actually mentioned.

Chapitre 5 Laboratory Activities   **201**

3 Play the conversation again in order to complete the following statements. Check all correct completions; however, do *not* check answers that are *not* mentioned in the conversation.

1. Élise mentionne que chaque (*each*) région du Cameroun a

   a. _____ son mode de vie (*way of life*).

   b. _____ son climat.

   c. _____ ses repas particuliers.

2. Élise vient

   a. _____ de l'ouest du Cameroun.

   b. _____ du sud (*south*) du Cameroun.

   c. _____ de la région de Lolodorf.

3. Le plantain

   a. _____ est une banane.

   b. _____ se prépare (*is prepared*) comme les pommes de terre.

   c. _____ se mange avec la viande.

4. En Afrique de l'Ouest, on fait des sauces avec

   a. _____ des arachides.

   b. _____ des mangues sauvages (*wild*).

   c. _____ des tomates.

5. Les légumes se mangent avec

   a. _____ du beurre.

   b. _____ des arachides.

   c. _____ de la crème de palme.

6. Les haricots verts et les petits pois sont

    a. _____ très communs dans les villages.

    b. _____ considérés comme la nourriture des Blancs.

    c. _____ importés de France.

7. Le couscous se mange avec

    a. _____ les doigts (*fingers*).

    b. _____ une fourchette.

    c. _____ une cuillère.

8. On mange la majorité des plats en Afrique de l'Ouest avec

    a. _____ de la sauce.

    b. _____ une cuillère en bois (*wooden*).

    c. _____ les doigts.

4 Listen to the conversation a final time in order to answer the following questions. Find at least three things to say for each question.

1. Qu'est-ce que c'est que le plantain?

    _____

    _____

    _____

2. Qu'avez-vous appris ici sur les légumes au Cameroun?

    _____

    _____

    _____

3. Qu'avez-vous appris sur les sauces?

    _____

    _____

    _____

Prononciation

A. **Le *e* caduc.** Review the pronunciation section in the **Première étape** of Chapter 5 in your textbook.

Now, listen to the following sentences a first time, paying close attention to the *e caducs* in bold type. As you listen, underline the ones that are pronounced and cross out the ones that are dropped.

1. Nous avons plusieurs sortes d**e** r**e**pas, tout dépend d**e** la région.

2. L**e** plantain, ça s**e** prépare comme les pommes d**e** terre, et ça s**e** mange avec la viande, la sauce, tout c**e** qu'on veut.

3. On mange beaucoup d**e** légumes. Les légumes, en Afrique d**e** l'Ouest, ça s**e** mange avec la crème d**e** palme.

Now, check your answers in the answer key.

Listen to the sentences again and repeat each one, making sure you drop the *e caducs* where necessary.

B. **Les articles et l'articulation.** Review the pronunciation section in the **Troisième étape** of Chapter 5 in your textbook.

Now, listen to the following summary of the conversation about food in Cameroon, and fill in the articles you hear. Cross out the *e caducs* that are not pronounced.

_____ gens _____ Cameroun ne mangent pas _____ pommes de terre, mais _____ plantain est comme _____ pomme de terre. _____ viande se mange donc avec _____ plantain et _____ sauce. _____ sauces _____ arachides ou _____ mangues sauvages sont très agréables avec _____ poulet. _____ légumes, comme _____ épinards par exemple, se mangent aussi avec _____ sauce spéciale.

Check your answers in the answer key.

Now, practice saying the preceding paragraph at fluent speed, making sure you drop the *e caducs* where necessary and pronounce all other vowels distinctly.

Activités de compréhension

A. Les verbes. Listen as Richard makes statements about his friend Michel and his twin brothers Alain and Alexis. If you can tell who he is referring to in each sentence, check the appropriate column. If you can't tell, check the question mark.

> ↻ *You hear:* Ils achètent beaucoup de gâteaux.
> *You check:* Alain et Alexis

Michel	Alain et Alexis	?
1. ____	____	____
2. ____	____	____
3. ____	____	____
4. ____	____	____
5. ____	____	____
6. ____	____	____
7. ____	____	____
8. ____	____	____

B. Au restaurant. You will hear a series of statements about what Laure and her friends are having for lunch. Based on the drawings that follow, indicate whether the statements you hear are probably true or probably false by writing **V** for **vrai** or **F** for **faux**.

le repas de Laure   le repas d'Aimée   le repas de Salima

1. _____   3. _____   5. _____

2. _____   4. _____   6. _____

Chapitre 5 Laboratory Activities   **205**

C. **Ce qu'elles mangent.** Refer once again to the drawing of the meals of Laure and her friends. You will hear a name and a food or drink item. Say whether or not each person is having that item.

> *You hear:* Laure / frites?
> *You say:* Oui, elle prend des frites.
> *You verify:* Oui, elle prend des frites.
>
> *You hear:* Laure / homard?
> *You say:* Non, elle ne prend pas de homard.
> *You verify:* Non, elle ne prend pas de homard.

D. **La fête.** Lise and Karine are discussing what everyone has brought for a gathering of friends that evening. Listen to their conversation and fill in the chart with the items brought by each person.

Lise	Karine	Gilles	Charles
		1 bouteille d'eau minérale	*de la salsita*

E. **On joue aux cartes.** The Martin children like to play a card game called *Fruits et Légumes*, in which players are awarded points for the various cards they have won. First, listen to their conversation and fill in the first part of the score card—the part that shows how many cards they have of each fruit and vegetable.

	pêches	fraises	framboises	carottes	oignons	tomates	total des points
Anne							
Paul							
Jean							
Lise							

Now stop the audio CD and figure out how many points each child has. Fill in the total in the right column of the score card. Each fruit and vegetable card is worth a different number of points:

oignons = 1 point   tomates = 3 points   framboises = 5 points
carottes = 2 points   fraises = 4 points   pêches = 6 points

Now answer the following questions, using complete sentences.

1. Qui a plus de carottes qu'Anne?

   _____

2. Qui a autant de fraises que Paul?

   _____

3. Qui a moins de tomates que Lise?

   _____

4. Qui a plus de points qu'Anne?

   _____

5. Qui a moins de points que Lise?

   _____

6. Qui a gagné (*won*)?

   _____

F. **Aujourd'hui? Hier? Demain?**   Listen as various people make statements about their activities. Decide whether they are referring to the present, the past, or the future. Indicate your choice by circling either **aujourd'hui, hier,** or **demain.**

Audio CD

   1. aujourd'hui   hier   demain
   2. aujourd'hui   hier   demain
   3. aujourd'hui   hier   demain
   4. aujourd'hui   hier   demain
   5. aujourd'hui   hier   demain
   6. aujourd'hui   hier   demain
   7. aujourd'hui   hier   demain
   8. aujourd'hui   hier   demain

G. **L'anniversaire de maman.** The whole family contributed to making mom's birthday special. As your grandmother asks about everyone's participation, tell her what everyone did, using the passé composé of the verbs indicated.

⟲ *You hear:* Qu'est-ce que Caroline a fait?
You see: manger beaucoup de gâteau
You say: Elle a mangé beaucoup de gâteau.
You verify: Elle a mangé beaucoup de gâteau.

1. faire les courses
2. acheter le gâteau
3. oublier d'acheter le cadeau
4. préparer le dîner
5. beaucoup manger
6. prendre des photos

H. **Dictée.** You will hear Mme Bouvier talking about the groceries she purchased. Listen to the paragraph as often as necessary to fill in the missing words.

Pour préparer _____ _____, j'_____

_____ beaucoup _____ choses: deux

_____ _____ _____ et un kilo de

_____ de _____. J'_____

_____ aussi des _____, _____

_____, des _____. Puis, au _____

j'ai pris _____ _____, _____

_____ _____, des _____,

_____ _____, _____

_____ vanille et deux _____ de

_____. Et _____ pas le _____.

Nous _____ toujours _____ _____

avec le _____.

Now write down which dish(es) you believe she prepared based on the items she purchased.

une pizza?   une quiche?   un gâteau?   un ragoût?

Elle a préparé _____ et _____.

CHAPITRE 6

Le temps et les passe-temps
· ·

À l'écoute: Les loisirs de Christelle

Do you remember Christelle, the French student from the Paris area? (See Chapter 4 in your lab manual.) You will now hear her speak about her leisure activities. Do task 1 in **Avant d'écouter,** then read task 2 in **Écoutons** before you listen to the conversation.

Avant d'écouter

1 How do you react to the following television shows? Check your personal reactions.

	je regarde ou j'enregistre (*record*)	j'éteins la télé	je m'endors (*fall asleep*)	ça m'énerve (ça m'irrite)
le journal télévisé				
un film historique				
un drame psychologique				
une comédie				
un jeu télévisé				
une émission de sport				
un documentaire				
un vieux film tard le soir				

2 Listen to the conversation a first time in order to identify its organization. Put the following topics in the proper sequence, from 1 to 4.

Christelle parle...

a. _____ des livres.

b. _____ de la télé.

c. _____ des activités pour «se changer les idées» (*change of pace*).

d. _____ du sport.

3 Listen to the conversation again in order to complete the following statements. Check *all* correct answers.

1. En période de cours (pendant l'année scolaire), Christelle

   a. _____ regarde souvent la télé.

   b. _____ n'a pas le temps de regarder la télé.

2. Quand il y a une émission très intéressante à la télé, elle s'arrange (*makes arrangements*) pour

   a. _____ la regarder.

   b. _____ l'enregistrer.

3. Les émissions qu'elle considère comme très intéressantes sont

   a. _____ des films ou des documentaires.

   b. _____ des émissions de variétés ou de sport.

4. Pendant les vacances, elle

   a. _____ regarde souvent la télé le soir.

   b. _____ s'endort devant la télé presque (*almost*) tous les soirs.

5. Elle ne regarde pas souvent les jeux

    a. ____ parce qu'elle trouve que c'est bête.

    b. ____ parce que ça énerve sa petite sœur.

6. Elle aime

    a. ____ les films qui font penser (*that make you think*).

    b. ____ les drames.

7. Elle pense que les comédies

    a. ____ ont des répercussions sur sa vie.

    b. ____ on les oublie facilement.

8. Elle aime les livres

    a. ____ qui font penser.

    b. ____ qui ne font pas penser.

9. Elle dit que les étudiants français

    a. ____ jouent souvent au tennis.

    b. ____ n'ont pas le temps de faire beaucoup de sport.

10. Pour se changer les idées, Christelle aime

    a. ____ se balader (faire des promenades) dans Paris.

    b. ____ passer des heures dans les musées.

Prononciation

A. **Les sons [o] et [ɔ].** Review the pronunciation section of the **Première étape** of Chapter 6 in your textbook, and note the cases when the closed [o] occurs. All other o's correspond to the open [ɔ]. Now, look at the following sentences. Underline the [o] sounds with one line, and the [ɔ] sounds with two lines.

1. Elle aime les documentaires et les films historiques; elle n'aime pas beaucoup les comédies.

2. Elle adore lire des romans, des poèmes et des journaux.

3. Quand il fait beau, elle fait du sport.

4. Comme autres loisirs, elle aime faire des promenades dans Paris.

Now, listen to the sentences and repeat each one.

B. **Les consonnes *s* et *c*.** First, review the pronunciation section of the **Troisième étape** of Chapter 6 in your textbook on the various pronunciations of the letters **s** and **c** in French. Now, imagine that you are strolling through Paris with Christelle and you see the following expressions on signs or other notices. Some are familiar to you, others are not. Would you know how to pronounce them? Above the highlighted letters, write the proper sound: [s], [z], or [k].

1. Poisson frais!

2. Danger! Poison!

3. Traversée du désert du Sahara.

4. Spécialités de desserts-maison!

5. Visitez le site de vos prochaines vacances: Tarascon!

6. Ce coussin (*cushion*) pour votre cousin...

7. Conversion assurée de vos possessions!

Now, listen to the expressions and repeat each one.

Activités de compréhension

A. **Le 4 juillet.** You will hear a meteorologist giving the day's weather report for several locations. Using the weather map as a guide, write the name of the city or region for each forecast you hear.

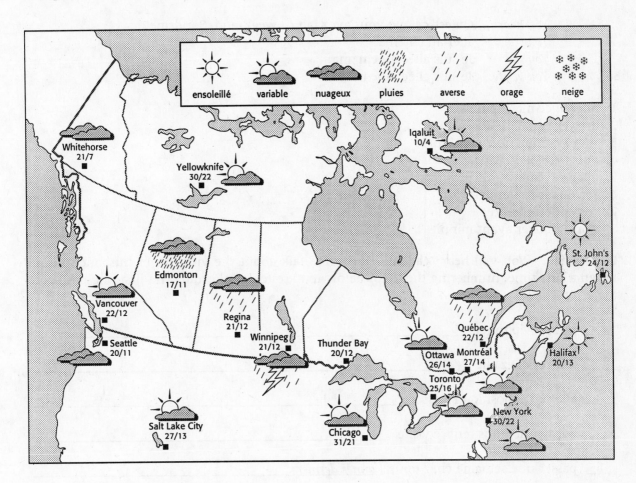

1. _____

2. _____

3. _____

4. _____

5. _____

Chapitre 6 Laboratory Activities **213**

B. **Des questions personnelles.** Sandrine's French teacher tends to ask a lot of personal questions every Monday morning to get the students to practice the passé composé. Listen as she questions Sandrine about her weekend activities. You play the role of Sandrine, answering the questions based on the written cues—using the passé composé, of course. Then listen in order to verify your answers.

> *You hear:* Qu'est-ce que vous avez fait ce week-end, Sandrine?
> *You see:* aller au cinéma
> *You say:* Je suis allée au cinéma.
> *You verify:* Je suis allée au cinéma.

1. aller avec ma copine
2. arriver vers 7 h 30
3. non / commencer vers 7 h 45
4. voir *Germinal*
5. aller au café
6. retrouver nos amis
7. rester deux heures
8. non / rentrer avant minuit

C. **Une visite.** You will hear Madame Ducharme talk about the visit of her husband's aunt. Listen a first time, numbering the verbs below in chronological order. The first one has been done for you.

_____ nous téléphoner _____

_____ rentrer chez elle _____

_____ aller à l'exposition Picasso _____

_____ décider de nous rendre visite _____

__1__ passer une semaine chez nous *l'année dernière.* _____

_____ écrire une lettre _____

_____ aller voir un match de foot _____

_____ arriver à la gare _____

_____ rentrer _____

Now listen as the statements are read again, and write *when* each activity occurred or will occur in the blank beside the corresponding verb.

D. **Les verbes.** Listen to the following sentences and determine if each one is singular or plural. If it is singular, repeat the sentence in the plural and vice versa, paying particular attention to pronunciation. Then listen in order to verify your answers.

> ⊃ *You hear:* Vous dites la vérité.
> *You say:* Tu dis la vérité.
> *You verify:* Tu dis la vérité.

E. **Moi, je l'ai fait.** Answer each implied question using a direct object pronoun and the verb **lire, dire, écrire,** or **voir.** Don't forget to make agreement with the past participle when necessary. Then listen in order to verify your answer.

> ⊃ *You hear:* Ce rapport?
> *You say:* Je l'ai écrit.
> *You verify:* Je l'ai écrit.
>
> *You hear:* Ce feuilleton?
> *You say:* Je l'ai vu.
> *You verify:* Je l'ai vu.

F. **Les relations personnelles.** Claude and Claudine are twins but they are very different in the way they react to others. Which one do you resemble the most? Answer the questions you will hear about your relationships with others, using an indirect object pronoun in your answer. Then, as you hear Claude and Claudine respond to the questions, check the answer that corresponds to your own.

> ⊃ *You hear:* Tu poses des questions au professeur?
> *You say:* Bien sûr, je lui pose des questions.
> *or:* Mais non, je ne lui pose pas de questions.
> *You hear:* (Claude) Bien sûr, je lui pose des questions.
> (Claudine) Mais non, je ne lui pose pas de questions.
> *You check:* _____ Claude   *or*   _____ Claudine

1. _____ Claude   _____ Claudine

2. _____ Claude   _____ Claudine

3. _____ Claude   _____ Claudine

4. _____ Claude   _____ Claudine

5. _____ Claude   _____ Claudine

6. _____ Claude   _____ Claudine

7. _____ Claude   _____ Claudine

G. **Invitations.** You will hear four conversations in which an invitation is being extended. As you listen to each conversation, fill in the chart with the place, time, and expression used to accept or refuse each invitation.

	Où va-t-on?	À quelle heure?	Expression pour accepter/refuser
1.			
2.			
3.			
4.			

H. **Dictée.** First listen as Claudine tells her roommate what she and her cousins did last weekend. Then listen to her description as many times as necessary in order to complete the paragraph with the missing words. When you finish the paragraph, complete the statement that follows about what you do to understand French better.

L' _____ _____ j'_____ _____ deux

_____ au Canada où je _____ _____ _____

mes grands-parents. Nous _____ _____ tous les sites touristiques—le

château, les _____, le Parlement. J'_____ beaucoup _____

la ville de Québec, et je _____ _____ _____

_____ un seul jour _____ _____ _____. Je

_____ _____ _____ mois de _____ quand il

_____ _____ alors j'_____ _____ beaucoup de

_____ avec _____ _____, et _____

_____ _____ tard. J'_____ _____ à

_____ bonjour au lieu d'_____ _____—c'est la coutume

au Québec! Maintenant je _____ mieux le _____ parce que

j'_____ _____ le _____ et j'_____

_____ des _____ à la _____ tous les jours.

J'_____ _____ beaucoup _____ cartes postales à

_____ _____ aussi—en _____, _____

_____. Voilà ce que j'_____ _____ l'été _____.

Pour mieux comprendre le français, moi, je _____

_____

CHAPITRE 7

Voyages et transports
· ·

À l'écoute: Un Africain à Paris

Larmé is a twenty-six-year-old student from Chad in Africa. You will hear him talk about his first day in France. Do task 1 in **Avant d'écouter,** then read task 2 in **Écoutons** before you listen to the conversation.

Avant d'écouter

1 Imagine an African student arriving in France for the first time. What do you think his first impressions were? What might have happened to him? Check the answers you anticipate.

1. À votre avis, quelle est la première chose qui l'a frappé (a fait une grande impression)?

   a. _____ La ville.

   b. _____ Le climat.

   c. _____ Le comportement (*behavior*) des gens.

2. Où a-t-il passé sa première nuit à Paris?

   a. _____ Dans un centre d'accueil (*welcome*) pour étudiants étrangers.

   b. _____ Dans un hôtel.

   c. _____ Chez un individu qui l'a hébergé et nourri (qui lui a donné une chambre et à manger).

3. Sur quelle sorte de personnes est-il tombé (*did he run across*)?

    a. ____ Des gens sympathiques.

    b. ____ Des gens bizarres.

    c. ____ Des gens indifférents.

Écoutons

2 Listen to the conversation a first time with the questions in task 1 in mind. Were your predictions accurate? Circle the correct answers.

3 Listen again to the conversation in order to answer the following questions. Several answers may be possible. Check *all* correct answers.

1. Quand Larmé est-il arrivé en France?

    a. ____ Il y a un an.

    b. ____ En hiver.

    c. ____ Un dimanche.

2. Qu'est-ce qu'il a pensé du climat? Il faisait (*it was*)...

    a. ____ frais.

    b. ____ un peu froid.

    c. ____ très froid.

3. Qui devait (*was supposed to*) venir le chercher à l'aéroport?

    a. ____ Le service d'accueil des étudiants étrangers.

    b. ____ Personne.

    c. ____ Un chauffeur de taxi.

4. Qu'est-ce que Larmé a fait à l'aéroport?

    a. ____ Il a téléphoné au centre international des étudiants et stagiaires.

    b. ____ Il a attendu plus d'une heure.

    c. ____ Il est tombé sur quelqu'un qui a eu pitié de lui (*felt sorry for him*).

5. Qui était (*was*) le monsieur de la Côte d'Ivoire?

    a. _____ Un employé de l'aéroport.

    b. _____ Un chauffeur de taxi.

    c. _____ Un autre étudiant étranger.

6. Qu'est-ce que ce monsieur a fait?

    a. _____ Il l'a hébergé et nourri chez lui (dans sa maison).

    b. _____ Il l'a conduit (*drove him*) à l'hôtel.

    c. _____ Le lendemain il l'a conduit au centre des étudiants étrangers.

7. Qu'est-ce qui a frappé Larmé quand il a vu Paris pour la première fois?

    a. _____ L'architecture des bâtiments.

    b. _____ Les gens.

    c. _____ Les voitures.

8. Comment sont les Parisiens, selon Larmé?

    a. _____ Assez (*rather*) grands.

    b. _____ Assez petits.

    c. _____ Toujours pressés.

4 Listen a final time to the conversation in order to answer the following questions. Write out your answers.

1. Qu'est-ce qui a été «comme un choc» quand Larmé est sorti de l'aéroport? Qu'est-ce qu'il a fait tout de suite?

    _____

    _____

2. Qui s'est occupé de (*took care of*) Larmé…

    a. le premier jour? _____

    b. le deuxième jour? _____

     Chapitre 7 Laboratory Activities   **221**

3. Résumez les trois différences que Larmé a trouvées entre le Tchad (l'Afrique) et la France.

_____

_____

_____

Prononciation

A. **Les semi-voyelles [w] et [ɥ].** Review the pronunciation section on the semi-vowels [w] and [ɥ] in the **Première étape** of Chapter 7 in your textbook.

Now, listen to the following sentences, paying particular attention to the highlighted sounds. Underline with one line the short [u] sounds you hear, like in **oui** [wi] or **soir** [swar]; underline with two lines the short [ɥ] sounds like in **huit** [ɥit].

1. Je s**ui**s venu en France pour contin**uer** mes études.

2. C'était au m**oi**s d'octobre, mais pour m**oi**, venant du Tchad, il faisait   très fr**oi**d.

3. Je s**ui**s tombé sur un monsieur de la Côte d'Iv**oi**re.

4. Je l**ui** ai expliqué ma sit**ua**tion et il a eu pitié de m**oi**.

5. Il m'a hébergé pour la n**ui**t.

You will now hear the sentences again. Listen and repeat each one.

B. **La lettre *l*.** Review the pronunciation section on the letter *l* in the **Troisième étape** of Chapter 7 of your textbook. Now, look at the following postcard that Larmé might have sent to his family after his first week in France. Underline the **-ll-** that are pronounced like a *y*. Check your answers in the answer key, then practice reading the sentences aloud, paying special attention to the *l*'s.

> Chers papa, maman et toute la famille,
>
>   La France est belle! J'ai vu beaucoup de vieilles villes et des petits villages tranquilles. J'ai visité le château de Chantilly, qui n'est pas loin de Paris.
>   J'habite près de la place de la Bastille. Ma voisine est très gentille; hier, elle m'a donné des gâteaux qui s'appellent des mille-feuilles—c'est une spécialité française. Quel délice!
>   À bientôt d'autres nouvelles.
>
>   Larmé

You will now hear the sentences from the postcard. Listen and repeat each one.

Activités de compréhension

A. **À l'hôtel.** Listen as different hotel clerks speak with clients. Fill in the type of room requested **(simple, double),** then mark the amenities mentioned in each conversation in the following chart. Put a check mark for those available and an X for those unavailable or not chosen.

CLIENT	CHAMBRE			HÔTEL						
	simple	double	sdb.	🏊	🛗	🐕	R.	🚗	💳	☆
Lagarde			✓							
Michard										
Martin										
Rocher			X							

Légende des abbréviations

sdb. = salle de bains R. = restaurant
🏊 = piscine 🚗 = garage
🛗 = ascenseur 💳 = cartes de crédit
🐕 = chiens admis ☆ = petit déjeuner

B. **La concierge.** Madame Bavarde, the concierge of a large apartment building, knows all about the habits of the tenants who live there. Play the role of the concierge as she responds to the questions of her equally curious husband. Use the cues provided. Then listen as Monsieur Bavarde confirms your responses.

You hear: (Mme Bavarde) Monsieur Martin sort à 8 heures d'habitude.
(M. Bavarde) Et Madame Martin?
You see: Mme Martin / 8 h 30
You say: Madame Martin sort à huit heures et demie.
You verify: Ah, elle sort à huit heures et demie.

1. Madame Martin / 8 h 30
2. les Dupont / 8 h
3. les enfants / 8 h 20
4. Madame Thomas / 6 h 30
5. ses fils / 1 h du matin
6. ses fils / 7 h 30
7. Madame Thomas / 8 h
8. Madame Thomas / 9 h ce matin
9. Madame Thomas / 4 h
10. ses fils / pas encore

C. **À Cassis.** Today Monsieur Godot took the train from Paris to meet his family at their summer home in Cassis. It is now eight o'clock in the evening, and Monsieur Estragon asks you several questions about Monsieur and Madame Godot's activities during the day. Answer using an appropriate time expression (**il y a, pendant,** or **depuis**) according to the information that follows. Then listen as Monsieur Estragon confirms your answers.

9 h:	M. Godot sort de son bureau.	17 h 30:	M. Godot arrive à la gare de Cassis.
10 h:	M. Godot part de Paris.		
17 h:	Mme Godot sort de la maison.	18 h:	M. et Mme Godot rentrent.
17 h 20:	Mme Godot arrive à la gare de Cassis.	20 h:	l'heure actuelle (*current*)

⊃ *You hear:* Il y a combien de temps que Monsieur Godot est sorti de son bureau?
You say: Il y a onze heures.
You verify: Ah, bon. Il y a onze heures.

D. **Où ça?** You will hear several tourists describe places they visited today. As you listen, choose the correct country or city among the choices given for that sentence. Then write in the appropriate preposition for the location you selected.

1. ____ France ____ Chili ____ Australie

2. ____ Toronto ____ Bruxelles ____ Rome

3. ____ Pays-Bas ____ États-Unis ____ Iran

4. ____ Égypte ____ Philippines ____ Espagne

5. ____ Tunisie ____ Colombie ____ Angleterre

6. ____ Algérie ____ Sénégal ____ Portugal

7. ____ Tokyo ____ Moscou ____ Jérusalem

8. ____ Mexique ____ Suisse ____ Japon

E. **Quel verbe?** You will hear a series of questions containing the **-re** verbs you studied in this chapter. Listen to the questions a first time and circle the verb that you hear in each one. Then listen as the questions are repeated, and write the form of the verb that you hear in the blank at the end of the line.

⊃ *You hear:* Ils attendent le professeur?
You circle: (attendre) descendre entendre répondre vendre

You hear: Ils attendent le professeur?
You write: *attendent*

1. attendre descendre entendre répondre vendre _____

2. attendre descendre entendre répondre vendre _____

3. attendre descendre entendre répondre vendre _____

4. attendre	descendre	entendre	répondre	vendre	_____
5. attendre	descendre	entendre	répondre	vendre	_____
6. attendre	descendre	entendre	répondre	vendre	_____
7. attendre	descendre	entendre	répondre	vendre	_____
8. attendre	descendre	entendre	répondre	vendre	_____
9. attendre	descendre	entendre	répondre	vendre	_____

F. **De l'aide? Des renseignements?**   You will hear several people making requests. As you listen a first time, indicate whether each person is asking for help or information by circling either **aide** or **renseignements.** Then listen as the requests are repeated, and write an appropriate response to either accept or refuse the request, using expressions from the **Stratégies de communication** in Chapter 7, pages 253–254.

1. aide / renseignements _____

2. aide / renseignements _____

3. aide / renseignements _____

4. aide / renseignements _____

5. aide / renseignements _____

G. **Y? Lui?**   You will hear Nicolas asking his roommate Robert several questions about his plans. Assume the role of Robert, answering that you completed the activity yesterday or will do it tomorrow. Listen to Nicolas's questions, then give Robert's answers using the pronoun **y** or **lui** as appropriate. Then listen in order to verify your responses.

You hear: Tu vas parler au prof?
You say: Oui, je vais lui parler demain.
You verify: Oui, je vais lui parler demain.

You hear: Tu es allé au cinéma?
You say: Oui, j'y suis allé hier.
You verify: Oui, j'y suis allé hier.

H. **Dictée.** First listen as Hélène reads the letter she has written to her parents while on vacation. Then, listen as many times as necessary in order to complete the blanks in the letter. When you finish, decide where she and her husband are vacationing, and check your choice.

Chers Maman et Papa,

Quelles _____! Nous _____ _____ dans

_____ El Mouradi, un _____ de _____ luxe. C'est

merveilleux! _____ _____ tard tous les _____ parce

qu'ici _____ _____ le _____ _____ jusqu'à

_____. Après, _____ _____ vers midi _____

aller à la _____ ou _____ _____ mosquées ou

_____ marché où _____ _____ des _____ et

des _____ exotiques, _____ poteries et des _____. Puis le

guide nous _____ chaque _____ à _____ pour des

excursions en 4x4 _____ le _____. Cet _____ nous

_____ pour Tozeur et Nefta. Il y a trop à _____ et trop à

_____! Georges et moi, _____ _____ samedi

_____. Nous _____ vers 8 h _____ _____.

J'espère que _____ _____ nous _____ à

_____ à _____. Grosses bises!

Hélène

Hélène et Georges sont

_____ au Sénégal?

_____ en Égypte?

_____ en Tunisie?

CHAPITRE 8

Les relations humaines

· ·

À l'écoute: Les copains

You will hear a short interview with a young Frenchman named Nicolas. Do task 1 in **Avant d'écouter,** then read task 2 in **Écoutons** before you listen to the interview.

Avant d'écouter

1 Look at the following activities. Which age group do you think they pertain to? Write **e** for **enfant, a** for **adolescent,** or **e/a** for both.

1. _____ jouer au foot

2. _____ jouer à cache-cache (*hide and seek*)

3. _____ faire du vélo

4. _____ jouer au billard

5. _____ jouer au baby-foot (*Foosball*)

6. _____ jouer à des jeux électroniques

7. _____ jouer à des jeux de société comme le Monopoly, Dessiner C'est Gagner (*Pictionary*), Donjons et Dragons, etc.

8. _____ appartenir (*belong*) à des clubs de musique ou autres

2 Listen to the interview a first time in order to identify the type of information it contains. Check the points that are mentioned, then put them in the proper sequence, following the example.

__1__ Nicolas se présente.

_____ Il parle de sa famille.

_____ Il parle de ses amis du lycée.

_____ Il parle de ses copains de l'école primaire.

_____ Il parle de ses copains à l'université.

_____ Il définit le bonheur.

_____ Il mentionne des clubs.

_____ Il mentionne ses activités pendant l'été.

_____ Il compare l'amitié entre filles et entre garçons.

3 Listen to the interview again to see which of the activities listed in task 1 (page 227) are mentioned. Underline those activities and confirm whether they pertained to Nicolas as a young child (e) or as an adolescent (a).

4 Listen to the interview again in order to complete the following statements from the choices given. Several completions may be possible. Check *all* correct answers.

1. Nicolas vient

    a. _____ de Biarritz.

    b. _____ du Pays basque.

    c. _____ du sud-ouest de la France.

2. Quand il était à l'école primaire, ses copains et lui se retrouvaient

    a. _____ après l'école.

    b. _____ le mercredi.

    c. _____ le week-end.

3. Ils aimaient jouer à cache-cache

   a. _____ après l'école.

   b. _____ le mercredi soir.

   c. _____ quand il faisait nuit.

4. Quand il était au lycée, Nicolas avait

   a. _____ plus d'amis.

   b. _____ moins d'amis.

   c. _____ des amis plus proches (*closer*).

5. Après les cours, ils aimaient

   a. _____ aller dans une salle de jeux.

   b. _____ aller au gymnase.

   c. _____ s'installer à une terrasse de café.

6. Le week-end, ils aimaient

   a. _____ aller au cinéma.

   b. _____ regarder des vidéos.

   c. _____ jouer à des jeux de société.

7. L'été, ils passaient beaucoup de temps

   a. _____ dans les salles de jeux.

   b. _____ dans les discothèques.

   c. _____ à la plage.

8. Nicolas appartenait à

   a. _____ un club de jazz.

   b. _____ un club de foot.

   c. _____ un club de théâtre.

9. Pour le premier club qu'il mentionne, il répétait (*practiced*)

   a. _____ presque tous les jours entre midi et 14 heures.

   b. _____ trois fois par semaine de 17 à 19 heures.

   c. _____ dix heures par semaine.

10. Il jouait

    a. _____ de la trompette.

    b. _____ de la batterie (*drums*).

    c. _____ de l'harmonica.

11. Il mentionne qu'il a joué des pièces de

    a. _____ Molière.

    b. _____ Pagnol.

    c. _____ Shakespeare.

12. Il dit que ce qui faisait son bonheur à cette époque, c'était

    a. _____ être avec ses amis.

    b. _____ discuter.

    c. _____ faire de la musique.

Prononciation

A. **La lettre** *g*.   Review the pronunciation section on the letter **g** in the **Première étape** of Chapter 8 in your textbook. Now, look at the following sentences. Which sounds do the highlighted **g**'s correspond to? Above the **g**'s write 1 for [ʒ], 2 for [g], and 3 for [ɲ].

1. La plage de Biarritz est ma**gn**ifique.

2. Un des copains de Nicolas s'appelait **Gu**illaume; il y avait aussi **G**ontran, **G**ilbert et **G**érard.

3. En **g**énéral, ils man**ge**aient un petit **g**oûter (*afternoon snack*) avant d'aller jouer.

4. Ils i**gn**oraient l'heure quand ils jouaient à cache-cache.

5. Le père de Nicolas était **g**ynécolo**g**ue (un médecin spécialisé).

Now, listen to the sentences and repeat each one.

B. **Les consonnes finales.** Review the pronunciation section on final consonants in the **Troisième étape** of Chapter 8 in your textbook.

🔘
Audio CD

Listen to the following sentences, paying close attention to the final consonants that are highlighted. Cross out the ones that are not pronounced and underline the ones that are pronounced.

1. Nicolas vient du Pays basque, dans le sud-ouest de la France.

2. Le mercredi, les garçons se retrouvaient tous pour jouer au foot.

3. Au lycée, Nicolas était plus seul; en fait, il avait moins de copains mais plus d'amis proches.

4. Les jeunes préféraient le billard au tennis.

5. L'été, ils étaient tout le temps à la plage.

6. Tout le monde s'amusait au bord de la mer.

You will now hear the sentences again. Listen and repeat each one. Make sure you release all final consonant sounds clearly and completely.

Activités de compréhension

A. **De bons ou de mauvais rapports?**   Lionel and Céleste fell in love at the same time as Thierry and Caroline. The first couple lived happily ever after, but Thierry and Caroline went their separate ways. As you listen to a series of statements about what the two couples' relationships were like, indicate whether the sentences refer to Lionel and Céleste or to Thierry and Caroline.

⤴ *You hear:*   Ils ne s'amusaient plus.
   You check: _____ Lionel et Céleste   ✓ Thierry et Caroline

1. _____ Lionel et Céleste   _____ Thierry et Caroline

2. _____ Lionel et Céleste   _____ Thierry et Caroline

3. _____ Lionel et Céleste   _____ Thierry et Caroline

4. _____ Lionel et Céleste   _____ Thierry et Caroline

5. _____ Lionel et Céleste   _____ Thierry et Caroline

6. _____ Lionel et Céleste   _____ Thierry et Caroline

7. _____ Lionel et Céleste   _____ Thierry et Caroline

8. _____ Lionel et Céleste   _____ Thierry et Caroline

Chapitre 8 Laboratory Activities

B. **Aujourd'hui / autrefois.** You will hear several sentences describing Josée's current activities. The drawings that follow illustrate her childhood activities. Compare each sentence you hear with the related drawing, and make a statement about how things *used to be* for Josée. (Some things *never* change!) Then listen to verify your answers.

↻ *You hear:*   Aujourd'hui Josée va à son bureau le matin.
   You see: the drawing above
   You say: Autrefois elle allait à l'école.
   You verify: Autrefois elle allait à l'école.

1.

2.

3.

4.

5.

6.

NAME _____ SECTION _____ DATE _____

C. **Rapports.**   You will hear a series of questions about your relationships with other people: **votre copain/copine, votre petit(e) ami(e), vos parents, vos professeurs.** Complete the following answers using the relative pronoun **qui** or **que.**

> ↻ *You hear:*   Qui vous fait rire (*makes you laugh*)?
> *You write:*   C'est/~~Ce sont~~ *mon copain qui* me/~~m'~~ *fait* rire.

1. C'est/Ce sont _____ je/j'_____ souvent le

samedi.

2. C'est/Ce sont _____ me/m'_____ de l'argent.

3. C'est/Ce sont _____ je/j'_____ beaucoup.

4. C'est/Ce sont _____ me/m'_____ bien.

5. C'est/Ce sont _____ me/m'_____ beaucoup de

questions.

6. C'est/Ce sont _____ je/j'_____ toujours.

7. C'est/Ce sont _____ je/j'_____ tous les jours.

8. C'est/Ce sont _____ me/m'_____ des lettres.

D. **Qui l'a dit?**   You will hear a series of questions and statements. Listen to identify which of the following persons most likely asked the question or made the statement:

    a. une mère à son enfant
    b. un prof à ses étudiants
    c. un adolescent à ses parents
    d. votre camarade de chambre à vous

Then respond as the person addressed, using the appropriate object pronoun: **me, te, nous,** or **vous.** Finally, listen to verify your answers.

> ↻ *You hear:*   Vous avez des questions à me poser?
> *You identify:*   b (un prof à ses étudiants)
> *You say:*   Oui, nous avons des questions à vous poser.
> *You verify:*   Oui, nous avons des questions à vous poser.

1. _____   3. _____   5. _____   7. _____

2. _____   4. _____   6. _____

Copyright © Houghton Mifflin Company. All rights reserved.   Chapitre 8 Laboratory Activities   **233**

E. **Conseils.** You will hear four people mention a problem they are having. Respond to each one, choosing the most logical response of those suggested. Then listen to verify your answer.

1. _____ Il faut lui parler.

   _____ Tu dois acheter un nouveau livre.

   _____ Tu as besoin de dormir.

   _____

2. _____ Il faut travailler.

   _____ Si tu allais au cinéma avec moi?

   _____ Tu dois étudier plus souvent.

   _____

3. _____ Il faut parler au professeur.

   _____ Tu dois en demander à tes copains.

   _____ Tu devrais trouver un job.

   _____

4. _____ Si tu faisais une promenade?

   _____ Il faut savoir écouter.

   _____ Tu as besoin de ranger ta chambre.

   _____

You will now hear the cues repeated. Listen and write a suggestion of your own in the blank provided.

F. **Dictée.** After reading an article on love and marriage in the nineties, Madame Rigolo expresses concern about her granddaughter's relationship with her fiancé. Then she and her husband compare that relationship with their own as they reminisce about the early days of their courtship. Listen to their conversation as often as necessary to complete the blanks, then answer the question that follows.

— Tu _____ _____ cet article au sujet de _____ et du

_____? C'est _____. La _____ des _____

comme Christophe et Simone est _____ _____ _____.

— _____ _____. Quand _____ _____

_____, _____ choses _____ bien _____. Tu

_____ _____?

— _____ sûr. Par exemple, Christophe _____ tous les jours

_____ Simone, et toi, _____ ne _____

_____ _____.

— _____ _____ _____ de _____! Je

_____ des _____—des _____!

— Et _____ ne _____ _____ jamais _____ des

_____ _____ _____.

— _____ boîtes de nuit?! Je _____ _____ toujours chez

toi—avec toute _____ _____... ta _____, ton

_____, _____ _____ _____!

— Mais _____ _____ ensemble et _____

_____ de tout.

— Eh oui, _____ _____ nos _____, et toi,

tu _____ _____ toujours des _____. Je ne

_____ jamais avec toi.

— C'est _____ qu'on _____ bien.

— On _____ _____ _____.

— Comme tout le monde. Mais _____ _____ sans _____.

— On _____ _____ _____ _____ toujours.

— Mais nous _____ _____ bien ensemble.

— _____?! Nous _____ _____ toujours ensemble,

_____ _____?

— Pas _____!

D'après vous, quel âge ont Monsieur et Madame Rigolo? _____

CHAPITRE 9

Les souvenirs
....

À l'écoute: Un séjour chez les Amérindiens

You will hear a short interview with a young man from Quebec. Do task 1 in **Avant d'écouter,** then read task 2 in **Écoutons** before you listen to the conversation.

Avant d'écouter

1 Michel Dubois, a native of the city of Quebec, had a chance to spend some time on an Indian reservation **(une réserve)** near Sept-Îles, on the northernmost banks of the Saint Lawrence River. The following words will be mentioned in the interview:

> un chantier (un lieu de travail de construction)
> des arbres (*trees*); le bois (*wood*)
> pêcher; chasser
> un site de camping

From these words, what can you speculate about Michel's reason for going **chez les Amérindiens?** Check the reason that seems most likely to you.

Michel est allé dans une réserve

_____ pour y passer ses vacances.

_____ pour y travailler.

_____ pour étudier l'effet des pluies acides sur les arbres.

Écoutons

2 Listen to the conversation a first time in order to verify your prediction. Underline in task 1 Michel's actual reason for going **chez les Amérindiens.**

Chapitre 9 Laboratory Activities **237**

3 Listen to the conversation again to find out if the following statements are true or false. Write **V** for **vrai** or **F** for **faux,** and correct false statements.

1. _____ Michel appelle les Amérindiens «les autochtones».

   _____

2. _____ La réserve où il est allé était pour la tribu des Montagnais.

   _____

3. _____ La réserve était à 500 km de la ville de Québec.

   _____

4. _____ Il y est allé avec un programme d'échanges pour jeunes travailleurs.

   _____

5. _____ La communauté où il est allé n'avait pas l'habitude (*wasn't accustomed*) de vivre avec des étrangers.

   _____

6. _____ Michel est allé seulement une fois dans cette réserve.

   _____

7. _____ Il y est resté pendant trois semaines en tout (*in all*).

   _____

8. _____ Les Amérindiens de cette réserve ne reçoivent pas d'aide sociale du gouvernement canadien.

   _____

9. _____ L'industrie principale de la région est l'industrie du bois.

   _____

10. _____ Michel a travaillé à l'aménagement (la construction) des routes.

   _____

11. _____ Le projet était financé par Hydro-Québec.

   _____

12. ____ Pour ce projet, il était nécessaire de couper (*cut down*) des arbres.

_____

4 Listen again to the end of the interview in order to answer the following questions.

1. «Sans le savoir, ils détruisaient (causaient la destruction de) leur propre (*own*) territoire.»

   a. De qui Michel parle-t-il? _____

   b. Que faisaient-ils comme destruction? _____

   _____

   c. Pour quelle raison? _____

2. Qu'est-ce que Michel a appris pendant son séjour chez les Amérindiens? Nommez cinq choses.

   Il a appris à _____

   _____

Activités de compréhension

A. **Événements? Circonstances?** You will hear Claudine talking about how she spent her last weekend. Listen to each statement and indicate if she is talking about events (and using the passé composé) or circumstances (and using the imperfect). Circle your choice.

> ⊃ *You hear:* Mes copains m'ont téléphoné de bonne heure.
> *You circle:* (événement)/ circonstance

1. événement / circonstance   6. événement / circonstance
2. événement / circonstance   7. événement / circonstance
3. événement / circonstance   8. événement / circonstance
4. événement / circonstance   9. événement / circonstance
5. événement / circonstance

B. **Bonne mémoire?** You will hear Georges Cardin describing a crime committed when he was a child. However, some of the details have faded from his memory over the years. First listen and decide if each statement you hear is true or false based on the pictures that follow, and circle **vrai** or **faux**.

Chapitre 9 Laboratory Activities **239**

1. vrai / faux _____

2. vrai / faux _____

3. vrai / faux _____

4. vrai / faux _____

5. vrai / faux _____

6. vrai / faux _____

7. vrai / faux _____

8. vrai / faux _____

NAME _____ SECTION _____ DATE _____

9. vrai / faux _____

10. vrai / faux _____

Now you will hear the statements again. Listen and correct any false information in the blanks provided.

C. **Un samedi décevant.** You will hear David talking about a disappointing Saturday. For each sentence you hear, indicate which meaning of the verb is intended. Circle the correct answer.

> *You hear:* D'abord, j'ai dû ranger ma chambre.
> *You see:* devoir: was supposed to   had to
> *You circle:* devoir: was supposed to   (had to)

1. devoir: was supposed to   had to
2. pouvoir: couldn't   failed to
3. pouvoir: couldn't   failed to
4. vouloir: didn't want to   refused to
5. vouloir: wanted to   tried to

D. **Stratégie.** You will hear a series of statements expressing thanks or wishing someone well. Write the number of the statement in the blank beside the context in which you would most likely make that statement. The first one has been done for you.

_____ Your roommate received an A on an exam.

_____ Your roommate offers to pay for your dinner.

_____ Your roommate is about to take an important exam.

__1__ Your roommate is leaving for Hawaii.

_____ It's your roommate's birthday.

_____ Your friend thanks you for helping him with his homework.

_____ Your roommate has too much to do and not enough time.

E. **Les verbes *connaître* et *savoir*.** You will hear a series of sentences containing the verbs **connaître** and **savoir**. If the sentence refers to one person, change it so that it refers to more than one person, and vice versa. Then listen in order to verify your answers.

> *You hear:* Tu connais Paul?
> *You say:* Vous connaissez Paul?
> *You verify:* Vous connaissez Paul?

F. **Connaître? Savoir?**   You want to find out what your classmate knows and doesn't know. For each item you hear, ask if your classmate knows that person or thing, using the verb **connaître** or **savoir.** Then listen to verify your question.

⟫ *You hear:*   Québec
You say: Tu connais Québec?
You verify: Tu connais Québec?

G. **Personne? Rien?**   You will hear David's French teacher ask him a series of questions about his weekend. He's feeling very uncooperative, so he responds negatively to every question. Listen to the questions, then give David's answers using **personne** or **rien.** Then listen to verify your answer.

⟫ *You hear:*   Qu'est-ce que vous avez fait?
You say: Je n'ai rien fait.
You verify: Je n'ai rien fait.

H. **Dictée.**   First listen as Caroline describes how her family celebrated Bastille Day. Then, listen to her description as many times as necessary in order to complete the paragraph with the missing words. When you finish the paragraph, answer the question that follows about how you celebrated your national holiday.

C'_____ le _____ juillet et nous _____ célébrer la

_____ en famille. Mais que faire? _____ _____ d'accord

sur les activités. Moi, je _____ faire un _____ à la _____,

mais les autres _____ _____ _____ parce

qu'_____ _____ _____ toujours la foule (*crowd*) le qua-

torze juillet. Papa _____ _____ qu'il _____

_____ à la maison le _____. Puis Éric _____

_____ regarder le _____ à la _____. Maman

_____ ça _____; elle _____ _____

_____ à nos _____. Mais _____ _____

_____ _____ à _____ chez eux pour les petits,

_____ on _____ _____ de ne pas _____

_____. Enfin, nous _____ _____ _____ décider

quoi _____, alors nous _____ _____ à la _____,

et nous _____ _____ fait. Quelle _____ !

Qu'est-ce que vous avez fait l'année dernière pour célébrer la fête nationale?

_____

CHAPITRE 10

La vie de tous les jours

. . . .

À l'écoute: Les jeunes et la mode

Do you remember Nicolas from Biarritz? (See Chapter 8 in your lab manual.) You will now hear him speak about clothes and fashion. Do task 1 in **Avant d'écouter,** then read task 2 in **Écoutons** before you listen to the conversation.

Avant d'écouter

1 Think about the "typical" high school students you know. How do they dress? List some typical clothes and shoes, with their brand names **(la marque)** if appropriate, and indicate **F** for **filles, G** for **garçons,** and **F/G** for both.

vêtements	F/G	marque	chaussures	F/G	marque

Écoutons

2 Listen to the conversation a first time in order to identify its main ideas. Check the topics that are mentioned.

1. _____ l'importance de la mode dans les universités françaises

2. _____ description de la manière dont s'habillent les vedettes (les stars du cinéma et de la chanson)

3. _____ la mode pour les jeunes bourgeois

4. _____ la mode pour les jeunes «hard rock»

5. _____ la mode pour les jeunes d'origine étrangère (les immigrés)

6. _____ la mode pour les jeunes qui ne veulent pas s'identifier à un groupe social particulier

7. _____ les chaussures que les jeunes Français portent pour faire du sport

8. _____ les chaussures que les jeunes Français portent pour aller à l'école

9. _____ les marques préférées de Nicolas

3 Listen to the conversation again to see if Nicolas mentions some of the clothes, shoes, and brand names you listed in task 1. Put a check mark by the ones that are mentioned.

4 Listen again in order to complete the following statements. Several answers may be possible. Check all correct answers.

1. En ce qui concerne la mode, les jeunes Français sont influencés par

   a. _____ la télé.

   b. _____ les grands couturiers comme Dior et Yves Saint-Laurent.

   c. _____ le top 50 (les vedettes de la chanson).

2. Nicolas dit que Biarritz est une ville

   a. _____ très diverse du point de vue social et économique.

   b. _____ assez bourgeoise.

   c. _____ assez hippie.

3. Les jeunes de familles riches portent

    a. _____ un style décontracté (*relaxed*) mais classique.

    b. _____ des marques bien précises.

    c. _____ le Lévis 501.

4. Les marques «bourgeoises» que Nicolas mentionne incluent

    a. _____ Chevignon.

    b. _____ Lacoste.

    c. _____ Naf Naf.

5. Les filles portent généralement

    a. _____ des jupes.

    b. _____ des marques différentes.

    c. _____ la même chose que les garçons.

6. Pour le style «hard rock», Nicolas mentionne

    a. _____ les T-shirts noirs.

    b. _____ les blousons noirs.

    c. _____ les cheveux longs.

7. Les jeunes qui ne veulent pas «se montrer» portent généralement

    a. _____ un jean et polo.

    b. _____ un jean et un T-shirt.

    c. _____ des vêtements plus habillés.

8. Comme chaussures, pour aller à l'école les jeunes Français portent

    a. _____ des tennis.

    b. _____ des baskets.

    c. _____ des mocassins.

Chapitre 10 Laboratory Activities **247**

9. Les _____ ne sont plus à la mode.

    a. _____ Converse

    b. _____ Doc Martens

    c. _____ Nike

10. En conclusion, Nicolas dit que la mode

    a. _____ est plus importante pour les filles que pour les garçons.

    b. _____ n'est plus très importante pour lui.

    c. _____ est moins importante qu'avant dans la société française.

Activités de compréhension

A. **Pas exactement.** You will hear a series of statements about Djamila's activities yesterday, but none of the statements is exactly accurate. Listen to the statements as you look at the corresponding pictures, and correct the statements using a pronominal verb in your response. Then listen to verify your answer.

⊃ *You hear:*   Djamila s'est levée de bonne heure.
  You see: the picture above
  You say: Mais non, elle s'est levée tard.
  You verify: Mais non, elle s'est levée tard.

B. **Les vêtements.** You will hear some background sounds and sometimes some people speaking. Listen carefully and decide what the people in these situations are probably wearing. Check *all* the choices you think are likely.

1. ____ un short   ____ un maillot de bain   ____ un costume   ____ des sandales

2. ____ une veste   ____ un T-shirt   ____ une robe   ____ une cravate

3. ____ des baskets   ____ des gants   ____ un short   ____ une jupe

4. ____ un jean   ____ des tennis   ____ un pyjama   ____ un pull

5. ____ un polo   ____ un manteau   ____ des gants   ____ des bottes

6. ____ un T-shirt   ____ un pantalon   ____ une chemise de nuit   ____ un pyjama

C. **Le verbe** *mettre.* You will hear a series of questions about what various people are putting on today. Answer using the pictures as cues, then listen to verify your answer.

↻ *You hear:* Qu'est-ce que le prof met aujourd'hui?
You see: the picture above
You say: Il met une chemise en coton uni.
You verify: Il met une chemise en coton uni.

1.

2.

3.

4.

5.

6.

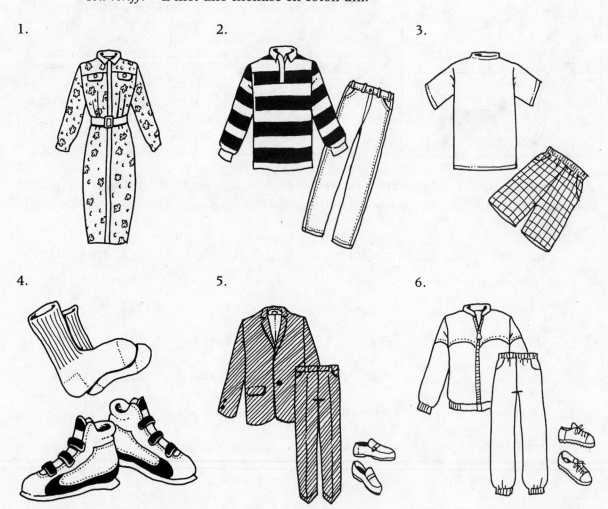

D. **L'impératif.**   You will hear Pascal mention several items of clothing. If he mentions men's or unisex clothing, tell him to put it on. If he mentions women's clothing, tell him not to put it on. Listen as the items are repeated and verify your answers.

> ⤴ *You hear:*   Des chaussures habillées?
> *You say:*   Mets-les!
> *You verify:*   Des chaussures habillées? Mets-les!

E. **Des compliments.**   You will hear a series of mini-conversations in which one person pays a compliment and another person responds. Listen to the conversations, and decide whether the responses are appropriate or not in French, and circle **approprié** or **pas approprié**. Then write a better response for each one that you marked as inappropriate.

1. approprié   pas approprié   _____

2. approprié   pas approprié   _____

3. approprié   pas approprié   _____

4. approprié   pas approprié   _____

5. approprié   pas approprié   _____

F. **Dictée.**   First listen as Françoise describes a problem she wrestles with each spring: how to get into last year's bathing suit. Then, listen to her explanation as many times as necessary to complete the paragraph with the missing words. When you finish the paragraph, answer the question that follows about *your* habits.

Plus _____ _____! Dès aujourd'hui, je _____ des

_____ _____. Je _____ _____

_____—je _____! Pourquoi? Parce qu'il faut _____ à

_____ le _____ _____ _____ à fleurs que j'ai

acheté l'année dernière. Maintenant, il _____ _____

_____ _____ _____ du tout parce que je _____

_____ _____ _____ _____ _____.

Mais, dans trois mois... vous _____ _____! En fait, j'ai

_____ commencé mon _____. Ce matin, je _____

_____ _____ de bonne heure, et je _____

_____ _____ tout de suite. J'_____ _____ un

_____, un _____ et des _____ et j'_____

_____ une demi-heure devant la télé à _____ de l'_____

avec ce bel _____ musclé à la chaîne 2! «_____! _____!

_____ vos pieds!» Ouf! Après j'_____ _____ mon petit

déjeuner—du _____ grillé sans _____, du café _____, une

orange. Tout ça avant de _____ pour aller au travail. À midi, j'_____

_____ une _____—que je suis _____! L'après-midi je

_____ _____ _____ avec ma copine. Et maintenant, le

soir? Eh oui, j'ai _____ partout—aux _____, au _____,

aux _____. Mais dans trois mois... vous allez voir. Je _____

_____ _____ ce _____ de _____!

What steps have you ever taken to get in shape? Check all that apply.

____ faire de l'aérobic?

____ faire de la musculation

____ faire du jogging

____ choisir des légumes, des fruits

____ ne pas manger de dessert

____ ne pas manger du tout

CHAPITRE 11

Plans et projets
· ·

À l'écoute: La femme en Afrique

In this short conversation, Larmé, the young man from Chad, will answer a few questions about women in Africa. Do task 1 in **Avant d'écouter,** then read task 2 in **Écoutons** before you listen to the conversation.

Avant d'écouter

1 In a conversation about women in Africa, what topics are likely to come up? Check the ones you would anticipate.

1. _____ discussion du rôle traditionnel de l'homme et de la femme en Afrique

2. _____ influences de l'Occident sur la société africaine

3. _____ question de la polygamie vs la monogamie

4. _____ commentaires sur l'éducation des femmes

5. _____ exemples de professions occupées par des femmes

6. _____ réformes proposées par le gouvernement

7. _____ prédictions sur l'avenir de la femme en Afrique

8. _____ anecdote(s) personnelle(s)

Écoutons

2 Listen to the conversation a first time in order to verify its topics. Put a second check mark in task 1 by the topics that are actually mentioned.

3 Listen to the conversation again in order to match the nouns on the left with the adjectives that Larmé uses to qualify them. Note that in the list on the right there are two extra adjectives that do not apply.

1. _____ la civilisation

2. _____ les influences extérieures

3. _____ les co-épouses

4. _____ la société africaine

a. de plus en plus forte(s) (*increasingly strong*)
b. dominée(s) par la religion
c. dominée(s) par l'homme
d. universelle(s)
e. moins traditionnelle(s)
f. beaucoup plus jeune(s)

4 Listen again in order to complete the following summary of the conversation. Fill in the blanks.

Les (1) _____ comme la radio et (2) _____ sont la raison pour

laquelle, selon Larmé, (3) _____ tend (*tends*) à être (4) _____.

Larmé pense que la société africaine évolue vers (5) _____, à cause de

l'influence de (6) _____ mais aussi pour des raisons (7) _____.

Larmé lui-même vient d'une famille (8) _____ avec (9) _____

femmes et (10) _____ enfants. Sa mère, qui est (11) _____ femme, a

aidé son père à (12) _____ les (13) _____. C'est une famille où

(14) _____ (15) _____ très bien, mais Larmé, comme beaucoup de

jeunes de sa génération, ne veut pas pratiquer (16) _____.

Il y a déjà beaucoup de femmes qui (17) _____ dans l'administration, dans

(18) _____ et ailleurs (*elsewhere*), mais l'indépendance ne sera pas

(19) _____ pour la femme africaine; ça va être une lutte (*struggle*) beaucoup

(20) _____ qu'en (21) _____.

5 If you had a chance to talk to Larmé, what questions would you like to ask him about **l'avenir de la femme—et de l'homme—en Afrique?** Jot down three or four questions in French.

1. _____

2. _____

3. _____

4. _____

Activités de compréhension

A. **Professions.** You will hear a series of people talking at work. Listen to what they say, and check the speaker's profession.

1. ____ ouvrière   ____ infirmière   ____ comptable

2. ____ fonctionnaire   ____ cuisinier   ____ enseignant

3. ____ journaliste   ____ vendeuse   ____ chef d'entreprise

4. ____ banquier   ____ infirmier   ____ cuisinier

5. ____ ouvrière   ____ vendeuse   ____ enseignante

6. ____ banquier   ____ comptable   ____ cuisinier

B. **Présent? Passé? Futur?** You will hear a series of statements about a job search. Indicate whether the sentences you hear are referring to the present, the past, or the future.

⊃ *You hear:*   Elles ont cherché un travail d'été.
  You check: ____ présent   ✓ passé composé   ____ futur

1. ____ présent   ____ passé composé   ____ futur

2. ____ présent   ____ passé composé   ____ futur

3. ____ présent   ____ passé composé   ____ futur

4. ____ présent   ____ passé composé   ____ futur

5. ____ présent   ____ passé composé   ____ futur

6. ____ présent   ____ passé composé   ____ futur

7. ____ présent   ____ passé composé   ____ futur

8. ____ présent   ____ passé composé   ____ futur

C. **Quel verbe?** You will hear Elise bemoaning her impending birthday and Françoise telling her that life doesn't end at thirty! Listen to each statement a first time, and circle the infinitive of the verb you hear. Then listen as the sentences are repeated, and write down the form of the verb that you hear.

> *You hear:*   Demain j'aurai trente ans.
> *You circle:*   faire (avoir) savoir aller pouvoir
> *You hear:*   Demain j'aurai trente ans.
> *You write:*   _aurai_

1. falloir devoir être vouloir venir _____

2. falloir devoir être vouloir venir _____

3. falloir devoir être vouloir venir _____

4. falloir devoir être vouloir venir _____

5. falloir devoir être vouloir venir _____

6. faire avoir savoir aller pouvoir _____

7. faire avoir savoir aller pouvoir _____

8. faire avoir savoir aller pouvoir _____

9. faire avoir savoir aller pouvoir _____

10. faire avoir savoir aller pouvoir _____

D. **L'avenir.** You will hear Alexis and his sister discussing his prospects for the future. They will speculate about numerous possible events and their outcomes. Listen as many times as necessary in order to answer the questions that follow.

1. Qu'est-ce qu'Alexis compte faire dès qu'il aura son diplôme?

_____

_____

2. Qu'est-ce qu'il fera, selon sa sœur?

_____

_____

3. Dans quelles circonstances est-ce qu'Alexis continuera ses études?

_____

_____

4. De quoi est-il sûr?

_____

_____

5. Qu'est-ce qu'il fera dès qu'il aura un poste de débutant?

_____

_____

6. Sa sœur est-elle sceptique (*skeptical*)? Comment le savez-vous?

_____

_____

E. **Que veulent-ils?** You will hear Jacques asking Françoise about what various family members want in the future. Play the role of Françoise and respond to the questions you hear, using a stress pronoun and the cues in your lab manual. Then listen to verify your answers.

> *You hear:* Que veut-il, ton frère?
> *You see:* être riche
> *You say:* Lui, il veut être riche.
> *You verify:* Lui, il veut être riche.

1. être acteur
2. avoir un poste important
3. faire le tour du monde
4. devenir riches
5. être utiles à la société
6. avoir du temps libre
7. terminer nos études!
8. être heureuse

Chapitre 11 Laboratory Activities **257**

F. **Si je réussis ma vie...** You will hear several people saying what they will do if they become successful. Listen to each statement, and repeat the statement, adding the adverb formed from the adjective in the following list. Then listen to verify your answer.

> *You hear:* J'achèterai une voiture de luxe!
> *You see:* sûr
> *You say:* J'achèterai sûrement une voiture de luxe!
> *You verify:* J'achèterai sûrement une voiture de luxe!

1. vrai
2. constant
3. certain
4. probable
5. vrai
6. fréquent
7. rare
8. absolu

G. **Dictée.** Monsieur Rosier asked his class to imagine how the world of work will be different in twenty years and how society will change. First listen as he reads some of their predictions. Then, listen as many times as necessary in order to complete the statements with the missing words. When you finish, answer the question that follows.

Le monde du travail

_____ _____ moins, mais on _____ _____

d'_____. _____ la vie _____ plus _____.

Nous _____ _____ _____ de _____. Nous

_____ _____ _____ _____ au bureau. Nous

_____ _____ par _____ ou par courrier électronique

(*e-mail*).

_____ _____ _____ plus d'_____ entre les

_____ et les _____ dans le _____ _____. Les

_____ _____ plus _____ aux _____ de

_____.

La société

La société _____ _____. On _____ voyager dans

l'espace, sur les _____ planètes.

_____ _____ guérir (*cure*) le sida (*AIDS*) et le cancer, mais

_____ _____ _____ plus de famine, et il _____

toujours _____ les _____.

Le _____ sera plus _____. Les gens _____

_____ dans d'autres pays, et _____ _____

_____ _____ la même langue.

With which of the predictions do you agree? If you do not agree with a prediction, change it so that you do, and write it below.

_____

_____

Chapitre 11 Laboratory Activities **259**

CHAPITRE 12

Soucis et rêves
········ · ··· ·· ···· ·· ··· ·· ·

À l'écoute: La journée parfaite

You will hear three short interviews with people you already know: Larmé, from Chad (see Chapters 7 and 11 in the lab manual); Christelle, from the Paris area (see Chapters 4 and 6); and Michel, from Quebec (see Chapter 9). Each one will be asked the same question: **Si vous pouviez vivre la journée parfaite, comment serait cette journée?** Do task 1 in **Avant d'écouter**, then read task 2 in **Écoutons** before you listen to the interviews.

Avant d'écouter

1 **Si vous pouviez vivre la journée parfaite, comment serait cette journée?** If you were asked that question, what would you say? List two or three possibilities for each category below.

1. Où seriez-vous?

_____

_____

2. Que feriez-vous?

_____

_____

3. Y aurait-il d'autres personnes dans cette journée parfaite? Qui?

_____

_____

Écoutons

2 Listen to the interviews a couple of times as needed in order to identify who mentions what. Check the appropriate person.

	Larmé	Christelle	Michel
1. lire	___	___	___
2. rire	___	___	___
3. se lever tard	___	___	___
4. faire ce qu'on a programmé	___	___	___
5. aller à la pêche	___	___	___
6. se promener	___	___	___
7. faire du canotage (*canoeing*)	___	___	___
8. le spontané	___	___	___
9. des chansons	___	___	___
10. le beau temps	___	___	___
11. la tendresse	___	___	___
12. deux pays possibles	___	___	___

3 Listen to the interviews again in order to infer the meaning of the words in the left-hand column. (The initial next to each word indicates in which interview it occurs—L for Larmé, C for Christelle, M for Michel.) Match the words with the correct synonyms from the list on the right.

1. mettre à exécution (L)
2. se réaliser (L)
3. s'installer (C)
4. groover, énergiser (M)

a. arriver, devenir réel
b. tuer (*to kill*)
c. se mettre
d. donner du plaisir
e. changer
f. faire

4   Listen to the conversation again in order to answer the following questions.

1. Comment serait la journée parfaite de Larmé? Qu'est-ce qu'il mettrait à exécution?

    Qu'est-ce qui se réaliserait? _____

    _____

2. Qu'est-ce qui «ajoute de l'intérêt» à une journée parfaite, selon Larmé?

    _____

3. Où serait cette journée parfaite pour Larmé, et pourquoi?

    a. Contexte familial: _____

    _____

    b. Contexte général: _____

    _____

4. Quand est-ce que Christelle se lèverait pour sa journée parfaite? Que ferait-elle après?

    _____

    _____

5. Avec qui Christelle passerait-elle cette journée? Pourquoi?

    _____

    _____

6. Qu'est-ce qui «groove» Michel? _____

    _____

7. Où serait la journée parfaite de Michel? Avec qui? Qu'est-ce qu'ils feraient?

    _____

    _____

    _____

8. Complétez la définition que Michel donne de la journée parfaite. C'est une journée pleine

de _____, une journée _____, dans _____, avec

_____ qu'on _____.

5 Would your perfect day be more like Larmé's, like Christelle's, or like Michel's? Compare and explain (in French).

_____

_____

_____

_____

Activités de compréhension

A. **Logique? Pas logique?**   You will hear several people mention an illness or a physical problem from which they are suffering. Look at the corresponding written statements, and decide if they are logical or not in light of what you hear. Circle **logique** or **pas logique,** and "correct" the comments that are not logical.

> ↻ *You hear:*   J'ai une migraine.
> *You see:*   Je prends un antibiotique.
> *You circle:*   logique   (pas logique)
> *You write:*   *Je ne prends pas d'antibiotique.*   or: *Je prends de l'aspirine.*

1. Je tousse, et j'ai de la fièvre.   logique   pas logique

_____

2. L'infirmière me fait une piqûre.   logique   pas logique

_____

3. J'ai le nez qui coule.   logique   pas logique

_____

4. J'ai sûrement la grippe.   logique   pas logique

_____

5. Je prends du sirop.   logique   pas logique

_____

6. Je suis en bonne forme.   logique   pas logique

B. **Fantasmes.**   You will hear a series of people saying what they would do if they had more time or more money. Match each statement you hear to the corresponding picture, and write the number of the statement under it. The first one has been done for you.

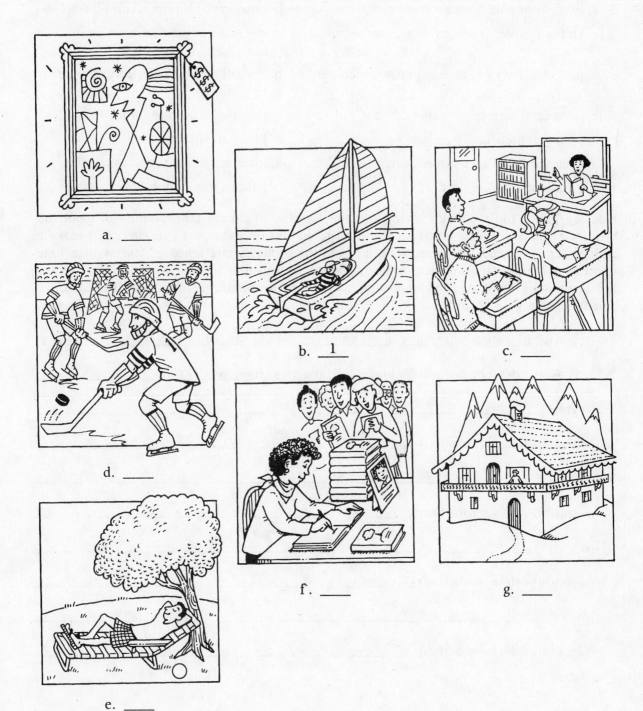

a. _____

b. _1_

c. _____

d. _____

f. _____

g. _____

e. _____

Chapitre 12 Laboratory Activities   **265**

C. **Conditions → conséquences.** You will hear a series of "conditions." For each condition, circle the appropriate consequence.

> ⟲ *You hear:* Si j'ai le temps ce soir...
> *You circle:* ⓐ j'irai au cinéma   b. j'irais au cinéma.

1. a. elle sera actrice de cinéma.   b. elle serait actrice de cinéma.

2. a. nous irons sûrement au Louvre.   b. nous irions sûrement au Louvre.

3. a. elle se trouvera en haut d'une montagne.   b. elle se trouverait en haut d'une montagne.

4. a. je visiterai des pays francophones, bien sûr. b. je visiterais des pays francophones, bien sûr.

5. a. je parlerai bien le français.   b. je parlerais bien le français.

6. a. j'irai au Québec.   b. j'irais au Québec.

7. a. nous sortirons avec nos copains.   b. nous sortirions avec nos copains.

8. a. j'aurai une bonne note.   b. j'aurais une bonne note.

D. **Des regrets.** You will hear Patricia mention a series of circumstances—missed opportunities or obligations she regrets. Listen and write down one statement Patricia might make to express regret for each situation. Then listen as the sentences are repeated, and write a statement her parents might make to indicate their disapproval or to offer comfort. The first one has been done for you. (You may wish to review the **Stratégie de communication** in Chapter 12, page 432, before beginning this activity.)

1. (regret) <u>Zut! J'aurais dû ranger ma chambre et faire la vaisselle.</u> _____

   (réconfort / désapprobation) <u>Tu aurais dû ranger ta chambre.</u> _____

2. (regret) _____

   (réconfort / désapprobation) _____

3. (regret) _____

   (réconfort / désapprobation) _____

4. (regret) _____

   (réconfort / désapprobation) _____

5. (regret) _____

   (réconfort / désapprobation) _____

E. **De mauvaise humeur!**   Georgette failed her geography test, and her friend Nicolas is trying to cheer her up. She, however, will not be coaxed out of her bad mood. Play the role of Georgette and answer Nicolas's questions using the pronoun **en**. Then listen to verify your responses.

> *You hear:*   Tu as des soucis?
> *You see:*   oui
> *You say:*   Oui, j'en ai.
> *You verify:*   Oui, j'en ai.

1. oui   3. oui   5. non
2. non   4. non   6. non

F. **Dictée.**   Listen as Lionel tries to help Laure decide on a future profession. Then, listen again as many times as necessary in order to complete the dialogue with the missing words. When you finish the dialogue, answer the question that follows.

— _____ _____ tu _____, Laure, si tu _____ la

_____ de tes _____?

— Aucune idée! J'_____ les maths, les_____...

— Et tu _____ la biologie, _____ _____? Tu

_____ être _____, peut-être «médecin sans frontières». Tu

_____ dans des pays _____ on a très peu d'hôpitaux et de

médecins. Comme ça, tu _____ _____ les pauvres.

— Tu es fou, toi. _____ j'_____ un médecin sans frontières, je

_____ _____ mon temps avec des gens _____:

des gens qui _____, qui _____, qui _____ la

_____! Moi, j'_____ _____ d'attraper une

_____ _____! Et en plus, je _____ _____

beaucoup d'argent.

Chapitre 12 Laboratory Activities   **267**

— Si tu _____ chirurgienne (*surgeon*)?

— Ah non. Je _____ éviter le sang (*blood*)!

— Alors, peut-être tu _____ être psychiatre? Moi, j'ai une copine

_____ la _____ est psychiatre, et elle est très _____ de

sa profession. Et comme ça, tes _____ ne saigneraient (*bleed*) pas!

— Non, mais ils _____ des _____. Ils _____ me voir parce

qu'ils _____ peur des _____, de la _____, de leur

_____! Je ne _____ jamais des gens comme ça!

— N'en parlons plus. Je commence à _____ _____ _____!

Can you suggest a profession for Laure? Complete the following sentence.

Moi, si j'étais Laure _____

CHAPITRE COMPLÉMENTAIRE

Des questions d'actualité
· ·

À l'écoute: Multiculturalisme et racisme

Michel, the young man from Quebec you have already met (see Chapters 9 and 12 in the lab manual), will answer a few questions about multiculturalism and racism. Do task 1 in **Avant d'écouter,** then read task 2 in **Écoutons** before you listen to the conversation.

Avant d'écouter

1 In a conversation about **intercultural relations in Quebec,** what topics are likely to come up? Check the ones you would anticipate and add other possibilities as you see fit.

1. _____ un résumé historique de la colonisation du Québec

2. _____ le bilinguisme

3. _____ le rapport majoritaire-minoritaire entre les Anglais (les anglophones) et les Français (les francophones)

4. _____ la possibilité d'un Québec souverain (indépendant)

5. _____ exemple(s) de racisme au Québec

6. _____ suggestions pour surmonter (*overcome*) le racisme

7. _____ ?

Écoutons

2 Listen to the conversation a first time in order to verify its topics. Put a second check mark in task 1 next to the topics that are actually mentioned.

Chapitre complémentaire Laboratory Activities **269**

3 Listen to the conversation again in order to complete the following statements. Several answers may be possible. Check all correct answers.

1. Selon Michel, le Québec est

   a. _____ partagé (divisé) entre deux langues.

   b. _____ la seule partie vraiment bilingue du Canada.

2. L'Ontario et le Nouveau-Brunswick

   a. _____ sont un peu bilingues.

   b. _____ font beaucoup d'efforts pour préserver les deux langues.

3. Le bilinguisme cause des problèmes racistes parce que beaucoup de gens

   a. _____ s'arrêtent à l'identification linguistique.

   b. _____ voient la langue comme un mur.

4. Le français peut devenir minoritaire quand

   a. _____ la population francophone fait l'effort d'apprendre l'anglais.

   b. _____ les nouveaux immigrés apprennent seulement l'anglais.

5. Les chansons qu'on entend à la radio au Québec montrent

   a. _____ la pluralité—et l'égalité—des cultures.

   b. _____ le monopole anglais.

6. Les Français qui ont grandi au Québec ont l'habitude d'appeler les Anglais

   a. _____ des «blocks».

   b. _____ des «têtes carrées» (*square*).

7. Quand il était petit, Michel

   a. _____ allait dans une école primaire anglaise.

   b. _____ se battait tout le temps avec les enfants de l'école anglaise.

8. Michel pense que

   a. _____ le multilinguisme est plus difficile que le multiculturalisme.

   b. _____ le multiculturalisme pose plus de problèmes que le multilinguisme.

9. Selon Michel, le racisme vient

a. _____ d'un manque (*lack*) de respect.

b. _____ des rapports majoritaires-minoritaires.

10. Michel pense qu'il faut

a. _____ éliminer les quatre races traditionnelles.

b. _____ former une cinquième race.

11. On devient capable de «fusionner» (faire fusion, s'unir) si

a. _____ on communique.

b. _____ on a un bagage culturel multiple.

12. «S'enrichir auprès des autres cultures», c'est

a. _____ apprendre la langue et la culture des autres.

b. _____ profiter (*take advantage*) de leurs ressources économiques.

4 Listen to the conversation a final time to answer the following questions about (a) the conversation you just heard and (b) your own experience and opinions.

1. a. Quand est-ce que Michel se sent minoritaire, par exemple?

_____

b. Est-ce qu'il vous arrive de vous sentir minoritaire? Dans quelles circonstances?

_____

_____

2. a. De quoi Michel parle-t-il quand il dit que «c'est difficile d'en sortir»?

_____

b. Y a-t-il d'autres circonstances ou habitudes dont il est «difficile de sortir»? Donnez un exemple, personnel ou autre.

_____

_____

3. a. Quelle est cette cinquième race dont Michel parle?

_____

   b. Pensez-vous que ce soit possible d'avoir une race comme cela?
      Pourquoi/pourquoi pas?

_____

_____

Activités de compréhension

A. **Qui l'a dit?** You'll hear several statements that could be attributed to the people in the pictures that follow. Match each statement with the person most likely to have said it by writing the number of the statement under the appropriate picture. The first one has been done for you.

a. _____

b. _____

c. ___1___

d. _____

B. **Fait? Opinion?**   Listen to the following statements of opinion and decide if the opinion is expressed using the subjunctive or using an infinitive. Circle your answer.

> ↻ *You hear:*   Le gouvernement doit arrêter la pollution.
> *You circle:*   subjunctive   (infinitive)

1. subjunctive   infinitive   5. subjunctive   infinitive
2. subjunctive   infinitive   6. subjunctive   infinitive
3. subjunctive   infinitive   7. subjunctive   infinitive
4. subjunctive   infinitive   8. subjunctive   infinitive

C. **Quel verbe?**   You will hear a series of statements introduced by certain expressions you may not have studied in this chapter. Some of them are followed by the subjunctive and others are not. Listen carefully to the sentences and write the form of the given verb that you hear.

> ↻ *You hear:*   Je ne suis pas sûr que nous puissions sauver la forêt.
> *You see:*   pouvoir
> *You write:*   puissions

1. pouvoir _____   5. être _____

2. vouloir _____   6. faire _____

3. comprendre _____   7. finir _____

4. devoir _____   8. être _____

D. **Il faut/il ne faut pas.**   You will hear a series of factual statements. Repeat the sentence using the subjunctive mood and the expression indicated. Then listen to verify your answers.

> ↻ *You hear:*   On reconnaît les problèmes écologiques.
> *You see:*   Il faut
> *You say:*   Il faut qu'on reconnaisse les problèmes écologiques.
> *You verify:*   Il faut qu'on reconnaisse les problèmes écologiques.

1. il faut   5. il ne faut pas
2. il faut   6. il ne faut pas
3. il faut   7. il ne faut pas
4. il faut   8. il ne faut pas

E. **Que faire?**   Monique has an opinion on every topic and a solution for every problem. You will hear a series of questions her friends have asked her. First listen to the questions, and then answer for Monique using the cues given. Listen to verify her responses.

> ↻ *You hear:*   Que penses-tu des problèmes des sans-abri?
> *You see:*   Il faut / tout le monde / avoir un logement
> *You say:*   Il faut que tout le monde ait un logement.
> *You verify:*   Il faut que tout le monde ait un logement.

Chapitre complémentaire Laboratory Activities   **273**

1. il est temps / le gouvernement / bâtir de nouveaux logements
2. il faut / on / se mobiliser
3. je voudrais / tout le monde / s'intéresser à leur situation
4. j'aimerais / on / être plus tolérant des différences
5. il est nécessaire / tout le monde / avoir le droit à la différence
6. il ne faut pas / nous / fermer les frontières

F. **Dictée.** Michel is worried about his friend, Richard, a student activist who engages in numerous demonstrations and protest marches. First listen as Michel expresses his concern to Richard. Then, listen as many times as necessary in order to complete the paragraph with the missing words. When you finish the paragraph, answer the question that follows.

Tu _____ tout ton temps à _____ pour ou contre une cause ou

une autre. Maintenant il _____ _____ tu _____

le temps de _____ un peu. Tes amis regrettent beaucoup _____ tu

_____ si occupé par toutes ces _____. Oui, _____

_____ qu'il y _____ de la _____. Je suis d'accord, c'est

_____ que tant de gens _____ dans la _____. Et je suis

_____ que la _____ _____. Mais, tu ne _____

_____, tu ne _____ plus! J'_____ _____

_____ que tu _____ malade. Il est _____ que tu

_____ à te reposer. Il _____ t'intéresser à d'autres choses aussi. Il y a

autre chose que des _____ dans le monde. Il y a des _____, des

_____, de l'_____! Il _____ que tu _____ une

_____ personnelle, quoi!

Quel est le problème de Richard? Quelle solution est-ce que Michel propose?

_____

_____

Video Manual

Module 1

FAIRE CONNAISSANCE
· ·

OBJECTIFS ·

In Module 1 you will learn about greeting people and making introductions in French. After viewing the video and completing the activities, you will know how to introduce yourself, and you will be able to meet and greet others in French.

Préparez-vous!

A. **Présentations.** Before viewing, look at this photo from Module 1. Fatima, a college student, is introducing two friends to each other. Think about what you already know about greetings and introductions. Write down four vocabulary words that Élisabeth and her friends might use during their conversation.

1. _____   3. _____

2. _____   4. _____

B. **Le contexte.** In order to get the most out of the video, you will need to use all possible clues to understand what the characters are saying. Since you know that the people in the scene are college students, you can probably guess logically at the following questions. Check all logical responses for each one.

1. What do you think Fatima will tell Élisabeth when introducing Nicolas?

    a. _____ How much money his family has.

    b. __✗__ Where she met him.

    c. _____ What he ate for breakfast.

2. What is Élisabeth likely to say to Nicolas when she greets him?

   a. _____ Enchantée.

   b. _____ S'il te plaît.

   c. ___X___ Bonjour.

   d. _____ Je vous en prie.

3. Which of the following topics will the three students most likely discuss?

   a. _____ The weather.

   b. _____ The latest political scandal.

   c. ___X___ Classes and teachers.

   d. _____ Last night's soccer game.

4. What kind of mood do you expect they'll be in?

   a. ___X___ Friendly.

   b. ___X___ Relaxed.

   c. _____ Argumentative.

   d. _____ Complaining.

5. When the students discuss their classes, which of the following expressions are you likely to hear?

   a. _____ Je suis malade.

   b. ___X___ Et le prof il est comment?

   c. _____ Comment s'appelle-t-il?

   d. _____ Tu es français, alors?

Regardez!

Introduction (00:00:00–00:01:15)

C. **Comprenez-vous?** First watch only the very beginning of the video and listen to Élisabeth's introduction. Choose the answer from the list provided that best completes each of the following sentences.

Aix-en-Provence   belge   Gautier
la chambre   Maroc   la médecine

1. Elle s'appelle Élisabeth __Gautier__.

2. Élisabeth est __belge__.

3. Elle est étudiante à __Aix-en-Provence__.

4. Elle étudie __la médicine__.

5. Sa copine Fatima a ~~Maroc~~ __la chambre__ à côté.

6. Fatima est du __Maroc__.

Impressions (00:01:16–00:01:45)

D. **Les gestes.** Watch the series of images that show people greeting one another (00:01:21–00:01:45) and check the things in the following list that you see them do.

Who engages in the greetings

1. __a.__ students/friends

2. __d.__ colleagues

3. __a.__ family members

How they greet each other

a. kiss on the cheeks
b. slap each other on the back
c. hug
d. shake hands

Interaction (00:01:46–00:03:48)

E. **La visite.** Watch the entire scene in which Fatima and Nicolas pay a visit to Élisabeth. Indicate who does each of the following actions by writing the first letter of the person's name (**F, N,** or **É**) in the blank.

1. __É__ opens the door.

2. __F__ and __É__ kiss on the cheeks.

3. __F__ introduces Nicolas.

4. __N__ and __É__ shake hands.

5. __F__ and __N__ sit on the couch.

6. __É__ sits in the armchair.

7. __É__ offers chocolates to the others.

8. __F__ accepts a chocloate.

9. __N__ refuses a chocolate.

10. __N__ and __F__ go to the door.

NAME _____   SECTION _____   DATE _____

F. **Les expressions importantes.** Watch the segment again, this time with the sound on, and listen for the following words and expressions. Check the ones you hear.

__X__ je suis allergique   ____ comment allez-vous?   __X__ enfin, c'est une dame

__X__ salut   ____ à votre service   ____ on y va

____ je vous en prie   ____ je n'aime pas

G. **Les descriptions.** Watch the scene again and fill in the following chart by checking all the names that correspond to each category.

Qui est... ?	Fatima	Nicolas	Élisabeth	Mme Berthaud (le prof)
1. en cours de sociologie	X	X		X
2. français(e)		X		
3. belge			X	
4. marocain(e)	X			
5. étudiant(e)	X	X	X	
6. d'Aix-en-Provence		X		
7. en première année d'architecture		X		
8. très active et énergique				X
9. assez grande avec des cheveux bruns				X
10. le guide		X		

Interviews (00:03:49–00:05:34)

H. **Comment vous appelez-vous? / Comment t'appelles-tu?** Replay the interview segment with the first two questions and the people's responses (00:03:55–00:03:59). Check the names that you hear in the following list.

____ Charles   __X__ Christine   ____ Albert   __X__ Deva

__X__ Audé   ____ Julie   __X__ Hélène   __X__ Maître Jaffari

__X__ Michel-Yves   __X__ Emmanuel   __X__ Marina

____ Marie   __X__ Laurence   ____ Catherine

Copyright © Houghton Mifflin Company. All rights reserved.   Module 1 Video Activities   **281**

I. **Comment ça s'écrit?** Listen to the third segment where four people spell their names. Complete the spellings that you hear.

1. Deva V A __ __ I __

2. __ A __ A L __

3. G __ __ __ __ __ __

4. __ I N __ E __ __ I

J. **D'où êtes-vous?** Watch the interview segment with the last question and listen to the responses to it (00:04:59–00:05:27). Then answer the following questions.

1. Qui est provençale? _Christine_

2. Qui a une mère (*mother*) française et un père (*father*) du Togo? _Emmanuel_

3. Qui est d'Avignon depuis toujours? _Laurence_

4. Qui est d'Île-de-France? _José_

K. **Et vous?**   Listen carefully to the question Élisabeth asks you at the end of the interview section (00:05:28) and write it down. Then, answer the question.

Question: _____

Réponse: _____

Récapitulez!

L. **La culture.**   Let's review some of the things you've learned about French culture by watching the video. You may have noticed some nuances without even realizing it. Try to answer the following questions. If necessary, review Module 1.

1. What gesture do the French use when greeting friends and family members?_____
   _____ *Kiss on the cheeks* _____

2. What gesture do the French use when greeting colleagues, acquaintances, or strangers?
   _____ *Shake hands* _____

3. When spelling a name that has double letters, what do French speakers say?_____
   _____

4. What gesture accompanies the expression **Non, merci**?_____

Module 2

LA FAMILLE DE NICOLAS

· ·

OBJECTIFS..

In Module 2 you will learn how to talk about families in French. You will
learn how to describe family members and relationships and talk about
various leisure activities.

Préparez-vous!

A. Présentations. Study this photo from Module 2, in which Nicolas is introducing Élisabeth to his mother. Then, answer the following questions.

1. What do you think the people might be saying? Write at least three expressions in French you would expect to hear during this introduction.

   _____

   _____

   _____

2. Do you think Nicolas's mother and Élisabeth will address each other using the **tu** form or

   the **vous** form? Why? _____

3. Where do you think these people are? _____

4. Which of the following subjects are they most likely to talk about?

a. ____ classes and teachers c. ____ the weather

b. ____ their families   d. ____ other:_____

Regardez!

Introduction (00:05:35–00:05:58)

B. **Comprenez-vous?** First watch only the beginning of the video and listen to Élisabeth's introduction. Then, check the answer that best completes each of the following sentences.

1. Élisabeth est

a. ____ chez elle.

b. ____ chez ses parents.

c. ____ chez les parents de Nicolas.

2. C'est

a. ____ vendredi (*Friday*).

b. ____ le week-end.

c. ____ un jour de fête (*holiday*).

3. Élisabeth va faire la connaissance

a. ____ du père de Nicolas.

b. ____ de la mère de Nicolas.

c. ____ de la famille entière de Nicolas.

Impressions (00:05:59–00:06:26)

C. **En famille.** Watch the montage of images that follows Élisabeth's introduction. In the following list, check the five types of family activities you see.

____ taking a stroll   ____ relaxing at an outdoor café ____ eating dinner

____ wedding procession ____ playing sports   ____ shopping

____ funeral procession ____ watching a sporting event ____ watching TV

____ preparing a meal   ____ riding a merry-go-round ____ eating breakfast

Which of the activities you saw in the montage do you do with your family?

_____

_____

Interaction (00:06:27–00:09:26)

D. **Que voyez-vous?** (*What do you see?*)   Watch the scene and check the actions you see.

1. _____ Nicolas carries in a tray of refreshments.

2. _____ Nicolas offers Élisabeth something to eat.

3. _____ Élisabeth and Nicolas look at a photo album.

4. _____ Élisabeth and Nicolas look at a map of France.

5. _____ Nicolas introduces Élisabeth to his mother.

6. _____ Nicolas introduces Élisabeth to his mother and father.

E. **Écoutez bien!**   Now watch the scene again and indicate who makes each of the following statements by checking the appropriate column.

	Élisabeth	Nicolas	La mère de Nicolas
1. J'aime passer mon temps en famille.	_____	_____	_____
2. On regarde ensemble. C'est vraiment sympa.	_____	_____	_____
3. Pas la télé? Mais c'est horrible, ça!	_____	_____	_____
4. Par contre, nous écoutons beaucoup de musique.	_____	_____	_____
5. Et mon père adore les documentaires...	_____	_____	_____
6. Alors vous êtes huit en tout?	_____	_____	_____
7. C'est la photo de la fête pour les quarante ans de mariage...	_____	_____	_____
8. Ils ont l'air vraiment bien.	_____	_____	_____
9. Ils sont toujours aussi heureux ensemble.	_____	_____	_____
10. C'est beau ça! C'est toute une vie!	_____	_____	_____

F. **Vrai ou faux?** Decide whether each of the following statements is true **(vrai)** or false **(faux)**. Write **V** or **F** and rewrite any false statements to make them true.

    ↺   _F_   Nicolas aime travailler le week-end.
                Nicolas aime passer le week-end en famille.

1. ____ Nicolas aime regarder les films à la télé avec sa mère.

    _____

2. ____ La famille d'Élisabeth n'a pas de livres.

    _____

3. ____ Élisabeth aime écouter la musique.

    _____

4. ____ La famille de Nicolas aime discuter de leurs livres préférés.

    _____

5. ____ Le frère de Nicolas aime regarder les documentaires sur la science et la nature.

    _____

6. ____ Élisabeth a une sœur et deux frères.

    _____

7. ____ Il y a trois personnes dans la famille d'Élisabeth.

    _____

8. ____ Les parents du père de Nicolas sont mariés depuis quarante ans.

    _____

9. ____ La sœur d'Élisabeth s'appelle Annette.

    _____

G. **Vive la différence!**   The people interviewed in these segments have many different kinds of families. Listen to what they say and match each person with the appropriate family description below. Write the letter of the description under the appropriate picture.

1. _____

2. _____

3. _____

4. _____

5. _____

6. _____

7. _____

8. _____

9. _____

a. Cette personne a une femme, mais pas d'enfants.

b. Cette personne a une femme, une grande fille, deux garçons et une petite fille.

c. Cette personne a deux filles et attend (*is expecting*) un autre bébé au mois de février.

d. Cette personne a une femme et deux enfants: un garçon et une fille.

e. Cette personne est mariée avec deux enfants qui sont déjà grands et qui habitent (*live*) dans la région parisienne.

f. Cette personne est célibataire (*single*).

g. Cette personne a des parents unis.

h. Cette personne a trois enfants: un garçon et deux petites filles.

i. Cette personne a une fille de huit ans et un garçon de onze ans qui vont à l'école.

H. **Et vous?**   At the end of the interview, Élisabeth asks you a question. Write her question and then give your response.

Question: _____

_____

Réponse: _____

_____

Récapitulez!

I. **La télévision.**   Look at the following television listing and match the program names with the program types on the following page.

16.30 Ordinacœur Jeu présenté par Nathalie Galan et Bernard Montiel. Trois candidats et trois candidates doivent répondre aux questions indiscrètes d'un ordinateur qui découvre les couples les plus compatibles, et, pourquoi pas, le couple idéal. **18.55 Santa Barbara** DISTRIBUTION: Lane DAVIES, Nicholas COSTER, Marcy WALKER. Sixième épisode. **19.25 La roue de la fortune** Présenté par Christian Morin. **20.00 Journal** Présenté par Patrick Poivre D'Arvor.	**17.10 Flash d'informations** **17.15 Graffitis 5-15** Présenté par Groucho et Chico. • «La Panthère rose: Pink Valient» • «La Petite Merveille: Qui commande ici!» **20.30 Météo 1. 2. 3-Soleil**	**17.25 Vas-y Julie!** Trente-cinquième épisode. **17.10 Les allumés du sport** LE COUREUR DU DÉSERT (Rediffusion.) Réalisé par Marc Chapman. Un jeune anglais de vingt-quatre ans, Gary Shopland a tenté le pari fou de traverser en courant une partie du désert de la vallée de la Mort, l'un des endroits les plus chauds de l'hémisphère occidental, situé dans la partie est de la Californie. Trois spécialistes de l'endurance physique et psychologique l'ont suivi. **12.30 La Petite Maison dans la prairie**

1. a comedy _____

2. a word game _____

3. a dating game _____

4. a family show _____

5. a series (2) _____

_____

6. a weather report _____

7. a news show (2) _____

_____

Module 3

UN LOGEMENT
À AIX

··

OBJECTIFS ···

In Module 3 you will learn about types of housing in France. You will learn how to read ads describing available housing. You will practice giving and following directions.

Préparez-vous!

A. **Où trouver un logement?** Study this photo from Module 3 of three college students reading housing ads and consulting the map of Aix-en-Provence. Then do the activities that follow.

1. Check the words in the following list that you think the students are likely to use when they talk about housing.

   _____ en face de   _____ tournes   _____ privé   _____ meublé

   _____ à gauche   _____ à droite   _____ loin de   _____ au coin

2. First indicate the kind of lodging you consider **"idéal"** for a student. Then rank the following characteristics in order of importance. (1 = most important; 6 = least important)

   Je préfère   _____ une chambre   _____ un studio   _____ un appartement

   _____ près de la fac.   _____ dans un bon quartier (*neighborhood*).

   _____ économique (pas cher).   _____ près de mes amis.

   _____ meublé(e).   _____ spacieux (-euse).

Regardez!

Introduction (00:11:12–00:11:34)

B. **Comprenez-vous?** First watch only the beginning of Module 3 and listen to Élisabeth's introduction. Then check the best completion for each of the following sentences.

1. Selon (*According to*) Élisabeth, Flore est la copine

   a. _____ de Nicolas.

   b. _____ d'Élisabeth.

   c. _____ de Fatima.

2. Flore vient

   a. _____ de Saint-Paul.

   b. _____ de Saint-Égal.

   c. _____ du Sénégal.

3. Flore cherche

   a. _____ une voiture à Aix.

   b. _____ un logement.

   c. _____ une camarade de chambre.

4. Les trois étudiantes consultent

   a. _____ le journal.

   b. _____ les magazines d'étudiants.

   c. _____ les annonces au Centre universitaire.

Impressions (00:11:35–00:12:15)

C. **Chez soi.** (*At home.*)   Watch the montage that follows Élisabeth's introduction and check the various things you see in the following lists.

À l'extérieur

____ modern apartment building   ____ street sign

____ patio   ____ brick building

____ French flag on a house   ____ wooden house

____ balcony   ____ stone house

____ shutters on windows   ____ garden

À l'intérieur

____ couloir (*hallway*)   ____ salle de bains

____ cuisine   ____ salle à manger

____ salon   ____ chambre à coucher

Interaction (00:12:16–00:14:22)

D. **Que voyez-vous?**   Watch the scene and check which student(s) is (are) being described in each of the following statements.

	Élisabeth	Flore	Fatima
1. Elle consulte le journal.	____	____	____
2. Elle indique la direction sur le plan de la ville.	____	____	____
3. Elle écrit (*writes*) des mots sur une feuille de papier.	____	____	____
4. Elle indique où est le téléphone.	____	____	____
5. Elle téléphone à quelqu'un.	____	____	____

E. **Comprenez-vous?**   Watch the scene again and choose the best answer for each of the following questions.

1. Pourquoi est-ce que Flore préfère une chambre?

    a. ____ Une chambre est plus économique.

    b. ____ Une chambre est plus privée.

    c. ____ Une chambre est meublée.

2. Combien coûte la chambre que Fatima trouve dans l'annonce?

    a. _____ 500 F.

    b. _____ 1200 F.

    c. _____ 1500 F.

3. Quelle est l'adresse de la chambre?

    a. _____ 23, rue Louvain.

    b. _____ 25, rue Pierre et Marie Curie.

    c. _____ 22, rue Loubet.

4. Quel est le numéro de téléphone de la propriétaire?

    a. _____ 04.24.34.46.35

    b. _____ 04.42.34.46.35

    c. _____ 04.42.35.47.36

5. Qu'est-ce qu'Élisabeth demande à Flore quand elle va téléphoner?

    a. _____ Si elle a une carte.

    b. _____ Où se trouve le téléphone.

    c. _____ Si elle a une télécarte.

F. **Qui le dit?** Watch the scene once again and listen for the following key phrases. First, indicate the order in which the phrases are said by writing the numbers 1–8 in the blanks at the left. Then listen again and indicate who says each phrase by checking the appropriate column at the right.

	Fatima	Flore	Élisabeth
1. ____ C'est bien placé, près du centre aussi.	____	____	____
2. ____ Tu sors, tu tournes à droite.	____	____	____
3. ____ Chambre meublée dans [une] maison privée...	____	____	____
4. ____ Je peux lui parler?	____	____	____
5. ____ Regardons sur le plan de la ville.	____	____	____
6. ____ Voyons si j'ai bien compris...	____	____	____
7. ____ ... c'est idéal! Chouette alors!	____	____	____
8. ____ ... c'est assez près de la fac?	____	____	____

G. **Voyons si j'ai bien compris...** Listen to the part of the conversation in which Flore writes down the directions from Élisabeth and Fatima's dorm to the room she hopes to rent, and trace her route on this map. The asterisk (*) marks her starting point.

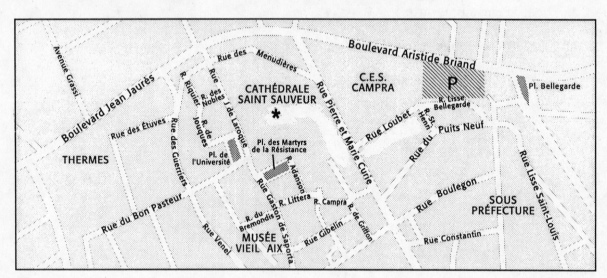

Interviews (00:14:23–00:16:04)

H. **Le mode de vie.**   Watch the interview segment of Module 3 and listen as some people describe their living arrangements. Then, for each person shown below, list the letters of *all* the descriptions that apply.

a. habite chez ses parents
b. habite à Paris
c. n'habite pas à Paris
d. habite dans une maison
e. habite dans un appartement
f. habite avec son copain

1. _____   2. _____   3. _____   4. _____

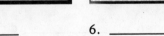

5. _____   6. _____   7. _____   8. _____

I. **Que disent-ils?** Watch the interview segment again and complete each sentence below with the appropriate word from the list provided. Some words can be used more than once.

appartement	maison	surtout (*especially*)	près	pollué
agréable	opéra	quitter (*to leave*)	tellement (*so much*)	campagne
vacances				

1. José Rodriguez pense que Paris devient beaucoup trop bruyant et beaucoup trop

   _____.

2. Patrick Écoutant habite Paris, _____ de la Bastille, _____ du nouvel

   _____ de la Bastille.

3. Audé Vincenti habite dans un _____ dans une _____ de famille.

4. Alphonse Legrand a une maison de _____ où il passe toutes ses _____.

5. Nathalie habite à cinquante kilomètres d'ici dans la _____.

6. Michel-Yves pense qu'habiter en ville a des avantages, _____ à Beaune, qu'il

   trouve une ville _____.

7. Patrick croit qu'il n'arrive pas à _____ Paris _____ il l'aime.

J. **Et vous?** Watch the very last part of Module 3 in which Élisabeth asks you a question. Write her question and then answer it as best you can.

Question: _____

Réponse: _____

Récapitulez!

K. **Une lettre.** Read the letter that Flore wrote to her parents about her new lodging and answer the questions that follow.

Aix, le 22 août

Chers Maman et Papa,

Hier, j'ai trouvé un logement qui me plaît beaucoup. C'est une chambre dans une maison particulière. J'ai une salle de bains privée. La chambre est spacieuse avec quatre grandes fenêtres. J'ai une vue de la cathédrale qui est très belle et une vue de la gare aussi. Il y a un fauteuil, un grand lit, un placard et une table avec une chaise où je peux étudier.

La propriétaire est une gentille femme qui s'appelle Mme Peltier. Elle a deux enfants, une fille, Sophie, qui a 11 ans, et un garçon, Michel, qui a 9 ans. Mme Peltier demande si je peux garder les enfants de temps en temps. Elle va me payer pour ça. M. Peltier voyage souvent pour son travail.

La maison est près de la fac et près du centre aussi, donc, c'est idéal pour moi. Vous pouvez m'écrire à 22, rue Loubet.

Je vous embrasse,

Flore

---

1. Quels meubles sont dans la chambre que Flore loue?

_____

2. Qu'est-ce que Flore voit (*sees*) par la fenêtre?

_____

3. Comment s'appellent la propriétaire et ses deux enfants?

_____

4. Qu'est-ce que Flore va faire de temps en temps pour aider la propriétaire?

_____

Module 4

À L'UNIVERSITÉ
. . . .

OBJECTIFS...

In Module 4, you will hear about classes, course loads, and fields of study in French universities, and you will learn how to describe your own academic experience.

Préparez-vous!

A. **Les études.**   Regardez la photo et cochez (*check*) la (les) meilleure(s) réponse(s) aux questions suivantes.

1. Où sont Élisabeth et Nicolas?

   a. _____ À la faculté.

   b. _____ En cours.

   c. _____ À la bibliothèque.

2. Qu'est-ce qu'ils font là-bas?

   a. _____ Ils font leurs devoirs.

   b. _____ Ils parlent de leurs études.

   c. _____ Ils font des courses.

3. Quel est le sujet de leur conversation?

a. _____ Les cours.

b. _____ Les examens.

c. _____ Le week-end.

B. **En bref.** Les jeunes Français utilisent souvent des abréviations. Indiquez le mot entier pour les abréviations suivantes.

1. sympa _____

2. la télé _____

3. le labo _____

4. le basket _____

5. les maths _____

6. la philo _____

7. la géo _____

8. la fac _____

9. le prof _____

10. les sciences po _____

C. **Les matières.** Cochez les cours que vous avez déjà suivis (*already taken*) ou que vous suivez maintenant.

_____ l'italien   _____ l'architecture   _____ l'histoire de l'art   _____ le dessin

_____ l'allemand   _____ la sociologie   _____ la philosophie   _____ la biologie

_____ les maths   _____ la chimie

Regardez!

Introduction (00:16:05–00:16:31)

D. **Comprenez-vous?** D'abord, regardez seulement le début (*beginning*) de la séquence vidéo et écoutez l'introduction d'Élisabeth. Puis, complétez les phrases suivantes.

1. Élisabeth et Nicolas sont à _____.

2. Élisabeth fait ses devoirs pour son cours de _____.

3. Élisabeth travaille à un projet de _____.

4. Nicolas étudie pour son cours d'_____.

Module 4 Video Activities   **305**

Impressions (00:16:32–00:17:07)

E. **À la fac.**

1. Avant de regarder le montage, lisez la liste suivante et cochez les choses qui se trouvent sur votre campus.

   _____ une machine à photocopier   _____ un professeur   _____ une librairie

   _____ des magazines   _____ un ordinateur   _____ un stylo

   _____ des livres   _____ un jardin   _____ une bibliothèque

   _____ une salle de classe   _____ une banque   _____ un téléphone

   _____ un lecteur de CD   _____ des étudiants   _____ un bureau de poste

   _____ un vélo   _____ une fontaine

2. Maintenant, regardez le montage et cochez une deuxième fois les choses que vous voyez sur le campus français.

Interaction (00:17:08–00:19:41)

F. **J'en ai marre!** (*I'm fed up!*)   Regardez la séquence vidéo et répondez aux questions.

1. Qui en a assez de travailler?

   _____ Nicolas   _____ Élisabeth

2. Vont-ils continuer à travailler un peu? _____ Comment le savez-vous? _____

   _____

G. **Vérifiez!**   Regardez encore la séquence vidéo. Qui fait les choses suivantes? Écrivez **É** pour Élisabeth ou **N** pour Nicolas.

1. _____ a des examens tout le temps.

2. _____ doit (*must*) étudier le Moyen Âge (*Middle Ages*).

3. _____ étudie deux langues étrangères.

4. _____ ne doit pas s'inquiéter (*worry*) pour trouver du travail (*work*) après avoir reçu le diplôme.

5. _____ a un prof qui voyage beaucoup.

H. **Cours.**   Regardez encore l'activité C (page 305) en écoutant la séquence vidéo. Entourez d'un cercle les cours mentionnés par Nicolas et Élisabeth.

I. **Combien?**   Voici quelques phrases de la conversation entre Élisabeth et Nicolas. Complétez les phrases avec les numéros que vous entendez (*hear*).

1. Élisabeth travaille à sa biologie depuis _____ heures.

2. Il est déjà _____ heures.

3. Élisabeth a _____ heures de cours par semaine, mais Nicolas a

   _____ heures de cours par semaine.

4. Nicolas a _____ cours.

5. Nicolas a _____ cours de langue.

6. Élisabeth doit faire _____ ans d'études pour avoir son diplôme.

J. **Avez-vous remarqué?** (*Did you notice?*)   When Nicolas talks about the different classes he takes, he counts them off on his fingers. French speakers count on their fingers differently than English speakers.

1. Which finger does he use to begin counting? _____

2. With what two fingers does he indicate "two"? _____

Module 4 Video Activities   **307**

K. **Les cours.** Observez les gens qui parlent de leurs études et indiquez qui étudie quoi. Pour chaque personne dans la colonne de gauche, écrivez les lettres des deux descriptions à droite qui correspondent.

_____ 1. _____ Carine

_____ 2. _____ Antoine

_____ 3. _____ François

_____ 4. _____ Magali

_____ 5. _____ Sophie

a. fait des études scientifiques.
b. étudie l'électronique et l'électrotechnique.
c. veut étudier la psychiatrie.
d. étudie les mathématiques, la physique et la chimie.
e. étudie à la faculté de médecine à Descartes.
f. veut être psychologue pour les enfants.
g. espère devenir technicien supérieur en électrotechnique.
h. veut être professeur à la fac ou chercheur (*researcher*) dans le CNRS[1].
i. voudrait bien travailler dans la génétique et faire de la recherche.
j. a des cours de français, de maths, d'histoire, de géo, de sciences physiques et de philo.

L. **Et vous?** À la fin des interviews avec des gens dans la rue, Élisabeth vous pose une question. Écrivez sa question et répondez-y.

Question: Alors, dites-moi, _____

Réponse: _____

_____

_____
1. CNRS = Centre national de la recherche scientifique.

Récapitulez!

M. **Questions personnelles.**   Répondez aux questions suivantes avec des phrases complètes.

1. Quel est votre cours préféré? _____

2. Quel sujet est le plus facile (*easy*) pour vous? _____

3. Quel cours vous donne le plus de travail? _____

4. Quelle est votre spécialisation (*major*)? _____

    Pourquoi? _____

5. Qu'est-ce que vous considérez important dans le choix d'une profession?

    _____

Module 4 Video Activities   **309**

Module 5

AU RESTAURANT PROVENÇAL

· ·

OBJECTIFS ·

Module 5 covers a topic that is very dear to the French: food. You will learn about different foods and menus as well as about various places to shop for food. You will learn about the different courses in a French meal and practice ordering a meal in a restaurant.

Préparez-vous!

A. **Au restaurant.** Regardez la photo et répondez aux questions qui suivent.

1. Qui sont les clientes? _____

2. Qui est la troisième personne sur la photo? _____

3. Quel genre de restaurant est-ce?

   a. _____ Un restaurant très chic.

   b. _____ Un restaurant moyen (*average*).

   c. _____ Un restaurant universitaire.

4. Que dit le serveur aux clientes, à votre avis?

    a. _____ Mesdemoiselles, que voulez-vous?

    b. _____ Mesdemoiselles, que désirez-vous?

    c. _____ Mesdemoiselles, où dînez-vous?

5. Quelle réponse serait (*would be*) la plus polie (*polite*)?

    a. _____ Je veux de la soupe, s'il vous plaît.

    b. _____ Je voudrais de la soupe, s'il vous plaît.

    c. _____ De la soupe!

Regardez!

Introduction (00:21:14–00:21:36)

B. **Comprenez-vous?** Regardez l'introduction et écoutez Élisabeth. Répondez aux questions suivantes.

1. Avec qui est Élisabeth? _____

2. Où sont-elles?

    a. _____ Au restaurant.   b. _____ Au restaurant universitaire.   c _____ Au café.

3. Qu'est-ce qu'elles veulent faire?

    a. _____ Prendre le petit déjeuner.

    b. _____ Prendre un bon repas.

    c. _____ Boire un café.

Impressions (00:21:37–00:22:06)

C. **Mettez les mots dans l'ordre!** Indiquez dans quel ordre (1–7) dans le montage vous voyez les choses suivantes.

_____ le fromage   _____ la viande

_____ les carottes   _____ les raisins (*grapes*)

_____ les haricots verts   _____ le pain

_____ les desserts

     Module 5 Video Activities   **313**

D. **Chez vous.** Est-ce que votre famille fait les courses de la même manière (*in the same way*) que les gens que vous voyez dans la vidéo? Comment est-ce pareil ou différent?

_____

_____

Interaction (00:22:07–00:24:08)

E. **Que voyez-vous?** Regardez la séquence vidéo et indiquez si les phrases suivantes sont vraies **(V)** ou fausses **(F).**

1. _____ Il y a deux verres devant chaque cliente.

2. _____ Elles sont les seules (*only*) clientes dans le restaurant.

3. _____ Le serveur explique quelques plats aux jeunes filles.

4. _____ Élisabeth et Fatima choisissent facilement (*easily*) ce qu'elles veulent manger.

5. _____ Élisabeth et Fatima se disputent (*argue*) pendant (*during*) le repas.

F. **Écoutez!** Regardez encore cette séquence vidéo. Encerclez les choix d'Élisabeth et soulignez les choix de Fatima.

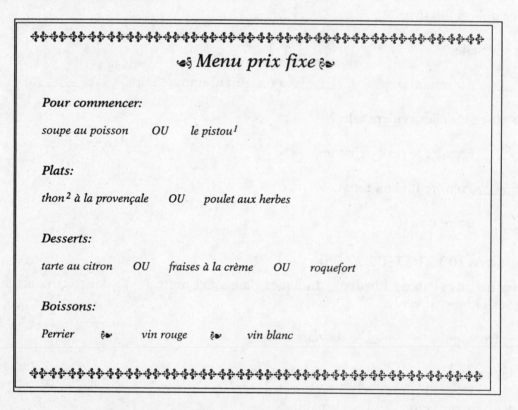

❧ *Menu prix fixe* ❧

Pour commencer:

soupe au poisson   OU   le pistou[1]

Plats:

thon[2] à la provençale   OU   poulet aux herbes

Desserts:

tarte au citron   OU   fraises à la crème   OU   roquefort

Boissons:

Perrier   ❧   vin rouge   ❧   vin blanc

_____

1. soupe aux légumes   2. *tuna*

Interviews (00:24:09–00:25:56)

G. **À chacun son goût!** (*To each his own!*)   Regardez les interviews et indiquez la personne qui correspond à chaque description.

	Audé	Hélène	Natalie
1. Cette personne fait une cuisine assez traditionnelle.	___	___	___
2. Cette personne prend du lait et du café pour le petit déjeuner.	___	___	___
3. La famille de cette personne emploie quelquefois «la méthode américaine» pour faire un repas: chaque personne prend dans le frigo quelque chose qui lui plaît.	___	___	___
4. Le soir, cette personne prend un repas léger (*light*)—une soupe ou une salade, avec du fromage.	___	___	___
5. Cette personne habite à côté du restaurant universitaire.	___	___	___
6. Les enfants de cette personne prennent souvent des céréales avec du lait pour le petit déjeuner.	___	___	___

H. **Et vous?**   À la fin des interviews, Élisabeth vous pose une question. Écrivez sa question et votre réponse.

Question: _____

Réponse: _____

Récapitulez!

I. **Expression personnelle.** Êtes-vous gourmand(e)? (*Do you love to eat?*) Indiquez vos goûts à propos des choses suivantes.

1. Quelle est votre cuisine préférée? Indiquez l'ordre de vos préférences: 1 = vous aimez le mieux (*best*); 7 = vous aimez le moins (*least*).

   Je préfère la cuisine...

   _____ chinoise   _____ grecque (*Greek*)   _____ vietnamienne

   _____ américaine   _____ française   _____ autre: _____

   _____ japonaise   _____ italienne

2. Comment s'appelle votre restaurant préféré? _____

3. Quelle boisson prenez-vous d'habitude avec votre dîner? _____

4. Quel repas est le plus important pour vous?

   a. _____ Le petit déjeuner.

   b. _____ Le déjeuner.

   c. _____ Le dîner.

5. Aimez-vous faire la cuisine? _____

   Pourquoi ou pourquoi pas? _____

Module 6

IL PLEUT!

· ·

OBJECTIFS...

In Module 6 you will learn to talk about leisure activities. You will see and hear about some of the most popular pastimes in France, and you may notice some differences between French and American ideas of leisure activities. After watching the video and doing the exercises, you will be able to talk about things you like to do when you have free time.

Préparez-vous!

A. **Devinez!** Regardez la photo. Qu'est-ce que ces étudiants discutent, à votre avis?

1. _____ Ce qu'ils veulent prendre comme dîner.

2. _____ Ce que Nicolas va acheter pour l'anniversaire de sa mère.

3. _____ S'ils vont aller au cinéma.

4. _____ S'ils vont préparer un examen.

B. **Les loisirs.** Qu'est-ce que vous aimez faire quand vous avez du temps libre (*free time*)? On vous suggère deux activités. Soulignez l'activité que vous préférez.

Préférez-vous...

1. aller au cinéma ou regarder un film à la télé?

2. danser dans un club ou prendre quelque chose avec un(e) ami(e) dans un café?

3. lire le journal ou un roman?

4. jouer au hockey ou faire du patinage?

5. jouer au base-ball ou regarder un match de base-ball?

6. lire le journal ou regarder le journal télévisé?

Regardez!

Introduction (00:25:57–00:26:14)

C. **Comprenez-vous?** Regardez l'introduction et écoutez Élisabeth. Répondez aux questions suivantes.

1. Avec qui est Élisabeth? _____

2. Quel jour de la semaine est-ce aujourd'hui? _____

3. Quel temps fait-il? _____

Impressions (00:26:15–00:26:47)

D. **Loisirs.** Regardez le montage, et numérotez les activités suivantes dans l'ordre chronologique. Il y a quelqu'un qui...

_____ fait du kickbox.

_____ lit le journal à la terrasse d'un café.

_____ joue à la pétanque (*lawn bowling*).

_____ regarde la télévision.

_____ fait de la natation.

_____ joue au football.

_____ fait une course à pied (*foot race*).

_____ fait de l'escrime (*fencing*).

Interaction (00:26:48–00:28:40)

E. **Que voyez-vous?**   Regardez la séquence vidéo avec Élisabeth, Fatima et Nicolas et complétez les phrases suivantes avec les mots qui conviennent.

> Élisabeth   fenêtre   Fatima   journal
> regarde   Nicolas   sortir (*go out*)

1. Les amis sont chez _____.

2. Élisabeth regarde par la _____.

3. _____ regarde le journal.

4. _____ étudie le programme de télé.

5. Fatima trouve quelque chose d'intéressant dans le _____.

6. Élisabeth _____ sa montre (*watch*).

7. Les trois étudiants décident de _____.

F. **Il pleut!**   Regardez encore la séquence vidéo, et choisissez la meilleure réponse aux questions suivantes.

1. Qui déteste la pluie?

   a. _____ Élisabeth.

   b. _____ Fatima.

   c. _____ Nicolas.

2. Qui aime regarder la télé?

   a. _____ Élisabeth.

   b. _____ Fatima.

   c. _____ Nicolas.

3. Quel film passe à la télé cet après-midi?

   a. _____ *Jean de Florette.*

   b. _____ *Manon des sources.*

   c. _____ *Le Dernier Métro.*

4. Qui sont les acteurs principaux dans ce film?

    a. _____ Guillaume Depardieu et Anne Brochet.

    b. _____ Philippe Noiret et Nathalie Baye.

    c. _____ Gérard Depardieu et Catherine Deneuve.

5. Pourquoi est-ce que Fatima ne veut pas voir ce film?

    a. _____ Le film n'est pas bon.

    b. _____ Elle a déjà vu (*seen*) ce film trois fois.

    c. _____ Elle n'aime pas les acteurs.

6. Comment s'appelle le film que Fatima trouve dans le journal?

    a. _____ *Manon des sources*.

    b. _____ *Angèle*.

    c. _____ *Jean de Florette*.

7. Qui a écrit le livre sur lequel ce film est basé?

    a. _____ Marcel Pagnol.

    b. _____ Alain Corneau.

    c. _____ François Truffaut.

8. Où se passent (*take place*) généralement les films de Pagnol?

    a. _____ À Paris.

    b. _____ En Provence.

    c. _____ Dans les Pyrénées.

9. À quelle heure commence le film?

    a. _____ À 15 h 10.

    b. _____ À 13 h 10.

    c. _____ À 5 h 10.

10. Qu'est-ce que les trois amis vont faire après?

   a. _____ Prendre quelque chose dans un bar.

   b. _____ Prendre quelque chose dans un café.

   c. _____ Aller à une fête (*party*).

Interviews (00:28:41–00:30:21)

G. **Le temps libre.** Regardez les interviews, puis indiquez quelle(s) activité(s) de la colonne de droite chaque personne aime faire.

a. faire du bateau à voile
b. aller à la montagne et se promener
c. faire du tennis, du patinage artistique, du basketball et de la natation
d. le rugby
e. faire du ski en hiver
f. lire, les filles, la musique
g. aller au cinéma voir des films d'art
h. les sports et les bons films

 Stéphanie

 Henri

 Emmanuel

 Michel-Yves

1. _____   2. _____   3. _____   4. _____

 François

 Christine

 Mᵉ Jaffari

 Marie

5. _____   6. _____   7. _____   8. _____

H. **Et vous?**   Écrivez la question d'Élisabeth et votre réponse.

Question: _____

Réponse: _____

Récapitulez!

I. **Les préférences.**   Voici comment les jeunes Français aiment passer leur temps libre. Lisez la liste et répondez aux questions.

aller voir un film au cinéma 15%   jouer à un jeu vidéo 10%
pratiquer un sport 10%   se balader (*stroll*) avec des amis 25%
écouter des CD 10%   regarder la télé 20%
assister à (*attend*) un concert 5%   jouer aux cartes 2%
lire un bon roman 3%

1. Quelle activité est la plus populaire auprès des jeunes Français?

   _____

2. Quelle activité les jeunes Français aiment-ils le moins?

   _____

3. Les jeunes Français préfèrent-ils faire du sport ou regarder la télé?

   _____

4. Préfèrent-ils regarder la télé ou voir un film au cinéma?

   _____

5. Pensez-vous que les jeunes Américains aiment les mêmes activités que les jeunes

   Français? Quelles activités les Américains préfèrent-ils, selon vous? _____

   _____

Module 7

À L'AGENCE DE VOYAGE

· ·

OBJECTIFS ·

In Module 7 you will learn about traveling in Europe. You will see many different modes of transportation. After viewing the video and doing the activities for Module 7, you will be able to talk about your travel plans.

Préparez-vous!

A. **Écrivez.** Fatima et Élisabeth sont dans une agence de voyage. Écrivez deux questions qu'elles vont peut-être poser à l'agente et deux questions que l'agente va peut-être leur poser.

1. _____

2. _____

3. _____

4. _____

Regardez!

Introduction (00:30:22–00:30:46)

B. **Que dit Élisabeth?**   Regardez le début de la séquence vidéo et écoutez l'introduction d'Élisabeth. Complétez le passage en écrivant les mots qui manquent.

Bonjour, mes _____. J'ai rendez-vous avec Fatima à cette _____

de _____. Nous _____ avoir des renseignements pour

_____ un séjour à Paris pendant nos _____ la _____

prochaine.

Impressions (00:30:47–00:31:18)

C. **Que voyez-vous?**   Regardez le montage et indiquez l'ordre dans lequel vous voyez les modes de transport suivants.

_____ un camion   _____ une moto

_____ un train   _____ un avion

_____ un métro   _____ un tramway

_____ un autobus   _____ un bateau

Lesquels de ces modes de transport employez-vous régulièrement?

_____

_____

Interaction (00:31:19–00:33:27)

D. **À l'écoute!**   Regardez la séquence vidéo, puis indiquez qui dit les phrases suivantes.

	Élisabeth	Fatima	L'agent
1. _____ ... partir jeudi matin et revenir à Aix dimanche après-midi...	_____	_____	_____
2. _____ Et on voudrait trouver un hôtel pas trop cher à Paris...	_____	_____	_____
3. _____ ... près de la Sorbonne dans le Quartier latin[1]...	_____	_____	_____

---

1. *Dating from the 13th century, the* **Sorbonne** *is the oldest institution today forming part of the University of Paris. The neighborhood surrounding it, the* **Quartier latin,** *is popular with young people.*

		Élisabeth	Fatima	L'agent
4. ____	... une chambre à deux lits avec salle de bains.	____	____	____
5. ____	Ça n'a pas d'importance!	____	____	____
6. ____	Moi, je préfère le train qui part plus tôt (*earlier*).	____	____	____
7. ____	Je n'ai pas du tout envie de perdre mon temps dans le train.	____	____	____
8. ____	Comme ça, on ne rentre pas trop tard.	____	____	____
9. ____	C'est parfait!	____	____	____
10. ____	Je vous en prie. (*You're welcome.*)	____	____	____

E. **Avez-vous compris?** Regardez encore la séquence et répondez aux questions suivantes.

1. Où vont Fatima et Élisabeth? _____

2. Pour combien de jours? _____

3. Comment vont-elles voyager? _____

4. Où vont-elles rester? _____

Interviews (00:33:28–00:35:33)

F. **Voyages.** Écoutez les réponses à la question «Avez-vous beaucoup voyagé?» Cochez tous les endroits qui sont mentionnés.

____ le Maroc	____ l'Angleterre	____ San Francisco
____ la Tunisie	____ le Canada	____ l'Italie
____ Yellowstone	____ l'Algérie	____ le Grand Canyon
____ l'Inde	____ la Thaïlande	____ les États-Unis
____ le Québec	____ le Mexique	____ la Suisse
____ la Bretagne	____ le Brésil	____ Las Vegas

G. **La bonne réponse.**   Regardez toutes les interviews et cochez l'expression qui complète le mieux les phrases suivantes.

1. Le pays d'origine de Deva est

   a. _____ l'Inde.   b. _____ la Thaïlande.   c. _____ le Maroc.

2. Claudine préfère

   a. _____ partir en hiver.   b. _____ aller là où il fait beau.   c. _____ rester chez elle.

3. Thierry et sa femme sont originaires de Bretagne et

   a. _____ d'Aix-en-Provence.   b. _____ de Provence.   c. _____ de Normandie.

4. Mme Chesnel préfère prendre _____ plutôt que le car[1].

   a. _____ le train   b. _____ la voiture   c. _____ l'avion

5. Selon Georges, pour aller à Montboucher, il y a le fleuve[2], deux voies ferrées[3], le TGV et

   a. _____ l'autocar.   b. _____ l'autoroute.   c. _____ le métro.

H. **Les voyages.**   Écoutez les interviews et cochez les catégories qui conviennent.

Pierre

Deva

Geneviève

Thierry

Miguel

Mme Chesnel

Albert

_____

1. **car (autocar)** (*m.*) = *large touring-style bus used for long-distance and intercity travel*   2. **fleuve** (*m.*) = grande rivière (la Seine, par exemple) qui débouche (*empties*) dans la mer   3. **voies ferrées** (*f. pl.*) = *railroad lines*

Module 7 Video Activities   **329**

Où sont-ils allés?

	en Amérique du Nord	en Europe	en Asie	en Afrique
1. Pierre				
2. Deva				
3. Geneviève				
4. Thierry				

Comment ont-ils voyagé?

	en train	en voiture	en avion
5. Miguel			
6. Madame Chesnel			
7. Albert			

I. **Et vous?**   Écoutez la question qu'Élisabeth vous pose. Écrivez sa question et votre réponse.

Question: _____

Réponse: _____

Récapitulez!

J. **Tout le monde aime recevoir une lettre!** Imaginez que vous êtes avec Élisabeth et Fatima à Paris. Écrivez une lettre à un(e) ami(e) ou à un membre de votre famille aux États-Unis décrivant (*describing*) votre voyage d'Aix à Paris et votre séjour à Paris.

Hôtel Saint-Jacques
24, rue des Écoles
75005 Paris

Module 8

NICOLAS EST AMOUREUX

· ·

OBJECTIFS ·

In Module 8 you will learn about dating and relationships. You will also have
the opportunity to reflect on what brings happiness. After watching the video
and doing the activities, you will be able to discuss relationships and the
things you consider important for living a happy life.

Module 8 Video Activities **333**

Préparez-vous!

A. **Qu'est-ce qui se passe?** (*What's happening?*)   Regardez la photo et répondez aux questions suivantes.

1. Qui a un problème? _____

2. Comment le savez-vous? _____

3. Quel est le problème, à votre avis? _____

B. **Le contraire.** Reliez les mots de la colonne de gauche avec les contraires de la colonne de droite.

1. _____ heureux
2. _____ le mieux
3. _____ partir
4. _____ ensemble
5. _____ se disputer
6. _____ perdre
7. _____ le copain
8. _____ le malheur

    a. s'entendre bien
    b. le bonheur
    c. malheureux
    d. gagner (*win*)
    e. l'ennemi
    f. arriver
    g. le pire (*the worst*)
    h. seul

C. **À vous!** Complétez les phrases suivantes avec cinq mots tirés de l'activité B.

1. _____ le match de foot? C'est _____!

2. Nous voulons _____ le match de foot, bien sûr!

3. Quand Nicolas _____ avec sa petite amie, il est triste.

4. Il se sent tout _____.

Regardez!

Introduction (00:35:34–00:35:58)

D. **Comprenez-vous?** Regardez l'introduction et écoutez Élisabeth. Complétez les phrases suivantes avec les mots de la liste donnée.

    pendant   malheureux   raconte
    disputé   arrivé   consolons

Bonjour. Nicolas est _____. Il s'est _____ avec sa petite amie. Fatima

et moi, nous le _____ le mieux possible _____ qu'il nous

_____ ce qui est _____.

          Module 8 Video Activities   **335**

Impressions (00:35:59–00:36:28)

E. **Combien?**   Regardez le montage et indiquez combien de personnes font les activités suivantes (1 = une personne; 2 = deux personnes; P = plusieurs personnes).

Combien de personnes...

1. se promènent à la plage?   _____

2. assistent à un mariage?   _____

3. font une peinture à la plage?   _____

4. mangent dans un parc?   _____

5. jouent à l'école?   _____

Interaction (00:36:29–00:39:28)

F. **Que voyez-vous?**   Regardez la séquence vidéo avec Nicolas, Fatima et Élisabeth, et indiquez *toutes* les bonnes réponses pour les questions suivantes.

1. Qu'est-ce que Nicolas a dans la main?

    a. _____ Une lettre de sa petite amie.

    b. _____ Une lettre de ses parents.

    c. _____ Une photo.

2. Que font Fatima et Élisabeth?

    a. _____ Elles se disputent avec Nicolas.

    b. _____ Elles écoutent Nicolas.

    c. _____ Elles consolent Nicolas.

3. Qui donne des conseils à Nicolas?

    a. _____ Fatima.

    b. _____ Élisabeth.

    c. _____ Les deux.

4. Comment va Nicolas à la fin de la séquence?

   a. _____ Mal.

   b. _____ Moins bien.

   c. _____ Mieux.

G. **Qui parle?** Regardez la même séquence vidéo encore une fois. Indiquez quelle personne dit chaque phrase suivante.

	Élisabeth	Fatima	Nicolas
1. On s'entend toujours bien.	_____	_____	_____
2. ... elle voulait aussi rencontrer d'autres hommes.	_____	_____	_____
3. Je ne comprends pas.	_____	_____	_____
4. Alors, elle s'est fâchée (*got mad*).	_____	_____	_____
5. Disons qu'elle sorte avec d'autres hommes.	_____	_____	_____
6. ... elle pourra (*could*) peut-être apprendre à t'apprécier encore mieux.	_____	_____	_____
7. ... pour faire une sorte de comparaison...	_____	_____	_____
8. ... tu as besoin d'être plus indépendant.	_____	_____	_____

H. **Compréhension.** Indiquez *toutes* les bonnes réponses pour les questions suivantes.

   1. Comment s'appelle la petite amie de Nicolas?

      a. _____ Marianne.

      b. _____ Muriel.

      c. _____ Mara.

      d. _____ Marie-Claire.

2. Quand se sont-ils disputés?

   a. _____ Ce matin.

   b. _____ Hier après-midi.

   c. _____ Ce soir.

   d. _____ Hier soir.

3. Selon Élisabeth, pourquoi la petite amie de Nicolas veut-elle sortir avec d'autres hommes?

   a. _____ Elle n'aime plus Nicolas.

   b. _____ Elle veut son indépendance.

   c. _____ Nicolas veut sortir avec d'autres femmes.

   d. _____ Comme ça, elle peut trouver son identité.

4. Quelle est la décision de Nicolas?

   a. _____ Il accepte que leur relation soit terminée.

   b. _____ Il décide de sortir avec d'autres femmes.

   c. _____ Il va téléphoner à sa petite amie pour lui expliquer qu'il comprend mieux ce qu'elle désire.

   d. _____ Il n'accepte pas que leur relation soit terminée.

Interviews (00:39:29–00:40:59)

I. **D'autres idées.**   Indiquez qui donne les réponses suivantes.

Thierry   Natalie   Geneviève

Christine   Pierre   Claudine

Qu'est-ce que c'est pour vous, le bonheur? Qu'est-ce qui est nécessaire pour être heureux?

1. Pour _____, c'est important d'être soi-même.

2. _____ pense que la façon dont on vit est importante, mais aussi son mari, ses

   enfants et ses petits-enfants sont importants.

3. _____ aime aider les gens.

4. _____ aime être à la campagne avec la famille ou les copains.

5. Pour _____ il faut avoir un travail qu'on aime et une famille qu'on aime.

6. Pour _____ les choses primordiales (essentielles) sont le travail et la santé.

J. **Et vous?**   Écrivez la question qu'Élisabeth vous pose et donnez votre réponse.

Question: _____

Réponse: _____

Module 8 Video Activities   **339**

Récapitulez!

K. **Réponse personnelle.**   Cochez les cinq choses qui sont pour vous les plus importantes. Ensuite, écrivez un paragraphe où vous expliquez vos choix (*choices*).

_____ trouver un travail que vous aimez

_____ trouver un travail qui vous paie beaucoup

_____ avoir une maison

_____ avoir des enfants

_____ trouver un époux / une épouse (*spouse*) compatible

_____ avoir beaucoup d'amis

_____ être en bonne santé

_____ avoir un(e) meilleur(e) ami(e)

_____ avoir une voiture que vous aimez

_____ s'entendre bien avec vos parents

_____ voyager beaucoup

_____ aider les autres

_____

_____

_____

_____

_____

_____

_____

Module 9

L'ANNIVERSAIRE DE NICOLAS

······································

OBJECTIFS··

In Module 9 you will learn about customs and holidays. After viewing
Module 9 and doing the accompanying activities you will have a better
understanding of some of the traditions in the Francophone world, and be
able to discuss in French holidays that you celebrate.

Préparez-vous!

A. **Que font-ils?** Regardez la photo et répondez aux questions suivantes.

1. Où sont Nicolas et ses copines? _____

2. Qu'est-ce qu'Elisabeth lui offre? _____

3. Pourquoi pensez-vous qu'elle l'offre à Nicolas? _____

_____

B. **Préparations.**   Imaginez que c'est l'anniversaire de votre meilleur(e) ami(e) et que vous avez beaucoup à faire. Indiquez l'ordre logique des activités suivantes avec un numéro (1 à 3).

1. Les invitations:

_____ envoyer   _1_ acheter   _____ écrire

2. Le cadeau:

_____ offrir (*offer*)   _____ choisir   _____ emballer (*wrap*)

3. La carte:

_____ signer   _____ acheter   _____ poster

4. Le gâteau:

_____ préparer   _____ manger   _____ servir

C. **Les liaisons.**   Pour chaque verbe de la colonne de gauche, indiquez la lettre du nom de la colonne de droite qui complète le mieux l'expression.

1. _____ rendre visite à...

2. _____ signer...

3. _____ se réunir (*get together*) à...

4. _____ s'amuser avec...

5. _____ éteindre (*turn off*)

6. _____ manger...

7. _____ emballer (*wrap*)

a. un repas
b. la carte d'anniversaire
c. la lumière
d. un cadeau
e. une réunion
f. un(e) voisin(e) (*neighbor*)
g. un jouet (*toy*)

D. **L'intrus.**   Dans chaque groupe de mots encerclez le mot qui ne va pas avec les autres.

1. merveilleux / excellent / mauvais / fantastique
2. le cadeau / la fête / l'anniversaire / la vidéo
3. les voisins / les amis / les repas / les parents
4. l'oncle / la sainte / la tante / le cousin
5. la naissance / la mort / le bonheur / la vie
6. le jouet / la religion / le Prophète / la sainte
7. parfois / de temps en temps / ce jour-là / quelquefois

Regardez!

Introduction (00:41:00–00:41:24)

E. **Comprenez-vous?**   Regardez le début de la séquence vidéo et écoutez l'introduction d'Élisabeth. Répondez aux questions suivantes d'après (*according to*) son commentaire.

1. C'est l'anniversaire de qui demain? _____

2. Qu'est-ce qu'elle va lui offrir? _____

3. Qui arrive bientôt? _____

4. Qu'est-ce qu'Élisabeth se demande? _____

Impressions (00:41:25–00:41:54)

F. **Mettez dans l'ordre!**   Regardez le montage et indiquez l'ordre dans lequel vous voyez les choses suivantes.

_____ la réunion de famille à table

_____ les rencontres à l'aéroport

_____ l'artiste dans la rue

_____ le magasin de poupées (*dolls*)

_____ la préparation d'un gâteau

_____ la fête de la musique

Interaction (00:41:55–00:45:19)

G. **Que voyez-vous?**   Regardez la séquence vidéo avec Élisabeth, Fatima et Nicolas. Complétez les phrases suivantes avec **Élisabeth** ou **Fatima** selon ce que (*according to what*) vous voyez.

1. Elles sont chez _____.

2. _____ porte un jean.

3. _____ porte une jupe (*skirt*) noire.

4. _____ a acheté une carte d'anniversaire.

5. _____ emballe le cadeau.

6. _____ ouvre la porte.

7. _____ offre le cadeau à Nicolas.

8. _____ donne la carte à Nicolas.

H. **À compléter!**   Regardez la séquence vidéo encore une fois. Employez les mots de la liste suivante pour compléter les phrases de la conversation entre Élisabeth et Fatima.

besoin	saint	Ramadan	jouets
fête	télé	jour	après-midi
actif	réunion	manger	magnifique
quinze	coucher	anniversaire	merveilleux

1. Un jeu vidéo! _____! C'est une de ses activités préférées!

2. Tu as ce dont (*what*) nous avons _____ pour l'emballer?

3. J'ai une carte d'_____ amusante.

4. Elle va même venir ici chercher le cadeau cet _____.

5. De quelle _____ parles-tu?

6. De la fête de leur _____... Ma mère s'appelle Marie-Thérèse... On avait une _____ pour toutes les deux en même temps, le _____ août, la _____ de la Sainte-Marie.

7. On avait une grande _____ de famille... On faisait un _____ repas.

8. Chez nous, c'est pour le mois du _____... avec toute la famille et parfois des voisins aussi.

9. On ne peut pas _____ du lever au _____ du soleil.

10. C'est seulement à la _____ de la naissance du Prophète que les jeunes enfants reçoivent des _____.

11. Le prof d'architecture a décidé de ne pas faire cours cet _____.

12. Joyeux _____!

13. Avec ça, tu peux éteindre la _____ et faire quelque chose plus _____ pour t'amuser.

I. **Les fêtes.** Écoutez encore une fois la discussion au sujet des fêtes entre Élisabeth et Fatima et choisissez toutes les réponses qui conviennent pour chaque question.

1. Quelle est la fête individuelle qu'on célèbre pour chaque personne en Belgique?

   a. _____ Le Ramadan.

   b. _____ Noël.

   c. _____ La fête de son saint.

   d. _____ La Toussaint.

2. Comment le saint d'une personne est-il déterminé?

   a. _____ Par le jour du baptême (*baptism*) de la personne.

   b. _____ Par le nom de la personne.

   c. _____ Par le jour de naissance de la personne.

   d. _____ Chaque personne choisit un(e) saint(e) à l'âge de six ans.

3. Pour célébrer la Sainte-Marie, qu'est-ce qu'on fait dans la famille d'Élisabeth?

   a. _____ On offre des cadeaux.

   b. _____ On mange un merveilleux repas.

   c. _____ On invite des collègues.

   d. _____ On téléphone à beaucoup de monde.

4. Les gens qui observent le Ramadan ne mangent pas

   a. _____ du lever au coucher du soleil.

   b. _____ la nuit.

   c. _____ après le coucher du soleil.

   d. _____ le vendredi.

5. Qu'est-ce qu'on fait après le coucher du soleil pendant le Ramadan?

    a. _____ On se couche.

    b. _____ On mange un repas.

    c. _____ On offre des cadeaux.

    d. _____ On va à la mosquée.

J. **Vive les différences!**   Écrivez trois phrases qui contrastent les fêtes familiales chez Fatima et chez Élisabeth.

> ⊃ *Chez Fatima au Maroc, on célèbre la communauté, tandis qu'en Belgique, on fête l'individu.*

_____

_____

_____

Interviews (00:45:20–00:46:49)

K. **Les fêtes importantes.**   Écoutez les interviews et indiquez quelles fêtes sont mentionnées par les personnes suivantes.

	Noël	les mariages	les anniversaires	les communions
1. Audé	_____	_____	_____	_____
2. Michel-Yves	_____	_____	_____	_____
3. Christelle	_____	_____	_____	_____

    Module 9 Video Activities   **347**

L. **Ce qu'on fait.** Regardez les interviews encore une fois et cochez toutes les réponses qui conviennent aux questions suivantes.

1. Laure dit qu'aux fêtes de mariage ou de fiançailles (*engagement*) on

   a. _____ réunit des personnes des différents côtés (*sides*) de la famille.

   b. _____ danse avec des amis et des cousins.

   c. _____ mange un buffet.

   d. _____ offre des cadeaux chers.

2. Audé dit qu'à Noël sa famille

   a. _____ va à l'église à minuit.

   b. _____ fait la crèche (*manger scene*).

   c. _____ offre des cadeaux.

   d. _____ mange des desserts traditionnels.

M. **Et vous?** Maintenant, écoutez la question d'Élisabeth. Écrivez sa question et votre réponse.

Question: _____

Réponse: _____

Récapitulez!

N. **Meilleurs vœux!** (*Best wishes!*)   Voici la carte d'anniversaire pour Nicolas. Écrivez un message personnel et signez la carte.

Cher...

Module 9 Video Activities   **349**

Module 10

ON FAIT DES ACHATS
. . . .

OBJECTIFS. . . . .

In Module 10 you will learn about shopping for clothing in France. After watching the video and doing the activities, you will be able to describe clothing styles and preferences. You will learn about different types of stores and how to translate American sizes into French sizes.

Préparez-vous!

A. **À la mode.** Regardez la photo d'Élisabeth et la vendeuse dans une boutique de vete-
ments. Imaginez et écrivez un mini-dialogue de leur conversation. Qu'est-ce qu'Élisabeth
demande? Qu'est-ce que la vendeuse suggère?

—_____

—_____

—_____

—_____

—_____

—_____

B. **L'intrus.** Dans chaque groupe, encerclez le mot qui ne va pas avec les autres.

1. un supermarché / une boutique / un musée / un magasin

2. une vendeuse / une cliente / une boutique / une fleur

3. en solde / cher / économique / ravissant

4. moulant (*tight*) / très habillé (*very dressy*) / fatigué / ravissant

5. désagréable / chouette / chic / élégant

6. des gants / des bottes / des chaussures / des sandales

7. lire / essayer / acheter / porter

8. Ça te va bien. / C'est ravissant. / C'est trop moulant. / C'est un bon look.

9. une cravate / une chemise / une jupe / une ceinture

10. un chemisier / des bas (*stockings*) / une jupe / un costume

Regardez!

Introduction (00:46:50–00:47:12)

C. **Comprenez-vous?** Regardez le début seulement de la séquence vidéo et écoutez l'introduction d'Élisabeth. Complétez les phrases suivantes avec le mot de la liste donnée qui convient.

> achats   moi   venues   nouveaux   chers   espérons

Bonjour! Fatima et _____ sommes _____ en ville faire des

_____. Nous _____ trouver de _____ vêtements pas trop

_____.

Impressions (00:47:13–00:47:45)

D. **Que voyez-vous?** Regardez le montage et cochez les cinq choses de la liste suivante que vous voyez.

1. _____ des montres

2. _____ des chaussures

3. _____ des CD

4. _____ des vélos

5. _____ du maquillage (*makeup*)

6. _____ des blousons en cuir (*leather*)

7. _____ des robes en soie (*silk*)

8. _____ des aspirateurs (*vacuum cleaners*)

Introduction (00:46:46–00:50:27)

E. **Que remarquez-vous?**   Regardez la séquence vidéo et indiquez l'ordre des actions suivantes.

_____ a. Élisabeth demande où se trouve la cabine d'essayage (*fitting room*).

_____ b. Fatima indique qu'elle va essayer quelque chose.

_____ c. Fatima suggère un pantalon.

_____ d. Élisabeth demande l'opinion de Fatima.

_1_ e. Fatima trouve une jupe qui est en solde.

_____ f. La vendeuse suggère une ceinture.

_____ g. Élisabeth va à la caisse.

_____ h. Élisabeth admire un pull rouge.

F. **Des achats.**   Regardez la séquence vidéo dans la boutique encore une fois. Puis choisissez la meilleure réponse aux questions suivantes.

1. Qu'est-ce qu'Élisabeth cherche?

   a. _____ Une nouvelle robe.

   b. _____ Quelque chose de joli et pas trop cher.

   c. _____ Quelque chose de joli mais pas trop chic.

2. Comment Fatima trouve-t-elle la robe qu'Élisabeth lui montre?

   a. _____ Ravissante.

   b. _____ Très à la mode.

   c. _____ Trop chère.

3. De combien est-ce qu'on a baissé (*lowered*) le prix de la jupe que Fatima trouve?

   a. _____ 10%.

   b. _____ 5%.

   c. _____ 50%.

4. Qu'est-ce qu'Élisabeth cherche comme pantalon?

   a. _____ Un pantalon rouge.

   b. _____ Un pantalon habillé.

   c. _____ Un jean pas cher.

5. Pourquoi est-ce qu'Élisabeth a pris quelques kilos depuis qu'elle est en France?

   a. _____ Parce qu'elle ne fait plus de sport.

   b. _____ Parce qu'elle mange beaucoup.

   c. _____ Parce qu'elle boit beaucoup de vin.

6. Combien coûtent les vêtements qu'Élisabeth achète?

   a. _____ 250 F.

   b. _____ 225 F.

   c. _____ 235 F.

Interviews (00:50:28–00:52:26)

G. **Qu'est-ce que ça veut dire?** (*What does it mean?*)   Avant de regarder les interviews, lisez les deux listes de mots et indiquez le mot ou l'expression de la colonne de droite qui veut dire la même chose qu'un mot ou une expression de la colonne de gauche.

1. _____ pareil

2. _____ la bonne présentation

3. _____ commode

4. _____ se sentir bien

5. _____ bricoler

6. _____ à la mode

7. _____ le devoir

8. _____ la politesse

   a. être à l'aise (*ease*)
   b. la considération des autres
   c. similaire
   d. en vogue
   e. la responsabilité
   f. le bon look
   g. bien approprié
   h. faire des travaux matériels

Module 10 Video Activities   **355**

H. **À chacun son goût.** (*To each his own.*)   Regardez les interviews et indiquez quelle personne de la colonne de gauche dit qu'elle porte les vêtements de la colonne de droite. *Une réponse est employée deux fois.*

Corinne

Dounià

Michel-Yves

Hélène

Thierry

1. ____ ____ Corinne

2. ____ ____ ____ Dounià

3. ____ ____ ____ Thierry

4. ____ Michel-Yves

a. une jupe
b. un jean
c. une veste en jean
d. au travail: une cravate, une chemise, une veste
e. des bretelles (*suspenders*)
f. des vêtements noirs
g. un T-shirt
h. des trucs (*things*) en cuir

I. **Révision.**   Complétez les trois phrases suivantes avec les noms des gens interviewés qui conviennent.

1. _____ aime bricoler.

2. _____ porte des vêtements à la mode.

3. Pour _____ et _____ la présentation personnelle est très

importante au travail.

J. **Et vous?**   Écrivez la question d'Élisabeth et votre réponse.

Question:

_____

Réponse:

_____

Récapitulez!

K. **Quelle est votre taille? Et votre pointure?**[1]   Imaginez que vous voulez faire des achats en France. Encerclez votre taille et votre pointure dans les listes suivantes.

❖❖❖❖❖❖❖❖❖❖❖❖❖❖❖❖❖❖❖❖❖❖❖❖❖❖❖❖❖❖❖

Les tailles

femmes

robes et manteaux°   *coats*

tailles européennes	36	38	40	42	44	46
tailles américaines	6	8	10	12	14	16

hommes

chemises

tailles européennes	36	37	38	39	40	41
tailles américaines	14	14½	15	15½	16	16½

complets° et manteaux   *suits*

tailles européennes	46	48	51	54	56
tailles américaines	36	38	40	42	44

Les pointures

femmes

pointures européennes	36	37	38	39	39½	40	40½
pointures américaines	4	5	6	7½	8	8½	9

hommes

pointures européennes	40	42	43	44	45	46
pointures américaines	7	8	9	10	11	12

❖❖❖❖❖❖❖❖❖❖❖❖❖❖❖❖❖❖❖❖❖❖❖❖❖❖❖❖❖❖❖

1. **la taille** = *size (in general)*; **la pointure** = *shoe size*

L. **La mode d'aujourd'hui.** Décrivez dans un paragraphe la mode actuelle des jeunes à votre université. Si vous voulez, vous pouvez aussi faire un dessin de ces vêtements pour vous aider dans votre description.

_____

_____

_____

_____

_____

Module 11

ÉLISABETH CHERCHE UN EMPLOI

· ·

OBJECTIFS..

In Module 11 you will learn about different professions and about interviewing for jobs. After watching the video and doing the activities, you will be able to discuss different professions and job responsibilities in French and will know vocabulary and procedures for interviewing.

Préparez-vous!

A. **Une interview.** Élisabeth se présente pour le poste d'assistante médicale; elle parle au médecin. Lisez les questions suivantes et cochez les trois que vous considérez les plus importantes. Ajoutez deux autres questions possibles.

_____ Comment vous appelez-vous?

_____ Vous avez déjà travaillé dans un hôpital?

_____ Pourriez-vous travailler le samedi?

_____ Si nous vous offrons trente-cinq francs l'heure?

_____ Qu'est-ce que vous étudiez à la fac?

_____ Pourquoi voudriez-vous travailler ici?

_____?

_____?

B. **Où travailler?** Qui travaille où? Indiquez votre réponse.

1. _____ _____ un(e) infirmier (-ière)

2. _____ _____ un(e) vendeur (-euse)

3. _____ un(e) cuisinier (-ière)

4. _____ un professeur

5. _____ _____ _____ un(e) comptable

6. _____ _____ un médecin

7. _____ un(e) serveur (-euse)

8. _____ un homme/une femme d'affaires

a. un hôpital
b. une banque
c. un restaurant
d. un bureau
e. une clinique
f. une université
g. une boutique
h. un grand magasin
i. une agence financière

Regardez!

Introduction

C. **L'interview.** Regardez l'introduction et écoutez Élisabeth. Choisissez la meilleure réponse pour mieux compléter les phrases suivantes.

1. Élisabeth va avoir une interview

   a. _____ dans un hôpital.

   b. _____ chez un médecin.

   c. _____ dans une clinique.

2. Elle va avoir l'interview

   a. _____ dans une heure.

   b. _____ cet après-midi.

   c. _____ dans quelques minutes.

3. _____ va l'interviewer.

   a. _____ Un des médecins

   b. _____ Un infirmier

   c. _____ Le chef de médecine

D. **Les gens au travail.** Regardez le montage et indiquez les cinq professions de la liste suivante qui y sont représentées.

1. _____ un sculpteur   5. _____ un professeur

2. _____ un agent de police   6. _____ un architecte

3. _____ une ballerine   7. _____ un chef

4. _____ un serveur   8. _____ une infirmière

Interaction (00:53:23–00:55:24)

E. **L'interview.** Regardez la séquence vidéo. Indiquez si les phrases suivantes sont vraies (**V**) ou fausses (**F**). Si elles sont fausses, corrigez-les.

1. _____ Dans la salle d'interview, le médecin est assis (*is seated*) à un bureau.

_____

2. _____ Il y a un ordinateur et un téléphone sur le bureau.

_____

3. _____ Il y a une secrétaire dans la salle qui prend des notes.

_____

4. _____ Les chaises dans la salle sont vertes.

_____

5. _____ Le médecin porte des lunettes.

_____

6. _____ Élisabeth trouve le médecin très amusant et elle rit beaucoup.

_____

7. _____ Il y a une photo sur le mur d'un homme qui joue du piano et fume une cigarette.

_____

8. _____ Vers (*Toward*) la fin de l'interview, Élisabeth regarde sa montre.

_____

F. **Que disent-ils?** Regardez la séquence vidéo encore une fois. Cochez toutes les termi-
naisons correctes pour compléter les phrases suivantes.

1. Élisabeth cherche un travail

   a. _____ temporaire.

   b. _____ dans une clinique.

   c. _____ où elle peut aider les gens.

   d. _____ d'été.

2. Le médecin dit que le travail qu'elle fera sera

   a. _____ compliqué.

   b. _____ difficile.

   c. _____ simple.

   d. _____ intéressant.

3. Elle

   a. _____ fera des piqûres.

   b. _____ aidera les gens à remplir les formulaires.

   c. _____ répondra aux questions des clients.

4. Elle sera libre de venir travailler

   a. _____ le matin.

   b. _____ les samedis

   c. _____ l'aprés-midi.

5. Pour le salaire, on paie

   a. _____ 75 F l'heure.

   b. _____ 25 F l'heure.

   c. _____ 35 F l'heure.

6. Pour Élisabeth, il est important

   a. _____ d'avoir un bon salaire.

   b. _____ de faire un travail qui l'intéresse.

   c. _____ de travailler au mois de juin.

7. Elle peut commencer

   a. _____ le 1er juillet.

   b. _____ le 1er juin.

   c. _____ lundi.

Interviews (00:55:25–00:57:27)

G. **Les métiers.** Regardez les réponses à la première question, puis choisissez dans la colonne de droite la profession de chaque personne dans la colonne de gauche.

1. _____ Jamal   a. agent(e) de voyage
                        b. pharmacien(ne)
2. _____ Maître Jaffari c. PDG d'une société de vins
                        d. notaire
3. _____ Aimée   e. étudiant/barman
                        f. photographe
4. _____ Deva   g. épicier

5. _____ Patrick

6. _____ Albert

7. _____ Étienne

H. **Ce qui compte.** Regardez les réponses à la deuxième question, et cochez les aspects du travail qui sont importants pour Étienne et Aimée.

	Étienne	Aimée
1. le contact	_____	_____
2. la patience	_____	_____
3. les gens	_____	_____
4. la tolérance	_____	_____
5. aimer faire du social	_____	_____

I. **Quelques conseils aux jeunes.** Albert Parrain est très philosophe. (Voir sa photo, page 364.) Complétez ses phrases avec les mots de la liste donnée qui conviennent.

grande	toujours	surtout	pensée
petits	vie	amour	

... Nous souhaitons _____ aux jeunes... ils doivent _____ avoir une

_____ positive, considérer les _____ ennuis (*worries*) comme le

piment (*spice*) de la _____ et avoir beaucoup d'_____ dans ce que

vous faites, entourer vos gens d'une _____ tendresse même dans les rapports que

vous avez avec eux.

J. **Une philosophie personnelle.** Comprenez-vous les idées de Monsieur Parrain? Indiquez ce qu'il a dit en choisissant la meilleure expression pour compléter les phrases suivantes.

1. Il faut considérer les petits ennuis de la vie comme

    a. _____ des horreurs.

    b. _____ des choses dangereuses.

    c. _____ quelque chose qui rend la vie intéressante.

2. Il faut être

    a. _____ optimiste.

    b. _____ pessimiste.

    c. _____ indifférent.

3. Il faut _____ ce qu'on fait.

    a. _____ aimer

    b. _____ tolérer

    c. _____ changer

4. Dans ses rapports avec les gens, on doit

    a. _____ être patient.

    b. _____ être affectueux.

    c. _____ être généreux.

K. **À vous!**   Êtes-vous d'accord avec Monsieur Parrain? Pourquoi ou pourquoi pas?

_____

_____

L. **Et vous?**   Écrivez la question d'Élisabeth et votre réponse.

Question: _____

Réponse: _____

Récapitulez!

M. **Votre carrière.**   Si vous pouviez choisir, quelles carrières préféreriez-vous? Numérotez les professions suivantes de 1 (ce que vous aimeriez faire le mieux) à 9 (ce que vous aimeriez faire le moins).

_____ médecin   _____ notaire/banquier

_____ pharmacien(ne)   _____ enseignant(e)/professeur

_____ infirmier (-ière)   _____ serveur (-euse)/barman

_____ agent de voyage   _____ musicien(ne)/artiste

_____ homme/femme d'affaires

N. **Une décision importante.**   Répondez aux questions suivantes dans un paragraphe. Quels sont les métiers de votre mère, votre père, vos frères et sœurs? Quelles carrières est-ce que vos amis espèrent avoir? Aimeriez-vous faire un de ces métiers?

_____

_____

_____

_____

Module 12

FATIMA EST MALADE

· ·

OBJECTIFS..

In Module 12 you will learn about health care and the medical profession. After watching the video and doing the activities, you will be able to discuss many aspects of the medical field; you will know how to describe pain and illness and how to discuss different treatments.

Préparez-vous!

A. **Chez le médecin.**   Regardez la photo de Fatima à la clinique. Imaginez les questions du médecin et les plaintes de Fatima. Écrivez un mini-dialogue basé sur leur conversation.

— _____

— _____

— _____

— _____

— _____

— _____

B. **Pour parler de la médecine...**   Complétez les phrases suivantes avec les mots de la liste qui conviennent.

ordonnance	migraine	grippe	antibiotiques
homéopathie	pharmacienne	santé	

1. Les médecins donnent souvent des _____ pour combattre une inflammation

   de la gorge.

2. On ne peut pas acheter ces médicaments sans obtenir une _____ d'un

   médecin...

3. ... qu'on doit donner à la _____ pour obtenir des capsules.

4. La _____ est causée par un virus.

5. Une _____ est un mal de tête sévère.

6. L'_____ est une méthode de traiter les malades à l'aide d'une petite quantité

   de l'agent qui cause les symptômes.

7. Pour rester en bonne _____, il faut se soigner (*take good care of oneself*).

Regardez!

Introduction (00:57:28–00:57:52)

C. **Le malade.**   Regardez l'introduction et écoutez Élisabeth. Puis, répondez aux questions suivantes.

1. Où travaille Élisabeth? _____

2. Depuis combien de temps? _____

3. Depuis combien de temps Fatima est-elle malade? _____

Impressions (00:57:53–00:58:26)

D. **Que voyez-vous?**   Regardez le montage et indiquez ce que vous voyez dans la liste suivante.

_____ une ambulance   _____ un technicien

_____ un ordinateur   _____ une infirmière

_____ un médecin   _____ une table d'opération

Interaction (00:58:27–01:01:39)

E. **À l'ordre!**   Regardez la séquence vidéo et indiquez l'ordre des actions suivantes.

_____ Fatima remplit le formulaire.

_____ Le médecin parle avec Élisabeth.

_____ Le médecin parle avec Fatima.

_____ Le médecin écrit une ordonnance.

_____ Le médecin examine l'oreille de Fatima.

_1_ Fatima arrive à la clinique.

_____ Élisabeth écrit quelque chose.

F. **Pauvre Fatima!**   Regardez encore une fois la séquence vidéo. Indiquez si les phrases suivantes sont vraies (**V**) ou fausses (**F**).

1. _____ Fatima a l'air vraiment malade.

_____

2. _____ Elle a un simple rhume.

_____

3. _____ Il y a trop de patients aujourd'hui.

_____

4. _____ Fatima a mal au dos et à la gorge.

_____

5. _____ Fatima tousse beaucoup et elle a le nez bouché.

_____

6. _____ Fatima a déjà souffert de migraines et d'allergies.

_____

7. _____ Fatima est restée au lit ce matin et elle a pris de l'aspirine.

_____

8. ____ Fatima n'a pas de fièvre.

_____

9. ____ Fatima doit prendre deux capsules trois fois par jour.

_____

10. ____ Fatima va se sentir mieux dans un ou deux jours.

_____

Interviews (01:01:40–01:03:20)

G. **À chacun sa méthode.** Regardez les interviews et complétez chaque phrase avec le nom de la personne appropriée.

1. _____ fait du vélo pour rester en forme.

2. _____ et _____ ont accès à une médecine préventive pour les

étudiants.

3. _____ a fait de l'acuponcture.

4. _____ et _____ ne vont pas tout de suite chez le médecin.

5. _____ et _____ mangent beaucoup de légumes pour rester en

forme.

6. _____ essaie de faire un maximum de sport.

7. _____ va chez le pharmacien s'il sait vraiment ce qu'il a.

8. _____ préfère l'homeopathie.

H. **Et vous?** Écrivez la question d'Élisabeth et votre réponse.

Question: _____

Réponse: _____

Récapitulez!

I. **Un mode de vie intelligent.** Prenez ce test pour voir si vous vous soignez bien.

1. Indiquez si vous faites souvent les choses suivantes (6 points), quelquefois (4 points) ou
jamais (2 points).

_____ faire du sport

_____ manger des légumes

_____ dormir régulièrement

_____ manger des fruits

_____ manger des céréales

_____ boire de l'eau

Additionnez les points: _____

2. Indiquez si vous faites les choses suivantes jamais (0 point), quelquefois (1 point) ou souvent (2 points).

_____ boire de l'alcool

_____ étudier ou sortir toute la nuit

_____ manger beaucoup de viande

_____ manger beaucoup de produits laitiers (*dairy*)

_____ fumer des cigarettes

_____ manger beaucoup de sucreries (*sweets*)

_____ regarder plus de dix heures de télévision par semaine

Additionnez les points: _____

Soustrayez (*Subtract*) vos points de la section 2 de ceux de la section 1. Vous avez _____ points. Identifiez votre état de santé.

24–36 points: Vous suivez un régime très sain, vous ne devez rien changer.
12–23 points: Vous êtes assez prudent(e), mais il vaut mieux développer des habitudes plus saines. Sinon, vous aurez probablement des problèmes de santé plus tard.
0–11 points: Attention! Vous consommez trop... il faut changer d'habitude ou vous paierez cela plus tard!

Module Complémentaire

LA RÉCUPÉRATION ET LA CONSERVATION

· ·

OBJECTIFS··

In this module you will learn about the environment and about conserving nature. After viewing the video and doing the activities, you will be able to talk about ecology and methods for reducing pollution such as recycling and using less energy.

Préparez-vous!

A. **Qu'est-ce qui arrive?** Regardez la photo et répondez aux questions qui suivent.

1. Qui est sur la photo? _____

2. Où sont-ils? _____

3. Qui est assis sur une chaise? _____

4. Qui est assis par terre? _____

5. Qu'est-ce que les deux étudiantes trient (*are sorting*)? _____

   _____

6. Pouvez-vous deviner pourquoi elles les trient? _____

B. **Le contraire.** Choisissez le mot de la colonne de droite qui veut dire le contraire du mot de la colonne de gauche.

1. _____ gaspiller (*waste*)

2. _____ récupérer

3. _____ indifférent

4. _____ éteindre (*turn off*)

5. _____ entier

6. _____ en bas

7. _____ naturel

8. _____ renseigner

9. _____ la restauration

10. _____ unique

11. _____ accusé

a. préserver
b. pardonné
c. partiel
d. allumer
e. la destruction
f. artificiel
g. ignorer
h. en haut
i. identique
j. intéressé
k. enterrer (*bury*)

C. **L'intrus.** Pour chaque groupe, encerclez le mot qui ne va pas avec les autres.

1. recyclage / rez-de-chaussée / récupérer / conserver
2. une pagaille (*mess*) / un désordre / propre / sale
3. trier / les sortes / les genres / essayer
4. préserver / changer / conserver / garder
5. gaspiller / jeter / conserver / enterrer
6. l'énergie / le gaz / les atomes / participer
7. la musique / le soleil / le gaz / le pétrole
8. le lac / le fleuve / la montagne / la rivière
9. la forêt / le lac / l'autoroute / la montagne
10. taquiner (*tease*) / accuser / danser / embêter

D. **N'oublions pas les origines.** Pensez à deux objets dans votre chambre qui sont faits des matériaux suivants.

1. en bois: _____

2. en métal: _____

3. en plastique: _____

4. en coton: _____

Regardez!

Introduction (01:03:21–01:03:43)

E. **Que dit-elle?** Regardez l'introduction d'Élisabeth. Choisissez la meilleure réponse pour chaque question suivante.

1. Quand commencent les journées de l'environnement?

    a. _____ Aujourd'hui.

    b. _____ Dimanche.

    c. _____ Demain.

2. Qu'est-ce qu'Élisabeth fait avec les journaux?

    a. _____ Elle fait un reportage.

    b. _____ Elle les lit.

    c. _____ Elle les trie.

3. Pourquoi est-ce qu'elle le fait?

    a. _____ Parce que c'est la loi.

    b. _____ Parce qu'elle va faire quelque chose avec du papier-mâché.

    c. _____ Pour expliquer l'importance de la récupération (*recycling*).

Impressions (01:03:44–01:04:12)

F. **Quelques images de la terre.** Regardez le montage et indiquez l'ordre dans lequel vous voyez les choses dans la liste suivante.

_____ le conteneur de recyclage

_____ le réacteur nucléaire

_____ l'autoroute

_____ l'usine (*factory*) d'aluminium

_____ le pêcheur (*fisherman*)

_____ le chemin (*path*) au bord d'un village

Interaction (01:04:13–01:07:47)

G. **Qui fait quoi?** Regardez la séquence vidéo et complétez les phrases suivantes.

des journaux   trie   le geste
un journal   Nicolas   ses notes

1. Élisabeth _____ les journaux.

2. _____ est sur la chaise.

3. Fatima arrive avec _____.

4. Le Figaro est _____.

5. Nicolas fait _____ d'écrire quelque chose.

6. Fatima part pour chercher _____.

H. **Les détails, s'il vous plaît!** Regardez la séquence vidéo encore une fois, et encerclez *toutes* les réponses possibles pour les questions suivantes.

1. Pourquoi Nicolas est-il venu chez Élisabeth?

   a. _____ Pour trier des journaux.

   b. _____ Pour trouver Fatima.

   c. _____ Pour parler avec Élisabeth.

   d. _____ Parce qu'Élisabeth est la voisine de Fatima.

Module complémentaire Video Activities   **381**

2. Selon Élisabeth, où est Fatima?

    a. _____ Au premier étage.

    b. _____ Au garage.

    c. _____ Au rez-de-chaussée.

    d. _____ Au conteneur de recyclage.

3. Qu'est-ce que Fatima est descendue chercher?

    a. _____ Le conteneur de recyclage.

    b. _____ Des journaux pour le triage.

    c. _____ Nicolas.

    d. _____ Les notes.

4. Comment Nicolas décrit-il la chambre d'Élisabeth?

    a. _____ Il dit qu'elle est en désordre.

    b. _____ Il dit qu'elle est agréable comme d'habitude.

    c. _____ Il dit qu'il y fait trop chaud.

    d. _____ Il dit qu'elle est très jolie.

5. Ce sont les journées

    a. _____ de la fête de musique.

    b. _____ les plus longues de l'année.

    c. _____ de l'environnement.

    d. _____ de la paix.

6. Cette année, qui va renseigner (*inform*) les gens sur l'importance de la récupération du papier?

    a. _____ Le groupement écologique de l'université.

    b. _____ Élisabeth.

    c. _____ Fatima.

    d. _____ Le président de la République.

7. Nicolas a besoin des notes de quel cours?

    a. _____ La sociologie.

    b. _____ La psychologie.

    c. _____ L'architecture.

    d. _____ La géologie.

8. Que font les chantiers des jeunes?

    a. _____ Ils travaillent sans salaire.

    b. _____ Ils aident à protéger la nature.

    c. _____ Ils aident aux restaurations.

    d. _____ Ils aident les vieux.

9. Pourquoi est-ce qu'Élisabeth et Fatima s'excusent?

    a. _____ Elles ont taquiné (*teased*) Nicolas.

    b. _____ Elles ont demandé qu'il porte beaucoup de journaux.

    c. _____ Elles ont accusé Nicolas d'indifférence.

    d. _____ Parce que Fatima n'est pas chez elle.

I. **Des idiomes.** Écoutez encore une fois la conversation entre Nicolas, Fatima et Élisabeth et indiquez qui dit les expressions suivantes. Quand deux personnes emploient la même expression, cochez les deux noms.

	Nicolas	Fatima	Élisabeth
1. Quelle pagaille (*mess*)!	_____	_____	_____
2. Un sacré désordre!	_____	_____	_____
3. Voilà!	_____	_____	_____
4. Ça vaut la peine. (*That is worthwhile.*)	_____	_____	_____
5. C'est merveilleux, ça!	_____	_____	_____
6. Excuse-nous.	_____	_____	_____

Module complémentaire Video Activities

	Nicolas	Fatima	Élisabeth
7. Il n'y a pas de mal. (*It's OK.*)	____	____	____
8. Un instant.	____	____	____
9. À votre service!	____	____	____

Interviews (01:07:48)

J. **Des opinions différentes.** Regardez les interviews. Écrivez le nom de la personne ou des personnes décrite(s) dans les phrases suivantes. Regardez la séquence plusieurs fois si c'est nécessaire.

Audé

Sylvie

Natalie

Constance

Henri

Alex

1. Qui parle des feux de forêts dans sa région? _____

2. Qui pense qu'il faut patienter pour trouver des solutions? _____

3. Qui préfère l'air de la campagne? _____ et _____

4. Qui pense qu'il y a trop de voitures? _____ et _____ et

_____

5. Qui voudrait préserver l'environnement au niveau du bruit (*noise*)? _____

6. Qui s'asphyxie en ville? _____ et _____

7. Qui voudrait éduquer les gens? _____

8. Qui pense que l'énergie solaire ne peut pas remplacer l'énergie atomique?

_____

9. Qui dit qu'il est nécessaire d'aimer les bêtes et la nature? _____

10. Qui interdirait (*would prohibit*) les mobylettes? _____

K. **Et vous?**   Écrivez la question qu'Élisabeth vous pose et votre réponse.

Question: _____

Réponse: _____

Récapitulez!

L. **Le recyclage chez vous.**   Cochez les choses qui sont récupérées dans votre ville.

_____ les journaux   _____ les cartons (*boxes*)

_____ les magazines   _____ les matières végétales

_____ le métal   _____ les piles (*batteries*)

_____ les bouteilles en verre   autre: _____

_____ les bouteilles en plastique

_____ l'aluminium

M. **À vous maintenant!**   Écrivez un paragraphe qui explique votre attitude envers la préser-
vation de l'environnement.

_____

_____

_____

_____

Answer Key

ANSWERS TO THE WORKBOOK ACTIVITIES

CHAPITRE PRÉLIMINAIRE

A. (Suggested responses)
   1. Bonjour, Monsieur.   2. À bientôt.   3. Je vais bien merci, et vous?   4. Je vous en prie.
   5. Bonjour.   6. Ça va bien, et toi?   7. Smith.   8. Je m'appelle _____.

B. 1. très   2. ça   3. fenêtre   4. sac à dos   5. plaît   6. enchantée   7. bientôt   8. prénom
   9. français

C. 1. C'est un professeur.   2. C'est un cahier.   3. C'est un bureau.   4. C'est un tableau.
   5. Ce sont des craies.   6. Ce sont des feuilles de papier.   7. C'est un stylo.   8. C'est une
   gomme.   9. C'est une porte.   10. C'est une fenêtre.

D. 1. Écrivez le mot.   2. Prenez une feuille de papier.   3. Fermez le livre.   4. Écoutez la
   cassette.   5. Ouvrez le livre.   6. Répétez, s'il vous plaît.   7. Je ne sais pas. / Je ne comprends pas.   8. Je ne comprends pas. / Je ne sais pas.

CHAPITRE 1

Première étape

A. 1. nous   2. sont   3. est   4. Tu, suis   5. êtes, il

B. 1. Peter Jennings est canadien.
   2. Monet et Degas sont peintres.
   3. Catherine Deneuve est actrice.
   4. Tu es _____.
   5. Je suis étudiant(e).
   6. Le professeur et moi, nous sommes américains (américain et français, etc.).

C. (Names will vary.)
   1. _____ est actrice. Elle est française.
   2. _____ et _____ sont américains. Ils sont musiciens.
   3. _____ et _____ sont écrivains. Elles sont américaines.
   4. _____ est journaliste. Il est canadien.
   5. _____ est politicienne. Elle est anglaise.
   6. _____ et _____ sont peintres. Ils sont espagnols.

Deuxième étape

A. 1. petit, grande   2. sociable, timide   3. généreux, avare   4. triste, heureuse   5. optimiste, pessimiste   6. actif, passive

B. 1. La copine de Nicolas est un peu folle, mais elle est énergique.
   2. Alceste est un peu paresseux, mais il est intéressant.
   3. Monsieur et Madame Mystère sont un peu désagréables, mais ils sont intelligents.
   4. La dame et la fille sont un peu ennuyeuses, mais elles sont sympathiques.
   5. L'homme et le garçon sont un peu timides, mais ils sont heureux.

C. 1. Ce sont des stylos. Ce sont les stylos de Nicolas.
   2. C'est un sac à dos. C'est le sac à dos de Nicolas.
   3. C'est une gomme. C'est la gomme de Nicolas.
   4. C'est un crayon. C'est le crayon de Nicolas.
   5. C'est un cahier. C'est le cahier de Nicolas.
   6. Ce sont des feuilles de papier. Ce sont les feuilles de papier de Nicolas.
   7. C'est un bureau. C'est le bureau de Nicolas.
   8. C'est une chaise. C'est la chaise de Nicolas.

D. 1. C'est un Français. Il est élève. Il est énergique. C'est le petit Nicolas.
   2. Elle est blonde. C'est une chanteuse. C'est une Américaine. C'est Leanne Rimes.
   3. Il est acteur. C'est un Français. Il est grand et fort. C'est Gérard Depardieu.
   4. Il est espagnol. Il est écrivain. Il est intéressant. C'est Miguel de Cervantes.
   5. C'est une politicienne. Elle est anglaise. Elle est raisonnable. C'est Margaret Thatcher.
   6. C'est un Sénégalais. C'est un politicien. Il est écrivain. C'est Léopold Senghor.

Troisième étape

A. 1. Est-ce qu'il est amusant? Est-il généreux? Il est belge, n'est-ce pas?
   2. Est-ce qu'ils sont musiciens? Sont-ils sympathiques? Ils sont actifs, n'est-ce pas?
   3. Est-ce qu'elle est intelligente? Est-elle modeste? Elle est artiste, n'est-ce pas?
   4. Est-ce que vous êtes sportives? Êtes-vous heureuses? Vous êtes fatiguées, n'est-ce pas?
   5. Est-ce que tu es sérieuse? Es-tu raisonnable? Tu es énergique, n'est-ce pas?

B. (Answers will vary.)

C. 1. Non, il n'est pas italien. Il est français!
   2. Non, il n'est pas français. Il est américain!
   3. Non, je ne suis pas allemand(e). Je suis _____!
   4. Non, il n'est pas musicien. Il est peintre!
   5. Non, elle n'est pas ingénieur. Elle est actrice!
   6. Non, je ne suis pas professeur. Je suis étudiant(e)!

D. Elle n'est pas grande. Elle n'est pas paresseuse. Elle n'est pas désagréable. Elle n'est pas fatiguée. Elle n'est pas triste.

Intégration

1 b

2 b

3 d

4 1. November   2. theater   3. author   4. films   5. projects   6. agent
7. scenes   8. March   9. cosmetics   10. sculptor   11. albums   12. president
13. model   14. contract

5
A. 1. M, B   2. A, M   3. A   4. B   5. A, M, B   6. A   7. B   8. M, B   9. M   10. B

B. 1. Non. Elle a un enfant.   2. Oui.   3. Non. Daniel Day-Lewis est le père de Gabriel-Kane.
4. Non. Isabelle Adjani est née à Gennevilliers.   5. Oui.   6. Oui.   7. Non. Binoche est
aussi peintre.   8. Oui.

Et vous?   (Answers will vary.)

CHAPITRE 2

Première étape

A. 1. une cousine   2. un père   3. une tante   4. un frère   5. un neveu   6. une fille
7. un mari   8. une belle-sœur   9. une petite-fille

B. 1. C'est sa mère.   2. Ce sont leurs neveux.   3. C'est son père.   4. Ce sont ses grands-
parents.   5. C'est leur fille.   6. C'est son neveu.   7. C'est leur beau-frère.   8. Ce sont
ses cousins.

C. 1. ta   2. ma   3. mon   4. ma   5. ma   6. tes   7. notre (son, mon)   8. nos (ses, mes)
9. ton   10. votre   11. votre   12. votre   13. vos   14. vos

D. 2. Ce garçon n'est pas paresseux.   3. Cet homme est heureux.   4. Cet enfant n'est pas
triste.   5. Ces amis sont sociables.   6. Ces filles sont typiques.   7. Cet homme n'est pas
actif.

Deuxième étape

A. (Possible answers)
1. adore   2. déteste   3. aime   4. écoute   5. étudions   6. préférons
7. mangeons   8. sont   9. jouent   10. préfèrent   11. admire   12. voyage
13. parle   14. travaille   15. Travaillez

B. 1. Les étudiants travaillent beaucoup.
  2. Mais ils préfèrent regarder des films.
  3. Mes copains et moi, nous mangeons souvent au restaurant chinois.
  4. Le professeur retrouve quelquefois ses amis au café.
  5. Tu dînes au restaurant.
  6. Tes copines et toi, vous aimez lire des romans.
  7. Moi, je préfère _____ tous les jours.

C. 1. Qu'est-ce que tu étudies?
  2. Qui est-ce que tu aimes?
  3. Qui est-ce que tu n'aimes pas beaucoup?
  4. Qui est-ce que tu admires?
  5. Qu'est-ce que tu préfères, _____ ou _____?
  6. Qu'est-ce que tu détestes?

Troisième étape

A. 1. Larmé a un sac à dos et un cahier, mais il n'a pas de serviette.
  2. Tu as des romans, mais tu n'as pas de magazines.
  3. Mes copains ont des feuilles de papier, mais ils n'ont pas de stylos.
  4. Vous avez une amie sympathique et un professeur intéressant.
  5. Ma famille et moi, nous avons une radio, mais nous n'avons pas de télévision.
  6. Moi, j'ai _____, mais je n'ai pas de _____.

B. 1. Mes sœurs ont 16 et 17 ans. Elles ont les yeux bruns et les cheveux blonds.
  2. Paul et moi, nous avons 18 ans. Nous avons les yeux verts et les cheveux roux.
  3. Mes grands-parents ont peut-être 70 ans. Ils ont les yeux bleus et les cheveux gris.
  4. Mon amie Djamila a 20 ans. Elle a les yeux bruns et les cheveux noirs.
  5. Mon professeur a peut-être _____ ans. Il/Elle a les yeux _____ et les cheveux
    _____.

C. 1. Ces / Quels romans? 2. Cette / Quelle photo? 3. Ces / Quelles étudiantes? 4. Cet /
Quel homme? 5. Ce / Quel professeur?

D. (Answers will vary.)
  1. Quel sport est-ce que tu préfères, le basket ou le foot? 2. Quels politiciens est-ce que
tu préfères? M. Juppé? M. Chirac? M. Jospin? 3. Quelle musique est-ce que tu préfères,
le rock ou le jazz? 4. Quels romans est-ce que tu préfères, les romans policiers ou les
romans d'amour? 5. Quelles actrices est-ce que tu préfères? Jodie Foster? Catherine
Deneuve? Isabelle Adjani?

Intégration

1 (Answers will vary.)

2 8

3 b

4 1. c 2. e 3. b 4. a 5. f 6. d

5 1. V 2. F 3. V 4. F 5. F 6. V 7. F

Et vous? (Answers will vary.)

CHAPITRE 3

Première étape

A. (Possible answers)
   1. le séjour, le salon, la chambre
   2. la cuisine, la chambre, le séjour, la salle de bains
   3. la cuisine, la salle à manger, le séjour, la chambre, la salle de bains
   4. la chambre, le séjour
   5. un placard, des étagères, un tapis, des rideaux
   6. un lecteur de CD, une radio, un fauteuil, un canapé, un tapis, des rideaux
   7. une radio, un ordinateur, un lit, un bureau, des étagères, des rideaux, un tapis
   8. une table, des chaises, des étagères, un tapis

B. 1. Qu'est-ce que tu préfères, les studios ou les appartements?
   2. Pourquoi est-ce que tu préfères les appartements?
   3. Où est ton appartement?
   4. Comment est ton appartement?
   5. Combien de pièces est-ce qu'il y a dans l'appartement?
   6. Quand est-ce que je pourrais voir ton appartement?

C. (Possible answers)
   1. Pourquoi est-ce que tu étudies le français?
   2. Comment est ton prof?
   3. Combien d'étudiants est-ce qu'il y a dans la classe?
   4. Où est l'université?
   5. Quand est-ce que tu as ton cours de français?

Deuxième étape

A. 1. deux cent vingt et un francs (le téléphone)
   2. trois mille huit cent quatre-vingt-quinze francs (le loyer)
   3. cinq cent soixante-seize francs (l'électricité)

Answers to the Workbook Activities **A-7**

B. 1. une bonne musicienne, de bonnes actrices, un bon avocat
   2. de vieux livres, un vieil homme, de vieilles étagères
   3. un appartement meublé, des studios meublés, une maison meublée
   4. un bel acteur, de belles étudiantes, de beaux professeurs
   5. de nouveaux rideaux, un nouvel ordinateur, de nouvelles radios
   6. des chambres confortables, une maison confortable, un fauteuil confortable

C. (Suggested answers)
   1. nouvel 2. X 3. grande 4. X 5. X 6. agréable 7. jolie 8. X 9. petite
   10. X 11. X 12. typique 13. vieil 14. X 15. X 16. bleu 17. bonne 18. X
   19. vieilles 20. X 21. X 22. calme 23. X 24. blancs 25. vieux 26. X
   27. nouvelle 28. X 29. X 30. américains

D. 1. Fabienne a une belle maison rurale.
   2. Larissa a un nouvel appartement idéal.
   3. Fabienne a une vieille cuisine jaune.
   4. Larissa a une belle cuisine spacieuse.
   5. Fabienne a un nouvel ordinateur américain.
   6. Larissa a un vieil ordinateur gris.

E. (Suggested answers)
   1. Jeanne Bouchard 2. La famille Jourdan 3. Samuel Montaigne 4. The studio apartment is too small for the family, too expensive for a student, and Jeanne doesn't need an equipped kitchen or a dining room.

Troisième étape

A. 1. C'est son seizième anniversaire.
   2. C'est son cinquième anniversaire.
   3. C'est son vingt-huitième anniversaire.
   4. C'est son douzième anniversaire.
   5. C'est son soixante-troisième anniversaire.
   6. C'est son quarante-septième anniversaire.

B. 1. Patrick et Hélène vont chercher un appartement.
   2. Gisèle va voyager à Lyon.
   3. Robert et moi, nous allons jouer au foot.
   4. Tes amies et toi, vous allez étudier le français.
   5. Tu vas regarder un film.
   6. Le professeur va danser à la discothèque.
   7. Mes parents vont arriver de Nice.
   8. Je vais _____.

C. 2. Téléphone au propriétaire. 3. Demande le prix. 4. Va voir le studio. 5. Parle au propriétaire. 6. Loue le studio.

D. (Suggested answers)
1. L'église est près du magasin Galerie Ravenel.
2. La mairie est à gauche de l'hôpital.
3. Le restaurant La Ciboulette est en face de l'hôtel Beauséjour.
4. Le musée est à droite de l'hôpital.
5. Le magasin Galerie Ravenel est au coin de la rue Général Leclerc et la rue Jacques Cartier.
6. L'hôtel Robert est à côté de l'hôtel Paris-Madrid.
7. Le Francoforum est loin du musée.
8. Alexis est devant le musée.
9. Marie-Pierre est sur la place du Général de Gaulle.

Intégration

1 (Answers will vary.)

2 1. c 2. a 3. d 4. e 5. b

3 (Answers will vary.)

4 1. g 2. i 3. k 4. h 5. m 6. l 7. e 8. b 9. j 10. c 11. a 12. d 13. n
14. f

5
A. 1. V 2. F (On compose le 12.) 3. V 4. V 5. F (C'est votre correspondant qui paie.)
6. V 7. F (Le prix est de 6,93 F la minute.)

B. 1. 3655 2. 13 3a. 3610 + desired number 3b. the desired number 4. 19 33 1
5. 19 39 6 572 572

C. 1. bureau de poste 2. Agence France Télécom 3. revendeur agréé

Et vous? (Answers will vary.)

CHAPITRE 4

Première étape

A. (Suggested additions)
1. ~~les sciences politiques~~ / la physique
2. ~~l'histoire~~ / la peinture, l'art
3. ~~la géographie~~ / la comptabilité
4. ~~l'informatique~~ / l'histoire, la philosophie

B. 1. les maths, la comptabilité 2. la littérature, le français, les langues étrangères
3. la biologie, les sciences 4. la musique 5. les sciences politiques

C. 1. Dép. 23 h 50, Ar. 6 h 15 (minuit moins dix, six heures et quart du matin)
2. Dép. 21 h, Ar. 24 h (neuf heures du soir, minuit)
3. Dép. 13 h 45, Ar. 16 h 05 (deux heures moins le quart de l'après-midi, quatre heures cinq de l'après-midi)
4. Dép. 12 h 30, Ar. 14 h 45 (midi et demi, trois heures moins le quart de l'après-midi)

Deuxième étape

A. 1. Le Jour de l'An est le premier janvier.   2. Pâques est au mois de mars ou avril.   3. La Fête nationale est le 14 juillet.   4. L'Assomption est le 15 août.   5. La Toussaint est le premier novembre.   6. La Fête de l'armistice de 1918 est le 11 novembre.   7. La Fête du Travail est le premier mai.   8. La Fête de la Victoire de 1945 est le 8 mai.   9. L'Ascension est un jeudi en mai.   10. La Pentecôte est au mois de mai ou juin.

B. 1. le lundi, le mercredi et le jeudi   2. le lundi, le mardi et le jeudi   3. le mardi et le jeudi
4. du lundi au vendredi 5. Il joue au foot avec ses amis.   6. Il a sa leçon de piano.
7. Il va à l'église et il dîne chez sa grand-mère.

C. 1. Lundi nous allons faire une promenade.   2. Mardi mes amis vont jouer au tennis.
3. Mercredi vous allez faire du vélo. 4. Vendredi Nathalie va faire des courses.
5. Samedi tu ne vas pas étudier. 6. Dimanche je vais _____.

Troisième étape

A. 1. veux, peux   2. veulent, peuvent   3. péut, veut   4. pouvons, voulons
5. veux, pouvez

B. 1. Les étudiants prennent la rue Neuve pour aller à l'école.
2. Le professeur prend le temps d'expliquer la leçon.
3. Nous comprenons bien le professeur.
4. J'apprends le français.
5. Tu apprends à parler anglais.
6. Vous ne comprenez pas du tout?

Intégration

1 All are correct.

2 (Answers will vary.)

3 a, d, f, g

4 d

5 1. a 2. b 3. b 4. a 5. b 6. a 7. b 8. a 9. b

6
1. Élodie fait du théâtre.
2. Olivia (11 ans) joue au Monopoly. Elle fait du ski. Elle cherche des châtaignes.
3. Obé s'ennuie.
4. Csaba regarde les sports à la télé.
5. Nina ne fait pas de bruit. Elle n'invite pas ses amis.
6. Mathieu regarde la télé et des cassettes.
7. Flavie regarde la télé. Elle passe du temps avec sa famille et ses cousins. Elle déjeune chez ses grands-parents.
8. Olivia (13 ans): avec sa maman, elle va au cinéma ou fait du ski en hiver. Avec son père, elle va à un club d'aviation.
9. Élisabeth joue du piano.
10. Églantine fait des pique-niques.

Et vous?   (Answers will vary.)

CHAPITRE 5

Première étape

A. épicerie: riz, sel, pêches, yaourt, carottes, fromage, tomates, lait
poissonnerie: crevettes, thon, homard
boucherie: biftecks, rosbif
charcuterie: jambon, pâté, saucisses
boulangerie/patisserie: tarte aux pommes, croissants, pain, gâteau

B. 1. les haricots verts   2. la glace   3. le pain   4. le vin   5. une pomme   6. le thon

C. (Possible answers)
1. des citrons, du sucre, de l'eau
2. du bœuf, des pommes de terre, des carottes, des oignons
3. de la salade, des tomates, du thon, des œufs
4. de la farine, des œufs, du fromage, des oignons, du lait
5. de la farine, du sucre, du lait, des œufs, des fruits
6. des œufs, du fromage, des oignons

Answers to the Workbook Activities   **A-11**

D. 1. Mes cousins boivent du Canada Dry et du Perrier. Ils ne boivent pas de bière.
   2. Ma sœur boit du lait et de l'eau minérale. Elle ne boit pas de coca.
   3. Vous buvez du vin rouge et du thé au citron. Vous ne buvez pas de limonade.
   4. Tu bois du jus de fruits et du vin blanc, mais tu ne bois pas de citron pressé.
   5. Mes amis et moi, nous buvons du coca et de la bière. Nous ne buvons pas de thé au lait.
   6. Moi, je bois _____ et _____, mais je ne bois pas de _____.

E. du pain, du beurre, des céréales / du (un) café / de la tarte, du (un) jus / le déjeuner, les légumes / de la (une) salade, des petits pois, des haricots, des carottes, du maïs / de viande / le bœuf, le porc, du poisson / du fromage, des fruits, du (un) dessert, de la (une) glace, de la (une) mousse, du gâteau / de l'eau / de la soupe, de la quiche, de la pizza, du pâté, du pain, des pâtes, du riz / le coca, la limonade / le dessert

F. Answers will vary. Polite expressions include: Je voudrais... , je vais prendre... , Et pour moi,...

Deuxième étape

A. 1. Non, je ne bois pas de lait.
   2. Non, je ne prends jamais de homard.
   3. Non, je ne mange pas de crevettes au petit déjeuner.
   4. Non, je ne mange jamais dans des restaurants exotiques.
   5. Non, je ne prends plus de thé au lait.
   6. Non, je ne prépare plus de pain grillé.
   7. Non, je ne paie jamais les repas de mes copains.
   8. Non, je n'ai plus le temps de prendre le petit déjeuner.

B. (Possible answers)
   une douzaine d'œufs, 500 grammes de fromage, trois tranches de jambon, une bouteille de vin, un kilo de carottes, un litre de lait, un morceau de roquefort, une boîte de petits pois

C. 1. Mon frère prend (mange/boit) plus de _____ que moi.
   2. Mes cousins prennent moins de _____ que moi.
   3. Ma meilleure amie prend autant de _____ que moi.
   4. Mon père prend moins de _____ que moi.
   5. Mon/Ma camarade de chambre prend autant de _____ que moi.
   6. _____ prend plus de _____ que moi.

D. (Possible answers)
   1. Le homard est plus cher que les crevettes.
   2. Les plats préparés sont moins appétissants qu'un repas traditionnel français.
   3. Les produits énergétiques sont aussi sains que les fruits.
   4. Le bifteck est moins gras que le saucisson.
   5. La glace au chocolat est meilleure que le gâteau au chocolat.

Troisième étape

A. 1. Paul a pris l'autobus.
   2. Il a fait les courses.
   3. Il a acheté des légumes.
   4. Il a bu un café.
   5. Il a préparé le dîner.
   6. Il a parlé au téléphone et a oublié son dîner.
   7. Il a regardé la télé.

B. 1. Mamadou a fait les courses au supermarché.
   2. Jeanne et Pierre ont acheté des légumes exotiques.
   3. Tu n'as pas mangé au restaurant.
   4. Nous avons pris du poulet comme plat principal.
   5. Vous avez bu du vin blanc.
   6. Mes copains n'ont pas payé mon dîner.

C. (Answers will vary.)

D. (Answers will vary.)

Intégration

1   beurre, jambon, mayonnaise, poulet, viande, tomate

2
   1. poulet-curdités   2. jambon-beurre-cornichons   3. hot-dog   4. beurre-camembert
   5. «le Turc»

3
A. 1. balance or equilibrium   2. fat   3. indulgence   4. proportionately   5. contrary
   6. excess   7. beneficial   8. not recommended

B. 1. c   2. d   3. e   4. a   5. b

4
A. 1. aussi   2. moins   3. meilleures   4. plus   5. moins

B. 1. autant de   2. moins de, plus de   3. plus de   4. autant de

   Et vous?   (Answers will vary.)

CHAPITRE 6

Première étape

A. (Suggested answers)
  1. À Chicago il fait froid. Le ciel est couvert et il neige. La température varie entre deux et moins deux degrés.
  2. À Halifax il fait du soleil. Il fait beau, mais il fait froid aussi, entre moins deux et moins quatre degrés.
  3. À Vancouver il fait assez froid. La température varie entre un et huit degrés. Le ciel est variable.
  4. À New York, le ciel est nuageux. Il pleut et il fait assez froid, entre deux et sept degrés.
  5. À Iqaluit il fait très froid, entre moins neuf et moins vingt degrés. Il fait nuageux et il neige.

B. (Answers will vary.)

C. 1. Samedi dernier les Cartier sont allés à une fête de mariage. Ils sont arrivés en retard, à deux heures.
  2. Hier après-midi je suis allé(e) à mon examen d'histoire. Je suis arrivé(e) en avance, à quatre heures moins le quart.
  3. Hier soir mes amis et moi, nous sommes allés au concert. Nous sommes arrivés à l'heure, à huit heures et demie.
  4. Ce matin vous êtes allé(s) à Genève. Vous êtes arrivé(s) en avance, à dix heures vingt.
  5. Hier soir mon amie Claudine est allée au cinéma. Elle est arrivée à l'heure, à huit heures moins vingt.
  6. Dimanche après-midi tu es allé(e) au musée. Tu es arrivé(e) en retard, à une heure et quart.

D. 1. Les étudiants sont restés cinquante minutes au restaurant universitaire. Ils sont rentrés à dix heures.
  2. Tu es resté(e) vingt minutes à la pâtisserie. Tu es rentré(e) à dix heures cinq.
  3. Nous sommes resté(e)s dix minutes à la banque. Nous sommes rentré(e)s à dix heures vingt-cinq.
  4. Monsieur Achat est resté une heure et dix minutes au supermarché. Il est rentré à midi.
  5. Vous êtes resté(e)(s) une heure et quart au café. Vous êtes rentré(e)(s) à deux heures moins le quart.
  6. Je suis resté(e) deux heures et quart au musée. Je suis rentré(e) à quatre heures et demie.

E. 1. M. Tournier est entré il y a huit heures et quart.
  2. Mme Dion est entrée il y a sept heures.
  3. Mlle Rubert est entrée il y a six heures et demie.
  4. Mme Dupont est entrée il y a cinq heures.
  5. Mlle Dubonnet est entrée il y a trois heures.
  6. M. Mustapha est entré il y a quarante-cinq minutes.

Deuxième étape

A. (Suggested answers)
1. Je dis des bêtises, mon opinion et la vérité. Je regarde des variétés à la télé.
2. Nous voyons des dessins animés, des feuilletons et des drames à la télévision. Nous lisons des bandes dessinées dans le journal.
3. Vous écrivez des lettres, des rapports et des romans. Vous regardez les sports à la télé.
4. On lit le journal, des histoires, une publicité. On voit le journal télévisé à la télé.

B. (Suggested answers)
1. est arrivé 2. avons lu 3. avons décidé 4. sommes arrivés 5. a commencé
6. avons vu 7. sommes allés 8. avons oublié 9. sommes rentrés 10. n'ont pas compris 11. avons raté 12. suis restée 13. ai fait 14. ai écrit 15. ai préparé
16. ai appris

C. (Suggested answers)
Bien sûr, je les aime. / Non, je ne les aime pas (du tout).
Bien sûr, je la regarde souvent. / Non, je ne la regarde jamais.
Oui, je le lis tous les jours (souvent). / Non, je ne le lis jamais (pas du tout).
Mais oui, je la fais. / Mais non, je ne la fais pas (du tout).
Moi aussi, je les fais tous les soirs. / Non, je ne les fais pas tous les soirs.
Bien sûr, je l'aime aussi. / Non, je ne l'aime pas.

D. 1. Oui, je les ai faits.
2. Oui, je l'ai lue.
3. Oui, je l'ai vue.
4. Oui, je les ai compris.
5. Non, je ne veux pas le passer aujourd'hui.
6. Non, je ne veux pas l'écrire.
7. Oui, je veux les aider.
8. Oui, je veux l'écouter.

Troisième étape

A. 1. Julien lui a payé le dîner hier.
2. Il lui a fait un cadeau la semaine dernière.
3. Il leur téléphone souvent.
4. Il leur dit toujours «bonjour»...
5. Il va lui écrire une carte postale demain.
6. Il va leur parler demain.

B. 1. Oui, nous les regardons. / Non, nous ne les regardons pas.
2. Oui, nous les lisons. / Non...
3. Oui, nous l'écoutons. / Non...
4. Oui, nous leur écrivons des lettres. / Non...
5. Oui, nous lui parlons de politique. / Non...
6. Oui, nous leur disons la vérité. / Non...
7. Oui, nous le comprenons. / Non...
8. Oui, nous lui posons des questions. / Non...

C. 1. —Il y a un match de hockey cet après-midi.
—Ça t'intéresse?
—Je veux bien. Prenons ma voiture.
—Bonne idée.
2. —Allons au restaurant. Je t'invite.
—Volontiers.
—Rendez-vous à six heures?
—Parfait.
3. —Voudriez-vous aller au cinéma?
—Malheureusement, je n'ai pas le temps.
—Une autre fois, alors?
—D'accord.

Intégration

1
A. 1. heroic   2. legends   3. semi-finals   4. champions   5. glory   6. mythological
7. residence   8. exuberant
B. 1. (se) préparer   2. commenter   3. pensar   4. chanter

2 1. d   2. a   3. b   4. c

3
A. 1. b   2. a   3. b   4. b   B. b

4 1. ont gagné   2. ont fait   3. n'a pas vu   4. a chanté   5. a dit   6. est arrivée

Et vous?   (Answers will vary.)

CHAPITRE 7

Première étape

A. (Suggested answers)
1. Jean-Marc voudrait une chambre à une personne avec salle de bain. Il préfère un hôtel avec un restaurant.
2. Monsieur et Madame Klein cherchent une chambre à deux personnes avec salle de bains. Ils préfèrent un hôtel avec un ascenseur, des chambres accessibles aux handicapés physiques et une piscine.
3. Christine et Catherine Saint-Paul cherchent une chambre à deux personnes avec demi-pension et un téléphone.
4. La famille Dupont voudrait une chambre à trois personnes avec une douche et une télévision. Ils préfèrent un hôtel avec une piscine et un garage. La famille voudrait le petit déjeuner aussi.

B. 1. Nous ne dormons pas tard.   2. Ma femme dort jusqu'à 6 h 30.   3. Les enfants dorment jusqu'à 7 h.   4. Ma femme sert le petit déjeuner à 7 h 15.   5. À 8 h les enfants partent pour l'école.   6. À 8 h 15 ma femme et moi, nous partons aussi.   7. Et vous? Jusqu'à quelle heure dormez-vous? À quelle heure sortez-vous?

C. (Answers will vary.)

D. (Most answers will vary depending on the current year.)
1. Sadia est en Tunisie depuis _____ ans.   2. Elle est arrivée il y a _____ ans.   3. Elle a étudié à la fac pendant cinq ans.   4. Elle a fait un stage en France pendant l'été (trois mois).   5. Elle a terminé ses études il y a _____ ans.   6. Elle a trouvé un poste il y a _____ ans.   7. Elle est professeur depuis _____ ans.

Deuxième étape

A. 1. faire du bateau, faire du ski nautique, aller à la plage, nager.   2. faire des promenades à pied, aller à la chasse.   3. visiter des églises, des châteaux, des monuments, des musées, acheter des souvenirs, danser dans une discothèque, manger des plats exotiques.   4. _____

B. 1. X, du   2. Le, en   3. à, au   4. à, aux, X   5. au, en, aux   6. en   7. à, au   8. à, en

C. 1. Mme Lagarde vient du Luxembourg; elle revient des Pays-Bas.   2. Sadia et Karim Ahmed viennent d'Algérie; ils reviennent de France.   3. Mes amis et moi, nous venons d'Allemagne; nous revenons de Chine.   4. Tu viens du Canada; tu reviens des Philippines.   5. Vous venez du Brésil; vous revenez du Chili.   6. Je viens _____; je reviens _____.

Troisième étape

A. 1. Anne ne répond pas aux questions du professeur.   2. Georges n'entend pas ses questions.   3. Les étudiants attendent les vacances avec impatience.   4. Ma famille et moi, nous rendons visite à nos grands-parents.   5. Thomas perd beaucoup de temps à l'aéroport.   6. Julie et Paul Martin descendent dans un hôtel au bord de la mer.   7. Et vous? Attendez-vous les vacances avec impatience?

B. 1. J'y vais à pied / en vélo.   2. J'y vais à pied / en voiture.   3. J'y vais en voiture / en avion / en bateau.   4. J'y vais en avion / en bateau.   5. J'y vais à pied / en vélo.

C. 1. Oui, j'aime bien y faire des promenades. / Non je n'aime pas y faire des promenades.   2. Oui, je veux y nager. / Non...   3. Oui, j'y ai déjà fait du camping. / Non...   4. Oui, je voudrais y descendre. / Non...   5. Oui, j'aime y acheter des souvenirs. / Non...   6. Oui, j'y suis déjà allé(e). / Non...

D. 1. lui, y   2. lui, y   3. y, lui, lui

Answers to the Workbook Activities

Intégration

1 (Answers will vary.)

2 All answers except f.

3 b, d, e, f, g

4

A. 1. repose (rest)   2. majestic   3. embarrassment   4. choice   5. at the side of   6. situated   7. society   8. is practiced   9. covered   10. varied   11. fauna and flora   12. security

B. ski, glaciers, tennis, promenades, golf, village, restaurant, bar, boutique, sauna, films, vidéo, concerts, discothèque, Club, interruption, sports, courts, aérobic, stretching, habitat, rafting, information(s), températures

5

A. 1. à la discothèque   2. Bourg-St-Maurice   3. boutique   4. la faune et la flore, la géologie, l'habitat, la nature, etc.   5. la Savoie   6. douches

B. 1. Juillet   2. Octobre   3. Juin   4. Septembre et octobre

Et vous?   (Answers will vary.)

CHAPITRE 8

Première étape

A. ¶ 1: passait, faisions, allions, restions
   ¶ 2: avait, lisais, écrivaient, regardais, préféraient
   ¶ 3: était, avions, étaient, voulaient, partageaient, pensaient, étais
   ¶ 4: jouaient, écoutions, passais, faisait

B. (Suggested answers)
   1. Ils faisaient de la pêche, du nautisme, du canoë, du kayak, des promenades aériennes, du camping, du tennis.
   2. Ils jouaient au tennis.
   3. Ils visitaient l'hôtel de ville, la chapelle Saint-Jean, l'église Saint-Florentin, l'église du Bout-des-Ponts, le château, le manoir Clos-Luce, et les châteaux d'Amboise et de Chenonceaux.
   4. (Answers will vary.)
C. (Suggested answers)
   1. Alors, vous vous parlez (téléphonez) tous les jours.
   2. Alors, vous vous entendez (comprenez) bien.
   3. Alors, vous vous retrouvez ce soir.
   4. Alors, vous vous voyez souvent.
   5. Alors, vous vous disputez quelquefois.
   6. Alors, vous vous amusez bien. / Alors, vous ne vous ennuyez pas ensemble.

D. Quand j'avais neuf ans, j'étais... ; j'avais... ; je voulais... ; je m'amusais à...

Deuxième étape

A. 1. que   2. qui   3. qui   4. que   5. qui   6. que   7. que   8. qui

B. (Answers will vary.)

C. 1. Mais oui, tu peux me demander un petit service!
   2. Mais oui, je te prête 100 F! / Mais non, je ne te prête pas 100 F!
   3. Mais oui, ils vont nous payer notre loyer! / Mais non...
   4. Mais oui, ils vont nous acheter à manger! / Mais non...
   5. Mais oui, je te prête mes disques compacts! / Mais non...
   6. Mais oui, je vous invite au restaurant! / Mais non...

D. 1. —Vous nous posez trop de questions. —Oui, mais nous vous aidons toujours à répondre.
   2. —Vous nous donnez trop de devoirs. —Oui, mais nous vous donnons de bonnes notes.
   3. (Answers will vary.)
   4. —Tu ne m'écris pas. —Oui, mais je te dis toujours la vérité!
   5. —Tu ne me rends jamais visite! —Oui, mais je t'aime beaucoup!
   6. (Answers will vary.)

Troisième étape

A. (Possible answers) 1. doit s'accepter.   2. dois travailler dur.   3. devons rire ensemble.
   4. doivent faire les devoirs.   5. devez passer un examen.   6. dois passer des heures au laboratoire.

B. (Answers will vary.) 1. Mes parents ont dû... Mon professeur a dû...   2. Moi, je devais...
   Mes frères devaient...   3. Mes copains et moi, nous devons... Ma camarade de chambre doit...

C. (Answers will vary.)

Intégration

1 b, c, d, e

2 (Answers will vary.)

3 (Answers will vary.)

4 c

5 1. a   2. c   3. f   4. d   5. e   6. b

6 1. On peut le jouer seul. 2. égoïste, pas assez poli(e), trop indépendant(e) 3. rencontrer des gens, se faire remarquer 4. a. Ils encouragent la solidarité de leurs membres. b. Au bout de quelques semaines on n'est plus jamais seul. c. liens basés sur le désœuvrement d. intérêt commun e. idées communes

Et vous?   (Answers will vary.)

CHAPITRE 9

Première étape

A. 1. avais 2. étais 3. avais 4. était 5. avait 6. suis allée 7. ai attendu 8. ai fait 9. était 10. ai posé 11. a appris 12. a invitée 13. ai remerciée 14. étais 15. suis allée 16. ai acheté 17. avais 18. ai trouvé 19. étaient 20. avais 21. ai déjeuné 22. riaient 23. bavardaient 24. étais 25. ai fait 26. faisait 27. ai commencé 28. ont dit 29. semblait 30. a vraiment parlé 31. était 32. voulais 33. ai jamais revue 34. ai appris

B. (Suggested answers)
1. Papa a dormi. Il était fatigué.
2. Mariette a joué avec son ours en peluche. Elle attendait Noël avec impatience.
3. Éric a écouté ses disques compacts. Il voulait voir sa petite amie.
4. Maman a écrit des cartes de Noël. Elle avait besoin de se reposer.
5. La grand-mère a préparé le déjeuner. Elle était contente.

C. 1. ne pouvais pas 2. avais 3. n'avons pas pu / ne pouvions pas 4. devais 5. ai dû 6. étais 7. ai eu 8. n'ai pas eu / n'avais pas 9. ne voulait pas / n'a pas voulu

Deuxième étape

A. (Suggested answers)
1. le Ramadan, le Jour d'action de grâces, Hanoukka, Noël
2. Bon voyage, Bonne vacances, Bon anniversaire, Bonne année
3. une peluche, un ballon, une poupée, un jeu vidéo, un jouet
4. Merci mille fois, Vous êtes trop gentil, C'est très aimable
5. une valise, un passeport, Bon voyage

B. (Suggested answers)
1. Bonne année! 2. Bon anniversaire! 3. Bon voyage! 4. Merci. C'est gentil. 5. Chapeau! 6. Merci mille fois! 7. Il n'y a pas de quoi. 8. Bonne chance!

C. 1. _____ et _____ sont les sports les moins intéressants. 2. _____ est la meilleure musique. 3. _____ et _____ sont les fêtes les plus amusantes. 4. _____ est le cours le moins difficile. 5. _____ cours (court) le plus vite. 6. _____ chante le mieux. 7. _____ travaille(nt) le moins sérieusement. 8. _____ fais (fait) du sport le moins souvent.

Troisième étape

A. 1. Édith connaît bien la Polynésie française. Elle ne sait pas le tahitien.   2. Lionel et Mathieu connaissent (le) Québec. Ils savent où est le château Frontenac.   3. Ma famille et moi, nous connaissons bien la Louisiane. Nous savons préparer des plats cajuns.   4. Je ne connais pas du tout la Côte d'Ivoire. Je ne sais pas le nom de la capitale.   5. Vous ne connaissez pas Paris. Vous ne savez pas pourquoi on l'adore?   6. Mais tu reconnais ces/les photos de Paris. Et tu sais le français.

B. 1. connais   2. sais   3. sais   4. sais   5. sait   6. sais   7. connaît   8. connaissent   9. connais   10. sais   11. sais   12. sais   13. connais   14. connais   15. sais

C. 1. Je n'ai rien mangé d'intéressant.   2. Je ne suis sorti avec personne.   3. Je n'ai rencontré personne d'intéressant.   4. Je n'ai parlé à personne.   5. Je ne m'intéressais à rien.   6. Je n'ai écrit à personne.   7. Je n'ai rien appris.

Intégration

1 c

2 c

3 a, c, f, g

4 1. amicably   2. torn   3. in spite of   4. sudden   5. at right angles   6. foliage

5 1. F. Il ne dort pas bien parce que sa famille, ses amis et sa ville lui manquent.   2. V   3. V   4. F. Conakry est une grande ville près de la mer. L'auteur dit que Kouroussa diffère de Conakry.   5. F. Il passe son dernier jour de vacances en ville et au bord de la mer.   6. V   7. F. Il pense à l'immensité de la mer et à son mouvement.   8. V

Et vous?   (Answers will vary.)

CHAPITRE 10

Première étape

A. 1. se réveille   2. se lève   3. se lave, s'habille   4. ne se dépêche pas, ne s'intéresse pas   5. se fâche   6. se repose   7. se couche

B. 1. Patrick et Patricia se sont habillés en short.
   2. Mon camarade de chambre et moi, nous ne nous sommes pas levés de bonne heure.
   3. Mon professeur ne s'est pas dépêché.
   4. Vous ne vous êtes pas lavé les cheveux.
   5. Tu ne t'es pas brossé les dents.
   6. Je ne me suis pas intéressé(e) à mes études.
   7. Les enfants ne se sont pas couchés de bonne heure.
   8. Tout le monde s'est reposé.

Deuxième étape

A. (Possible answers)
   1. Je suggère un jean, un T-shirt, un polo, un manteau, un pull et des tennis.
   2. Je suggère un tailleur, une robe, une jupe, un chemisier, des chaussures habillées, un manteau, des gants et des bottes.
   3. Je suggère un T-shirt, un jogging, un short, un maillot de bain, des sandales, des tennis ou des baskets et un jean.

B. (Suggested answers)
   1. met un manteau ou un blouson.   2. mettent un manteau, des gants et des bottes.
   3. mets un jean et un blouson.   4. mets un short et un T-shirt.   5. mettons un maillot de bain.   6. mettez un pull ou un chandail

C. (Suggested answers)
   1. Non, ne la mets pas! Mets un pull ou un polo.
   2. Non, ne les mets pas! Mets des tennis ou des sandales.
   3. Oui, mets-le!
   4. Oui, mets-les!
   5. Non, ne le mets pas! Mets un T-shirt.
   6. Oui, mets-la!

Troisième étape

A. 1. la tête 2. un œil 3. le nez 4. la bouche 5. les lèvres 6. les dents 7. la joue
   8. une oreille 9. le cou 10. une épaule 11. le bras 12. le coude 13. la main
   14. le doigt 15. le dos 16. l'estomac 17. la taille 18. la jambe 19. le genou
   20. le pied

B. 1. Les étudiants grossissent quand ils prennent des hamburgers et des frites; ils maigrissent quand ils boivent de l'eau minérale.
   2. Le professeur maigrit quand il prend de la salade; il grossit quand il prend du gâteau.
   3. Toi, tu grossis quand tu prends de la mousse au chocolat *et* de la tarte au citron!
   4. Moi, je maigris quand je prends des carottes; je grossis quand je prends des tacos et des chips.
   5. Nous grossissons quand nous prenons de la glace au chocolat; nous maigrissons quand nous prenons une pomme.
   6. Vous grossissez quand vous prenez des desserts; vous maigrissez quand vous prenez des légumes.

C. (Possible answers)
   1. Les gens disciplinés ne grossissent pas pendant les vacances. Mon copain ne grossit pas pendant les vacances. Moi, je grossis pendant les vacances.
   2. Les gens disciplinés réussissent à faire de l'exercice tous les jours. Ma famille et moi, nous réussissons à faire de l'exercice. Vous réussissez à faire de l'exercice aussi.
   3. Les étudiants disciplinés finissent vite leurs devoirs. Mes camarades de classe finissent vite leurs devoirs. Je ne finis pas vite mes devoirs.
   4. Les étudiants disciplinés choisissent des cours importants. Mon camarade de chambre ne choisit pas de cours importants. Je choisis des cours importants.

Intégration

1 (Answers may vary.)

2 b, e, g, h

3 1. c 2. a 3. f 4. b 5. d 6. e

4 1. b 2. c 3. c 4. b 5. a

5

A. 1. F. La mode perd de son influence. 2. V 3. F. Les femmes achètent moins de vêtements chers aujourd'hui. 4. F. Les enfants s'intéressent déjà à la mode à l'école primaire. 5. V 6. F. 20% des 14–16 ans achètent leurs propres vêtements.

B. 1. l'année dernière 2. cette année 3. cette année et l'année dernière 4. l'année dernière 5. l'année dernière 6. cette année

Et vous? (Answers will vary.)

CHAPITRE 11

Première étape

A. 1. un(e) infirmier (-ière), un médecin   2. un(e) journaliste   3. un(e) enseignant(e)
   4. un(e) ouvrier (-ière) 5. un(e) fonctionnaire 6. un(e) cuisinier (-ière) 7. un banquier
   8. un(e) comptable 9. un(e) vendeur (-euse) 10. un chef d'entreprise

B. (Suggested answers)
   1. 9% espèrent travailler dans l'informatique.
   2. 13% comptent travailler dans les médias et la publicité.
   3. 14% ont l'intention de travailler dans le commerce et l'artisanat.
   4. 10% ont envie d'avoir une activité artistique. (de travailler dans la mode.)
   5. 7% veulent faire de la recherche scientifique. (travailler dans la santé.)
   6. Moi, je compte/veux/etc. ...

C. 1. aurai   2. serai   3. gagnerai   4. travaillerai   5. monterai   6. devrai 7. irai
   8. pourrai 9. aurai 10. ne travaillerai plus 11. ferai 12. m'amuserai 13. faudra
   14. liras 15. demanderas 16. rempliras 17. seras 18. gagneras 19. travailleras

Deuxième étape

A. (Answers will vary, but verbs should be in the future tense.)
   1. Quand mes copains auront 30 ans, ils...   2. Quand ma sœur (mon frère) finira ses
   études, elle (il)...   3. Quand tu iras au Québec, tu...   4. Dès que je parlerai bien le français,
   je...   5. Dès que ma famille et moi, nous aurons le temps, nous...   6. Dès que vous réus-
   sirez à trouver un poste, vous...

B. 1. Si je gagne à la loterie, je serai riche.
   2. Si je suis riche, j'abandonnerai mes études.
   3. Si j'abandonne mes études, je pourrai voyager.
   4. Si je peux voyager, j'irai en France.
   5. Si je vais en France, je rencontrerai des Français.
   6. Si je rencontre des Français, j'apprendrai à parler français.

C. (Answers will vary.)
   1. Pour eux...   2. Pour elle/lui...   3. Pour elle/lui...   4. Pour nous...   5. Pour moi...

D. 1. Oui, c'est lui. 2. Oui, ce sont eux. 3. Elle? Non, c'est ma cousine Anne. 4. Lui?
   Non, c'est mon cousin Paul.   5. Oui, c'est nous.

Troisième étape

A. (The adverbs in parentheses indicate an alternative placement.)
1. Les femmes sont absolument les égales des hommes dans le monde professionnel. (député conservateur)
2. Évidemment le pouvoir économique et politique est (évidemment) réservé aux hommes. (député libéral)
3. Fréquemment ce sont (fréquemment) les hommes qui dirigent les grandes entreprises. (député libéral)
4. Les femmes montent difficilement dans les entreprises. (député libéral)
5. Généralement les femmes gagnent (généralement) moins que les hommes. (député libéral)
6. Malheureusement, il y a (malheureusement) très peu de femmes au Parlement français. (député libéral)
7. Il faut vraiment beaucoup de temps pour changer les institutions et les mentalités. (député conservateur)

B. (Answers will vary. See expressions in the textbook.)

Intégration

1 d

2 d

3 1. 1968 2. 1992 3. (Answers will vary.)

4 1. d 2. a 3. c 4. b

5
A. 1. P 2. M 3. P 4. M 5. M 6. M 7. P

B. 1. b 2. a 3. a 4. b

6 1. Les femmes ont droit au travail rémunéré, condition de leur liberté.
2. le secteur tertiaire
3. oui

Et vous? (Answers will vary.)

CHAPITRE 12

Première étape

A. 1. le rhume des foins 2. une indigestion 3. une crise cardiaque 4. le sida 5. une migraine 6. un rhume 7. le cancer 8. une pneumonie

B. 1. je me ferais mal. / je me sentirais stupide. 2. ils auraient une migraine. / ils se sentiraient bien. 3. il appellerait le médecin. / il se coucherait. 4. nous irions chez le médecin. / nous prendrions des comprimés. 5. tu mettrais un pansement. / tu irais à l'hôpital. 6. vous demanderiez un antibiotique. / vous achèteriez du sirop.

C. 1. Le semestre prochain, ce garçon ne devrait plus manquer son cours. Il devrait/pourrait travailler plus sérieusement et poser plus de questions en classe. À sa place, je...
   2. Les témoins pourraient/devraient appeler la police. Ils devraient/pourraient faire venir une ambulance. Ils ne devraient pas bouger le garçon. À leur place, je...

Deuxième étape

A. 1. Si les étudiants étudiaient en groupes, ils s'amuseraient mieux.
   2. S'ils posaient plus de questions, ils comprendraient mieux la leçon.
   3. S'ils faisaient les exercices, ils sauraient les réponses.
   4. S'ils regardaient les vidéos, ils parleraient mieux.
   5. S'ils travaillaient plus sérieusement, ils réussiraient aux examens.
   6. Si le prof parlait moins vite, nous comprendrions mieux.
   7. Si elle (S'il) nous montrait des films, nous nous amuserions mieux.
   8. Si elle (S'il) nous donnait moins de devoirs, nous l'aimerions beaucoup.
   9. Si elle (S'il) était absent(e), nous n'aurions pas de classe.
   10. Si elle (S'il) nous donnait l'argent nécessaire, nous irions à Tahiti pour parler français.

B. (Answers will vary.)
   1. Si je pouvais être un personnage historique, je serais...
   2. Si j'étais millionnaire, je...
   3. Si je pouvais voyager dans le temps, j'irais...
   4. La maison de mes rêves serait (aurait)...
   5. J'apporterais...
   6. Si j'étais un animal, je serais...

Troisième étape

A. 1. Oui, j'en cherche. 2. Oui, j'en ai déjà eu. 3. Oui, j'en ai parlé. 4. Oui, j'en ai. 5. Oui, j'en ai peur. 6. Oui, je m'y intéresse. 7. Non, je n'en ai pas envie. 8. Oui, j'y pense souvent. 9. Oui, j'en ai peur. 10. Oui, je peux lui demander de l'aide.

B. 1. où 2. où 3. dont 4. dont 5. où 6. où 7. dont 8. dont

C. 1. dont 2. que 3. où 4. que 5. qui 6. où 7. dont 8. qui

Intégration

1 b

2 a, b, d, g

3 1. practiced 2. users (utilizers) 3. recourse 4. complementary 5. presented 6. demand 7. reimbursed 8. acupuncture 9. legally 10. benefit

4

A. 1. V 2. F (complémentaire) 3. V 4. F (n'est pas assez) 5. F (plus élevés) 6. V 7. V 8. F (31%) 9. V 10. F (n'est pas utile) 11. V

B. L'usage de «toubib» au lieu de «to be»… le titre entier qui copie la phrase de Hamlet.

C. Au lieu de «la santé par les plantes» on a «la santé par les plantes des pieds»… on se moque peut-être de la médecine douce.

Et vous? (Answers will vary.)

CHAPITRE COMPLÉMENTAIRE

A. 1. 1 2. 2, protège 3. 1 4. 2, nous entendions 5. 2, ferme 6. 2, encourage

B. 1. apprenne 2. fermions 3. interdise 4. accepte 5. ne nous entendions pas 6. ne respectiez pas 7. choisissent

C. (Possible answers)
1. Il est temps que nous cherchions des solutions… 2. C'est dommage que vous ne pensiez pas… 3. J'aimerais que les immigrés réussissent à apprendre… 4. Il faut que nous éliminions les préjugés. 5. Il est important que nous organisions des campagnes… 6. Je voudrais que vous acceptiez les différences…

D. 1. Je suis triste que les immigrés n'aient pas de logement. / ... que nous n'ayons pas... 2. C'est dommage que vous soyez intolérant. / ... que Jean-Marie soit... 3. Il faut que vous vouliez aider les pauvres. / ... que ces politiciens veuillent... 4. J'aimerais que tout le monde puisse avoir du travail. / ... que nous puissions avoir... 5. Il est important que vous fassiez appel aux députés. / ... que tu fasses... 6. Je voudrais qu'on sache combattre la misère. / ... que ces gens sachent...

E. (Suggested answers)
1. perdent 2. vivre 3. soient 4. veuille 5. défendre 6. ne fasse rien 7. se mobiliser 8. lancer 9. attende

F. 1. C'est triste que les sans-abri n'aient pas de logement. 2. C'est dommage que les villes refusent de donner des logements vides aux sans-abri. 3. C'est malheureux que tant de jeunes dorment dans la rue. 4. Il ne faut pas que nous oubliions les sans-abri. 5. Il faut respecter les sans-abri. 6. Il est temps de bâtir de nouveaux logements. 7. Il vaut mieux faire appel aux maires. 8. Je voudrais arrêter la misère.

ANSWERS TO THE LABORATORY MANUAL ACTIVITIES

CHAPITRE PRÉLIMINAIRE

Prononciation

A. 1. g 2. j 3. i 4. e 5. w 6. y

B. 1. è 2. é 3. ô 4. à 5. ï 6. n'

Activités de compréhension

A. 1. formel 2. familier 3. familier 4. formel 5. familier 6. formel 7. formel
8. familier

CHAPITRE 1

À l'écoute

1 (Answers will vary.)

2 2, 3, 4, 5, 8

3 africaine, égyptienne, arabe, malaysienne, française, polynésienne

4 1. RANDRIANARIVELO 2. 15 3. égyptienne

5 sérieuse, heureuse

Prononciation

A. 1. Ils sont africains.
2. Elles ne sont pas anglaises.
3. Elle est petite, intelligente, amusante; elle est heureuse.
4. Il est petit, intelligent, amusant; il est heureux.
5. C'est un garçon très intéressant; il n'est pas ennuyeux.
6. C'est une fille très intéressante; elle n'est pas ennuyeuse.

B. 1. Les Malgaches sont d'origine malay<u>sienne</u>, / polyné<u>sienne</u>, / afri<u>caine</u> / et a<u>rabe</u>.

2. Les origines de ma fa<u>mille</u>, / c'est la Malay<u>sie</u>, / la Polyné<u>sie</u> / et la <u>France</u>.

3. Françoise est com<u>plexe</u>, / sé<u>rieuse</u>... et principalement heu<u>reuse</u>.

4. Elle est petite et <u>mince</u>, / <u>brune</u> / et très sympa<u>thique</u>.

Activités de compréhension

A. 1. more than one person   2. more than one person   3. one person   4. more than one person (or one person)   5. one person   6. one person   7. more than one person   8. one person

B. 1. elle est   2. ils sont   3. vous êtes   4. tu es   5. je suis   6. nous sommes

C. 1. homme   2. femme   3. ?   4. homme   5. ?   6. femme   7. femme   8. homme

D. a. 5   b. 2   c. (a picture of a boy who is tall and *not* thin)   d. 4   e. 1

E. 1. c'est   2. il est   3. elle est   4. elle est   5. c'est   6. il est

F. 1. américain / acteur / grand, blond / (Robert Redford, Brad Pitt, etc.)
2. américaine / femme d'un président / sympathique, raisonnable / (Barbara Bush, Hillary Clinton, etc.)
3. français / artiste, peintre / intéressant / (Monet, Degas, Gauguin, etc.)
4. américaine / écrivain / intelligente / (Maya Angelou, Toni Morrison, etc.)

H. Je <u>suis française</u>. <u>Je</u> suis <u>petite</u> et <u>mince</u>. Nicolas <u>et</u> Alceste <u>sont</u> mes <u>copains</u>. Nicolas <u>est</u> amusant <u>mais</u> un peu fou—et il <u>n'est pas</u> malade! Alceste <u>est intelligent</u> mais un peu <u>désagréable</u>. Moi, <u>je suis heureuse</u> et énergique. <u>Est-ce que</u> nous <u>sommes des</u> élèves <u>typiques</u>?

C'est Louisette!

CHAPITRE 2

À l'écoute

1   1. b   2. c   3. a

2   Categories mentioned: parents, brothers and/or sisters, family activities
Sequence: 1. brothers/sisters   2. parents   3. family activities

3   1. 0   2. 5   3. la troisième

4

Nom	Âge	Marié(e)?	Nombre d'enfants	Profession
Françoise	32 ans	non	X	étudiante
Anne-Marie	35 ans	oui	2	travaille à
Chantal	34 ans	oui	3	architecte
Béatrice	30 ans	fiancée	X	infirmière (*nurse*)
Christiane	29 ans	non	X	travaille dans
Cyril	X	oui	5	X
Aimée	X	oui	5	X

5 1. le père, Cyril 2. RAZANAVAO 3. a, d

Activités de compréhension

A. 1. son oncle   2. sa cousine   3. tes beaux-frères   4. ton mari   5. mes enfants
6. ma famille   7. leur photo 8. nos fêtes 9. votre ami(e) 10. leurs étudiantes

B. 1. ces 2. cet 3. cette 4. ce 5. ces 6. cet

D.

la personne	ce qu'on aime	ce qu'on n'aime pas	un adjectif pour le/la décrire
la sœur	le tennis, le foot, le basket	le base-ball	sportive
la mère	travailler, voyager, danser	le sport	active
le frère	parler avec ses copains, regarder la télé	les sorties, les sports, danser	sérieux
Angèle	manger au restaurant, regarder des films, écouter de la musique, lire des romans		active (typique, énergique, sympathique, etc.)

Answers to the Laboratory Activities

F. 1. 6   2. 47   3. 39   4. 54   5. 66   6. 16   7. 12   8. 21

G. J'ai une <u>famille</u> assez <u>typique</u>. Nous <u>sommes cinq</u> personnes. <u>Il y a mon</u> père, <u>ma mère</u>, <u>mes</u> deux <u>frères</u> et moi. Chez nous, <u>on aime</u> beaucoup les activités en <u>famille</u>, <u>les films</u>, les concerts et <u>les fêtes</u> aussi. Bientôt <u>c'est la</u> fête de <u>mon frère</u> Charles qui <u>a</u> 14 ans. Il <u>est</u> amusant <u>et</u> il <u>aime</u> beaucoup <u>jouer au foot</u>. <u>Mon frère</u> Bernard <u>a 18 ans</u> et il <u>est</u> <u>sportif</u> aussi. Tous les deux, <u>ils adorent</u> les matchs de <u>basket</u> et de <u>tennis</u>. Moi, <u>je préfère</u> la <u>musique</u>: <u>la</u> musique <u>classique</u> et <u>le jazz</u>. J'ai <u>beaucoup</u> de disques compacts et de <u>cassettes</u>. J'<u>aime</u> aussi les <u>romans historiques</u>. <u>Mes parents aiment</u> la <u>musique</u> classique et les <u>films</u>, <u>mais pas</u> la <u>télévision</u>. Nous <u>n'avons pas de télévision</u> à la maison. Peut-être que nous <u>ne sommes pas une famille</u> typique!

Télérama

CHAPITRE 3

À l'écoute

1 (Answers will vary.)

2 a. 4   b. 2   c. 1   d. 3

3 1. V   2. V   3. F (quatre murs)   4. V   5. V   6. F (une maison séparée pour la cuisine)
7. V   8. V   9. F (des maisons comme en France et aussi des maisons polynésiennes traditionnelles)

4 chambre(s), cuisine, salon, salle de bains

Prononciation

A. 2. [ɑ̃] <u>en</u>; [ɔ̃] mais<u>ons</u>, s<u>ont</u>, <u>c</u>onstruites

3. [ɑ̃] <u>an</u>cêtres, gr<u>an</u>de, <u>ch</u>ambre, tr<u>en</u>te; [ɔ̃] mais<u>on</u>

4. [ɑ̃] t<u>an</u>tes, <u>en</u>f<u>an</u>ts, par<u>en</u>ts, gr<u>an</u>ds-par<u>en</u>ts, <u>en</u>semble; [ɔ̃] <u>on</u>cles; [ɛ̃] cous<u>in</u>s

5. [ɑ̃] <u>en</u> (ville), <u>en</u> France; [ɔ̃] mais<u>on</u>s; [ɛ̃] <u>in</u>térieur

B. 1. P<u>ou</u>vez-v<u>ous</u> n<u>ous</u> parler des maisons à Tahiti?

2. C'est <u>u</u>ne maison avec ses quatre m<u>u</u>rs, p<u>ou</u>r <u>u</u>ne comm<u>u</u>nauté de pl<u>u</u>sieurs familles.

3. Il y a <u>u</u>ne maison p<u>ou</u>r dormir, <u>u</u>ne maison p<u>ou</u>r la cuisine...

4. Et toi, t<u>u</u> connais Tahiti? —Pas d<u>u</u> t<u>ou</u>t!

Activités de compréhension

A. 1. une chambre 2. un séjour 3. une cuisine 4. une chambre 5. une salle à manger
6. un séjour

B. 1. Dakar. 2. Amusante. 3. Deux. 4. Un peu fou. 5. Je vais aller en France. 6. Demain.
7. Au restaurant. 8. Maintenant. 9. Je préfère les livres.

C. 1. 1 675 F 2. 153 F 3. 88 F 4. 875 F 5. 564 F 6. 14 F

D. 1. un salon 2. une chambre 3. un salon 4. les deux 5. une chambre 6. les deux
7. une chambre 8. un salon

1. un vieux salon 2. une chambre blanche 3. un grand salon 4. un joli salon/une
jolie chambre 5. une belle chambre 6. un salon confortable/une chambre confortable
7. une petite chambre 8. un nouveau salon

E. (Questions with suggested answers)
1. Le professeur va parler français? Oui, il va parler français.
2. Les étudiants vont écouter des cassettes? Oui, ils vont écouter des cassettes.
3. Tu vas téléphoner au professeur? Non, je ne vais pas téléphoner au professeur.
4. Toi et tes copains, vous allez regarder un film? Oui, nous allons regarder un film.
5. Ta copine va aller au magasin? Oui, elle va aller au magasin.
6. Tu vas louer un studio au centre-ville? Non, je ne vais pas louer un studio.
7. Tes sœurs vont manger au restaurant? Oui, elles vont manger au restaurant.
8. Ta famille et toi, vous allez jouer aux cartes? Non, nous n'allons pas jouer aux cartes.

G. 1. Ils vont au restaurant.
2. Ils sont (On est) à l'église.
3. Ils sont au musée.
4. Elle est à la pharmacie.
5. Ils sont (On est) à la gare.
6. Ils sont au cinéma.
7. Ils vont (On va) à l'hôpital.
8. Ils sont à l'école.

H. J'habite un vieux quartier agréable. Mes copains et mes copines habitent dans ce quartier
aussi. Cécile a un joli studio dans un bâtiment tout près de la poste. L'appartement de
Salima est à côté de ce studio. Mon copain Alain habite une petite maison en face de
chez Salima, et Catherine a un nouvel appartement à droite de chez Alain. Kofi, le
cousin de Salima, habite à côté d'elle. La maison de mon copain Gilles est au coin de la
rue. Enfin, ma tante Denise habite un grand immeuble derrière la maison de Gilles.

Answers to the Laboratory Activities **A-33**

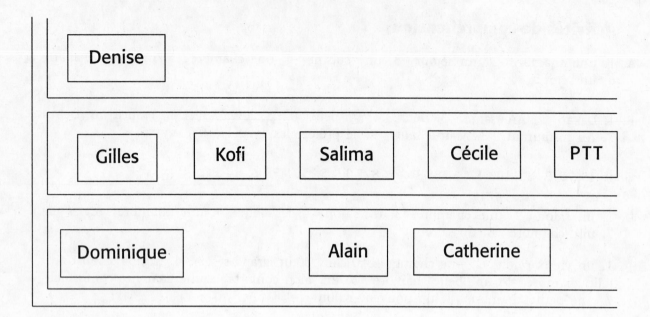

| Denise | | | | |

| Gilles | Kofi | Salima | Cécile | PTT |

| Dominique | | Alain | Catherine | |

CHAPITRE 4

À l'écoute

1 (Answers will vary.)

2 1, 2, 3, 4, 7, 8, 9

3 1. b 2. a 3. c 4. b 5. b 6. a 7. b 8. c 9. c 10. a

4 1. a. civilisation b. anglaise c. britannique d. française e. grammaire f. espagnole g. conversation h. cinéma
2. prof d'anglais

Prononciation

A. 1. <u>Est</u>-ce que tu peux te pr<u>é</u>sent<u>er</u>?

2. Je m'app<u>e</u>lle Christ<u>e</u>lle Laz<u>é</u>ras.

3. Pendant l'<u>été</u> je travaille à EuroDisn<u>ey</u>.

4. Je suis en premi<u>è</u>re ann<u>ée</u> à la fac d<u>es</u> l<u>e</u>ttres de Marne-la-Vall<u>ée</u>; je f<u>ais</u> d<u>es</u> <u>é</u>tudes de langue et civilisation <u>é</u>trang<u>è</u>res.

5. J'<u>ai</u> de la gramm<u>ai</u>re angl<u>ai</u>se, un cours de litt<u>é</u>rature française, de la conv<u>e</u>rsation <u>e</u>spagnole. Qu'<u>est</u>-ce que j'<u>ai</u> d'autre?

6. C'<u>est</u> un emploi du temps ass<u>ez</u> charg<u>é</u>.

B. 1. D'ail**eu**rs, elle travaille à **Eu**roDisney.

   2. Christelle v**eu**t être profess**eu**r d'anglais.

   3. Elle n'est pas paress**eu**se; c'est une j**eu**ne fille séri**eu**se.

   4. Son cours qui commence à d**eu**x h**eu**res est quelquefois un p**eu** ennuy**eu**x.

   5. Alors elle fait des dessins sur une f**eu**ille de son cahier, pour passer le temps...

   6. Les étudiants qui v**eu**lent être avec l**eu**rs copains p**eu**vent aller au café.

Activités de compréhension

A. 1. 12 h 30 2. 16 h 15 3. 21 h 54 4. 1 h 20 5. 9 h 45 6. 00 h 30 7. 7 h
   8. 10 h 40 9. 18 h 15

B. 1. Et alors? 2. J'en ai marre! 3. Super! 4. Tant pis! 5. Je m'en fiche.

C. 1. 13/8/43 2. 10/10/40 3. 6/12/39 4. 1/4/58 5. 16/3/72 6. 11/1/83 7. 28/2/22
   8. 15/5/55 9. 30/6/19

D.

lundi	mardi	mercredi	jeudi	vendredi	samedi/ dimanche
la géographie l'histoire le dessin	la biologie l'informatique le français	la géographie l'histoire le français	la biologie l'informatique le français	le français la musique l'éducation physique	(Answers will vary.)
l'anglais le français	l'anglais l'allemand la peinture		l'anglais l'allemand la peinture		

E. a. 7 b. 1 c. 5 d. 6 e. 3 f. 4 g. 8 h. 2

H. Je <u>suis</u> très <u>intelligent</u>. <u>J'ai</u> <u>4</u> <u>ans</u>, et <u>je</u> <u>sais</u> <u>déjà</u> lire. <u>J'apprends</u> <u>beaucoup</u> dans <u>la</u> <u>classe</u> de <u>mon</u> <u>père</u>. <u>Je</u> <u>comprends</u> ce que papa écrit <u>au</u> <u>tableau</u> aussi. Papa <u>est</u> <u>heureux</u> et fier de moi, <u>mais</u> maman dit qu'il a tort. <u>Elle</u> <u>a</u> <u>peur</u>. <u>Elle</u> <u>est</u> convaincue que <u>mon</u> cerveau <u>va</u> éclater, <u>alors</u> <u>elle</u> dit que <u>je</u> <u>ne</u> <u>peux</u> <u>pas</u> <u>aller</u> <u>à</u> <u>l'école</u> avec papa.

Marcel Pagnol

CHAPITRE 5

À l'écoute

1 (Answers will vary.)

2 d, f, h, j, k, l, m, o

3 1. a, c 2. b, c 3. a, b, c 4. a, b 5. c 6. b 7. a 8. a, b

4 1. C'est une espèce de banane. Ça se prépare comme les pommes de terre. Ça se mange avec la viande et avec de la sauce.
2. Les Camerounais mangent beaucoup de légumes. Les légumes, comme les épinards par exemple, se mangent avec de la crème de palme. Il y a des haricots verts et des petits pois, mais c'est considéré comme la nourriture des Blancs.
3. On mange beaucoup de sauces en Afrique de l'Ouest. Avec la viande et le plantain, on mange de la sauce d'arachides ou de mangues sauvages. Avec les légumes, on mange de la crème de palme. On mange avec des cuillères en bois à cause des sauces.

Prononciation

A. 1. Nous avons plusieurs sortes d<u>e</u> r<s>e</s>pas, tout dépend d<s>e</s> la région.
2. L<u>e</u> plantain, ça s<s>e</s> prépare comme les pommes d<u>e</u> terre, et ça s<s>e</s> mange avec la viande, la sauce, tout c<s>e</s> qu'on veut.
3. On mange beaucoup d<s>e</s> légumes. Les légumes, en Afrique d<u>e</u> l'Ouest, ça s<s>e</s> mange avec la crème d<u>e</u> palme.

B. <u>Les</u> gens <u>du</u> Cameroun ne mangent pas d<s>e</s> pommes de terre, mais l<s>e</s> plantain est comme <u>une</u> pomme de terre. <u>La</u> viande se mange donc avec <u>du</u> plantain et d<s>e</s> la sauce. <u>Les</u> sauces d'arachides ou d<s>e</s> mangues sauvages sont très agréables avec <u>du</u> poulet. <u>Les</u> légumes, comme <u>les</u> épinards par exemple, se mangent aussi avec <u>une</u> sauce spéciale.

Activités de compréhension

A. Michel: 2, 4
Alain et Alexis: 1, 3, 6
?: 5, 7, 8

B. 1. F 2. V 3. V 4. F 5. F 6. V

D. Lise: 2 boîtes de camembert, 2 baguettes, du beurre
Karine: une tarte au citron, un gâteau au chocolat, 2 tartes aux fraises
Gilles: 2 bouteilles de vin rouge, 1 bouteille d'eau minérale, 2 litres de coca
Charles: des chips, de la salsita

E. Anne: 1 pêche, 3 oignons, 1 tomate, 3 framboises, 2 carottes: 31 points
   Paul: 5 carottes, 2 fraises, 2 pêches, 1 tomate: 33 points
   Jean: 6 oignons, 2 fraises, 1 framboise, 1 tomate: 22 points
   Lise: 5 tomates, 3 carottes, 2 framboises: 31 points
   1. Lise a plus de carottes qu'Anne.
   2. Jean a autant de fraises que Paul.
   3. Jean, Paul et Anne ont moins de tomates que Lise.
   4. Paul a plus de points qu'Anne.
   5. Jean a moins de points que Lise.
   6. Paul a gagné.

F. 1. aujourd'hui 2. hier 3. aujourd'hui 4. demain 5. hier 6. aujourd'hui 7. demain
   8. hier

H. Pour préparer <u>notre</u> <u>dîner</u>, j'<u>ai</u> <u>acheté</u> beaucoup <u>de</u> choses: deux <u>tranches</u> <u>de</u> <u>bœuf</u> et un
   kilo de <u>pommes</u> <u>de</u> <u>terre</u>. J'<u>ai</u> <u>demandé</u> aussi des <u>tomates</u>, <u>des</u> <u>carottes</u>, des <u>oignons</u>. Puis,
   au <u>supermarché</u> j'ai pris <u>du</u> <u>sel</u>, <u>de</u> <u>la</u> <u>farine</u>, des <u>œufs</u>, <u>du</u> <u>sucre</u>, <u>de</u> <u>la</u> vanille et deux
   <u>litres</u> de <u>lait</u>. Et n'<u>oublions</u> pas le <u>vin</u>. Nous <u>buvons</u> toujours <u>du</u> <u>vin</u> avec le <u>dîner</u>.

   Elle a préparé <u>un ragoût</u> et <u>un gâteau</u>.

CHAPITRE 6

À l'écoute

1 (Answers will vary.)

2 a. 2 b. 1 c. 4 d. 3

3 1. b 2. a, b 3. a 4. a, b 5. a 6. a, b 7. b 8. a 9. b 10. a, b

Prononciation

A. 1. Elle aime les d<u>o</u>cumentaires et les films hist<u>o</u>riques; elle n'aime pas b<u>eau</u>coup les
      c<u>o</u>médies.
   2. Elle ad<u>o</u>re lire des r<u>o</u>mans, des p<u>o</u>èmes et des journ<u>au</u>x.
   3. Quand il fait b<u>eau</u>, elle fait du sp<u>o</u>rt.
   4. C<u>o</u>mme <u>au</u>tres loisirs, elle aime faire des pr<u>o</u>menades dans Paris.

B. 1. Poi<u>ss</u>^[s]on frais!
   2. Danger! Poi<u>s</u>^[z]on!
   3. Traver<u>s</u>^[s]ée du dé<u>s</u>^[z]ert du <u>S</u>^[s]ahara.
   4. <u>S</u>^[s]pé<u>c</u>^[s]ialités de de<u>ss</u>^[s]erts-mai<u>s</u>^[z]on!

5. Vi**s**itez le **s**ite de vos prochaines va**c**an**c**es: Tara**sc**on!
   [z] [s] [k] [s] [sk]

6. **C**e **c**ou**ss**in (*cushion*) pour votre **c**ou**s**in...
   [s] [k] [s] [k] [z]

7. **C**onver**s**ion a**ss**urée de vos po**ss**e**ss**ions!
   [k] [s] [s] [s] [s]

Activités de compréhension

A. 1. Winnepeg 2. St. John's 3. Edmonton 4. Salt Lake City 5. Whitehorse

C. (4) nous téléphoner vendredi dernier; (9) rentrer chez elle la semaine prochaine; (7) aller à l'exposition demain matin; (3) décider de nous rendre visite la semaine dernière; (1) passer une semaine chez nous l'année dernière; (2) écrire une lettre le mois dernier; (8) aller voir un match de foot samedi; (5) arriver à la gare hier après-midi; (6) rentrer vers six heures et demie.

G. 1. au cinéma / 7 h 30 / C'est gentil mais... 2. au concert / 20 h / Avec plaisir.
   3. au restaurant / 10 h / Désolée. 4. au match de hockey / 3 h / Je veux bien.

H. L'<u>année</u> <u>dernière</u> j'<u>ai</u> <u>passé</u> deux <u>mois</u> au <u>Canada</u> où je <u>suis</u> <u>allée</u> <u>voir</u> mes grands-parents. Nous <u>avons</u> <u>vu</u> tous les sites touristiques—le château, les <u>musées</u>, le Parlement. J'<u>ai</u> beaucoup <u>aimé</u> la ville de Québec, et je <u>ne</u> <u>suis</u> <u>pas</u> <u>restée</u> un seul jour <u>à</u> <u>la</u> <u>maison</u>. Je <u>suis</u> <u>arrivée</u> <u>au</u> mois de <u>juin</u> quand il <u>fait</u> <u>beau</u> alors j'<u>ai</u> <u>fait</u> beaucoup de <u>promenades</u> avec <u>mes</u> <u>cousines</u>, et <u>nous</u> <u>sommes</u> <u>rentrées</u> tard. J'<u>ai</u> <u>appris</u> à <u>dire</u> bonjour au lieu d'<u>au</u> <u>revoir</u> —c'est la coutume au Québec! Maintenant je <u>comprends</u> mieux le <u>français</u> parce que j'<u>ai</u> <u>lu</u> le <u>journal</u> et j'<u>ai</u> <u>regardé</u> des <u>feuilletons</u> à la <u>télé</u> tous les jours. J'<u>ai</u> <u>écrit</u> beaucoup <u>de</u> cartes postales à <u>mes</u> <u>copains</u> aussi—en <u>français</u>, <u>bien</u> <u>sûr</u>. Voilà ce que j'<u>ai</u> <u>fait</u> l'été <u>dernier</u>.

CHAPITRE 7

À l'écoute

1 (Answers will vary.)

2 1. b 2. c 3. a

3 1. a, c 2. c 3. a 4. a, b, c 5. b 6. a, c 7. a, b 8. c

4 1. Le froid a été comme un choc. Il est tout de suite rentré dans l'aéroport.
   2. a. le chauffeur de taxi
      b. le centre des étudiants étrangers (Centre international des étudiants et stagiaires)
   3. Le climat, l'architecture des bâtiments, les gens qui semblent toujours pressés.

Prononciation

A. 1. Je s**ui**s venu en France pour contin**ue**r mes études.

2. C'était au m**oi**s d'octobre, mais pour m**oi**, venant du Tchad, il faisait très fr**oi**d.

3. Je s**ui**s tombé sur un monsieur de la Côte d'Ivoire.

4. Je l**ui** ai expliqué ma sit**ua**tion et il a eu pitié de m**oi**.

5. Il m'a hébergé pour la n**ui**t.

B. Chers papa, maman et toute la fami**ll**e,

La France est belle! J'ai vu beaucoup de vieilles villes et des petits villages tranquilles.

J'ai visité le château de Chanti**ll**y, qui n'est pas loin de Paris.

J'habite près de la place de la Basti**ll**e. Ma voisine est très genti**ll**e; hier, elle m'a donné des gâteaux qui s'appellent des mille-feui**ll**es—c'est une spécialité française. Quel délice!

À bientôt d'autres nouvelles.

Larmé

Activités de compréhension

A. Lagarde: double, salle de bains, piscine, carte de crédit; Michard: simple, ascenseur, chien, restaurant; Martin: double, salle de bains, carte de crédit, garage; Rocher: simple, sans salle de bains, pas de petit déjeuner, ascenseur.

D. 1. en France 2. à Rome 3. aux États-Unis 4. en Espagne 5. en Tunisie 6. au Sénégal 7. à Jérusalem 8. au Mexique

E. 1. entendre: entends 2. attendre: attend 3. descendre: descendent 4. entendre: entendez 5. attendre: attends 6. répondre: réponds 7. vendre: vendent 8. vendre: vend 9. descendre: descendons

F. 1. renseignements 2. aide 3. renseignements 4. renseignements 5. aide (Expressions used to respond will vary.)

H. Quelles <u>vacances</u>! Nous <u>sommes</u> <u>descendus</u> dans <u>l'hôtel</u> El Mouradi, un <u>hôtel</u> de <u>grand</u> luxe. C'est merveilleux! <u>Nous</u> <u>dormons</u> tard tous les <u>matins</u> parce qu'ici <u>on</u> <u>sert</u> le <u>petit</u> <u>déjeuner</u> jusqu'à <u>11 h</u>. Après, <u>nous</u> <u>sortons</u> vers midi <u>pour</u> aller à la <u>plage</u> ou <u>visiter</u> <u>les</u> mosquées ou <u>le</u> marché où <u>on</u> <u>vend</u> des <u>fruits</u> et des <u>légumes</u> exotiques, <u>des</u> poteries et des <u>souvenirs</u>. Puis le guide nous <u>attend</u> chaque <u>jour</u> à <u>4 h</u> pour des excursions en 4x4 <u>dans</u> le <u>désert</u>. Cet <u>après-midi</u> nous <u>partons</u> pour Tozeur et Nefta. Il y a trop à <u>voir</u> et trop à <u>faire</u>! Georges et moi, <u>nous</u> <u>revenons</u> samedi <u>prochain</u>. Nous <u>partons</u> vers 8 h <u>du</u> <u>matin</u>. J'espère que <u>vous</u> <u>allez</u> nous <u>attendre</u> à <u>l'aéroport</u> à <u>16 h 15</u>. Grosses bises!

Hélène

en Tunisie

Answers to the Laboratory Activities **A-39**

CHAPITRE 8

À l'écoute

1 (Answers will vary.)

2 1. Nicolas se présente. 2. Il parle de ses copains de l'école primaire. 3. Il parle de ses amis du lycée. 4. Il mentionne ses activités pendant l'été. 5. Il mentionne des clubs. 6. Il définit le bonheur.
(Other categories are not mentioned.)

3 1. e 2. e 3. (not mentioned) 4. a 5. a 6. (not mentioned) 7. a (Donjons et Dragons) 8. a

4 1. a, b, c 2. a, b 3. b, c 4. b, c 5. a 6. a, b, c 7. c 8. a, c 9. b 10. c 11. a, c 12. a, b

Prononciation

A. 1. La pla**g**e de Biarritz est ma**gn**ifique.

2. Un des copains de Nicolas s'appelait **Gu**illaume; il y avait aussi **G**ontran, **G**ilbert et **G**érard.

3. En **g**énéral, ils man**g**eaient un petit **g**oûter avant d'aller jouer.

4. Ils i**gn**oraient l'heure quand ils jouaient à cache-cache.

5. Le père de Nicolas était **g**ynécolo**g**ue (un médecin spécialisé).

B. 1. Nicola**s** vient du Pay**s** Basque, dans le su**d**-oue**st** de la France.

2. Le mercredi, les garçon**s** se retrouvaient tou**s** pou**r** joue**r** au foo**t**.

3. Au lycée, Nicola**s** était plu**s** seu**l**; en fai**t**, il avait moin**s** de copain**s** mais plu**s** d'ami**s** proche**s**.

4. Les jeune**s** préféraient le billar**d** au tenni**s**.

5. L'été, ils étaient tou**t** le temp**s** à la plage.

6. Tou**t** le monde s'amusait au bor**d** de la me**r**.

Activités de compréhension

A. 1. Lionel et Céleste 2. Thierry et Caroline 3. Lionel et Céleste 4. Lionel et Céleste 5. Thierry et Caroline 6. Thierry et Caroline 7. Thierry et Caroline 8. Lionel et Céleste

C. Answers will vary, but the relative pronouns should be: 1. que 2. qui 3. que 4. qui 5. qui 6. que 7. que 8. qui

D. 1. d 2. b 3. c 4. d 5. a 6. b 7. c

E. 1. Il faut lui parler.   2. Si tu allais...   3. Tu devrais trouver...   4. Il faut savoir...

F. —Tu <u>as</u> <u>lu</u> cet article au sujet de <u>l'amour</u> et du <u>mariage</u>? C'est <u>triste</u>. La <u>vie</u> des <u>jeunes</u> comme Christophe et Simone est <u>très</u> <u>difficile</u> <u>aujourd'hui</u>.

—<u>C'est</u> <u>vrai</u>. Quand <u>nous</u> <u>étions</u> <u>jeunes</u>, <u>les</u> choses <u>étaient</u> bien <u>différentes</u>. Tu <u>te</u> <u>souviens</u>?

—<u>C'est</u> sûr. Par exemple, Christophe <u>téléphone</u> tous les jours <u>à</u> Simone, et toi, <u>tu</u> ne <u>me</u> <u>téléphonais</u> <u>jamais</u>.

—<u>On</u> <u>n'avait</u> <u>pas</u> de <u>téléphone</u>! Je <u>t'écrivais</u> des <u>lettres</u>—des <u>poèmes</u>!

—Et <u>nous</u> ne <u>nous</u> <u>retrouvions</u> jamais <u>dans</u> des <u>boîtes</u> <u>de</u> <u>nuit</u>.

—<u>Quelles</u> boîtes de nuit?! Je <u>te</u> <u>retrouvais</u> toujours chez toi—avec toute <u>ta</u> <u>famille</u>... ta <u>mère</u>, ton <u>père</u>, <u>tes</u> <u>petits</u> <u>frères</u>!

—Mais <u>nous</u> <u>riions</u> ensemble et <u>nous</u> <u>parlions</u> de tout.

—Eh oui, <u>nous</u> <u>partagions</u> nos <u>idées</u> et toi, tu <u>me</u> <u>racontais</u> toujours des <u>blagues</u>. Je ne <u>m'ennuyais</u> jamais avec toi.

—C'est <u>vrai</u> qu'on <u>s'entendait</u> bien.

—On <u>se</u> <u>disputait</u> <u>quelquefois</u>.

—Comme tout le monde. Mais <u>nous</u> <u>communiquions</u> sans <u>parler</u>.

—On <u>ne</u> <u>se</u> <u>comprenait</u> <u>pas</u> toujours.

—Mais nous <u>nous</u> <u>amusions</u> bien ensemble.

—<u>Amusions</u>?! Nous <u>nous</u> <u>amusons</u> toujours ensemble, <u>n'est-ce</u> <u>pas</u>?

—Pas <u>toujours</u>!

(Answers will vary.)

CHAPITRE 9

À l'écoute

1 (Answers will vary.)

2 pour y travailler

3 1. V   2. V   3. F (plus de 700 km)   4. V   5. F (ils avaient l'habitude de vivre avec des Français ou des gens de l'extérieur)   6. F (deux fois)   7. F (deux mois puis trois mois)   8. F (beaucoup d'aide sociale—«C'est le Canada!»)   9. V   10. F (un site de camping)   11. V   12. V

4 1. a. Il parle des autochtones.   b. Ils coupaient des arbres.   c. Pour de l'argent.
   2. Il a appris à connaître et à respecter les autochtones, à pêcher, à chasser, à écouter la nature, à rire.

Activités de compréhension

A. 1. circonstance   2. événement   3. événement   4. événement   5. circonstance
6. circonstance   7. événement   8. événement   9. circonstance

B. 1. vrai 2. faux 3. faux 4. vrai 5. vrai 6. faux 7. vrai 8. faux 9. vrai
10. faux.   Corrections: 2. Il est entré par la porte de la cuisine.   3. Je dormais au rez-de-chaussée.   6. Il était petit et mince.   7. Il avait une soixantaines d'années.   8. Il n'avait pas de cheveux.   10. Il n'était pas du tout calme.

C. 1. was supposed to   2. couldn't   3. failed to   4. refused to   5. wanted to

D. 6, 4, 2, 1, 3, 5, 7

H. C'<u>était</u> le <u>quatorze</u> juillet et nous <u>voulions</u> célébrer la <u>fête</u> en famille. Mais que faire?
<u>Personne</u> <u>n'était</u> d'accord sur les activités. Moi, je <u>voulais</u> faire un <u>pique-nique</u> à la <u>plage</u>
mais les autres <u>n'ont</u> <u>pas</u> <u>voulu</u> parce qu'<u>il</u> <u>y</u> <u>a</u> toujours la foule le quatorze juillet. Papa <u>a</u>
<u>dit</u> qu'il <u>devait</u> <u>travailler</u> à la maison le <u>matin</u>. Puis Éric <u>a</u> <u>préféré</u> regarder le <u>défilé</u> à la
<u>télévision</u>. Maman <u>trouvait</u> ça <u>ennuyeux</u>; elle <u>voulait</u> <u>rendre</u> <u>visite</u> à nos <u>grands-parents</u>.
Mais <u>il</u> <u>n'y</u> <u>a</u> <u>rien</u> à <u>faire</u> chez eux pour les petits, <u>alors</u> on <u>a</u> <u>décidé</u> de ne pas <u>y</u> <u>aller</u>.
Enfin, nous <u>n'avons</u> <u>pas</u> <u>pu</u> décider quoi <u>faire</u>, alors nous <u>sommes</u> <u>restés</u> à la <u>maison</u>, et
nous <u>n'avons</u> <u>rien</u> fait. Quelle <u>journée</u> <u>ennuyeuse</u>!

CHAPITRE 10

À l'écoute

1 (Answers will vary.)

2 3, 4, 6, 8

3 (Answers will vary.)

4 1. a, c 2. b 3. a, b, c 4. a, b 5. c 6. a, c 7. b 8. c 9. a 10. b

Activités de compréhension

B. 1. un short, un maillot de bain, des sandales 2. une veste, une robe, une cravate
3. des baskets, un short 4. un jean, des tennis, un pull 5. un manteau, des gants, des bottes
6. une chemise de nuit, un pyjama

E. 1. pas approprié: Tu penses?   2. approprié   3. approprié   4. approprié
   5. pas approprié: Tu es très gentil.

G. Plus <u>de</u> <u>desserts</u>! Dès aujourd'hui, je <u>choisis</u> des <u>plats</u> <u>sains</u>. Je <u>ne grossis plus</u>—je <u>maigris</u>!
   Pourquoi? Parce qu'il faut <u>réussir</u> à <u>mettre</u> le <u>maillot</u> <u>de</u> <u>bain</u> à fleurs que j'ai acheté
   l'année dernière. Maintenant, il <u>ne me va pas bien</u> du tout parce que je <u>ne suis pas en</u>
   <u>bonne forme</u>. Mais, dans trois mois... vous <u>allez voir</u>! En fait, j'ai <u>déjà</u> commencé mon
   <u>régime</u>. Ce matin, je <u>me suis réveillée</u> de bonne heure, et je <u>me suis levée</u> tout de suite.
   J'<u>ai mis</u> un <u>T-shirt</u>, un <u>short</u> et des <u>tennis</u> et j'<u>ai passé</u> une demi-heure devant la télé à
   <u>faire</u> de l'<u>exercice</u> avec ce bel <u>homme</u> musclé à la chaîne 2! «<u>Levez</u>! <u>Baissez</u>! <u>Touchez</u> vos
   pieds!» Ouf! Après j'<u>ai pris</u> mon petit déjeuner—du <u>pain</u> grillé sans <u>beurre</u>, du café <u>noir</u>,
   une orange. Tout ça avant de <u>m'habiller</u> pour aller au travail. À midi, j'<u>ai mangé</u> une
   <u>salade</u>—que je suis <u>disciplinée</u>! L'après-midi je <u>me suis promenée</u> avec ma copine. Et
   maintenant, le soir? Eh oui, j'ai <u>mal</u> partout—aux <u>jambes</u>, au <u>dos</u>, aux <u>épaules</u>. Mais dans
   trois mois... vous allez voir. Je <u>vais</u> <u>pouvoir</u> <u>mettre</u> ce <u>maillot</u> de <u>bain</u>!

   (Answers will vary.)

CHAPITRE 11

À l'écoute

1 (Answers will vary.)

2 2, 3, 5, 7, 8

3 1. d   2. a   3. f   4. c

4 1. médias   2. la télévision   3. la civilisation   4. universelle   5. la monogamie
   6. l'Occident   7. économiques   8. polygame   9. trois   10. vingt   11. la première
   12. choisir   13. co-épouses   14. tout le monde   15. s'entend   16. la polygamie
   17. travaillent   18. les écoles   19. un cadeau   20. plus longue   21. Occident

5 (Questions will vary.)

Answers to the Laboratory Activities

Activités de compréhension

A. 1. infirmière   2. enseignant   3. journaliste   4. cuisinier   5. vendeuse   6. banquier

B. 1. futur   2. présent   3. passé composé   4. futur   5. présent   6. futur   7. passé composé   8. futur

C. 1. être/serai   2. venir/viendront   3. vouloir/voudront   4. falloir/faudra   5. devoir/devrai   6. pouvoir/pourrez   7. aller/irons   8. faire/ferons   9. savoir/saurons   10. avoir/auras

D. (Suggested answers)
1. Il compte travailler dans la publicité.
2. Selon sa sœur, il sera au chômage ou il travaillera comme serveur chez McDo.
3. S'il ne trouve pas de poste tout de suite, il continuera ses études.
4. Il est sûr d'être embauché dès qu'il aura un diplôme avancé.
5. Dès qu'il aura un poste de débutant, il montera vite dans la compagnie. Il gagnera beaucoup d'argent. Il voyagera partout dans le monde.
6. Elle est sceptique. Sa voix est sarcastique.

G.

Le monde du travail

On travaillera moins, mais on gagnera plus d'argent. Malheureusement la vie sera plus chère.

Nous ne remplirons plus de formulaires. Nous ne devrons plus aller au bureau. Nous ferons tout par ordinateur ou par courrier électronique.

Il y aura plus d'égalité entre les hommes et les femmes dans le monde professionnel. Les femmes monteront plus facilement aux postes de direction.

La société

La société changera rapidement. On pourra voyager dans l'espace, sur les autres planètes.

Nous saurons guérir (cure) le sida (AIDS) et le cancer, mais il y aura plus de famine, et il faudra toujours aider les pauvres.

Le monde sera plus petit. Les gens iront facilement dans d'autres pays, et tout le monde parlera la même langue.

CHAPITRE 12

À l'écoute

1 (Answers will vary.)

2 1. Christelle 2. Michel 3. Christelle 4. Larmé 5. Michel 6. Christelle 7. Michel 8. Larmé 9. Michel 10. Christelle 11. Michel 12. Larmé

3 1. f 2. a 3. c 4. d

4 1. Il mettrait à exécution tout ce qu'il a programmé. Tout ce qu'il a programmé se réaliserait.
2. Le spontané ajoute de l'intérêt, «si ça se passe bien».
3. Contexte familial: il choisirait le Tchad parce que sa famille, ses parents sont au Tchad. Contexte général: il choisirait la France parce qu'il a beaucoup d'amis en France et il aime beaucoup la France.
4. Elle se lèverait tard, puis elle s'installerait sur l'herbe, au soleil, et elle lirait ou elle se promènerait.
5. Elle passerait peut-être la journée avec son grand-père, parce que c'est son meilleur ami. Ils se comprennent.
6. Ce qui «groove» Michel, c'est la musique, les chansons amérindiennes.
7. Ça serait dans les bois (la nature) avec les autochtones (les Amérindiens qu'il connaît). Ils iraient à la pêche, ils feraient du canotage, ils riraient.
8. rire / simple / la nature / des gens / aime

5 (Answers will vary.)

Activités de compréhension

A. (Suggested answers) 1. logique 2. pas logique: Elle ne me fait pas de piqûre. / J'ai mal au ventre. / J'ai une indigestion. 3. pas logique: J'ai une blessure. / Je vais mettre un pansement. 4. pas logique: Je vais me reposer. 5. logique 6. pas logique: Je ne suis pas en bonne forme.

B. a. 2 b. 1 c. 3 d. 6 e. 7 f. 5 g. 4

C. 1. b 2. a 3. a 4. b 5. b 6. a 7. b 8. b

D. (Possible answers) 1. (Answers provided) 2. Comme je suis bête! Je n'aurais pas dû... / Tu as eu tort de dépenser tout ton argent. 3. Je n'aurais pas dû manger tout ce chocolat. / Quelle bêtise de manger tout ce chocolat! 4. Si j'avais su, je n'aurais pas... / Tu n'aurais pas dû rater le cours! 5. Comme je suis idiote! J'aurais dû... / Ne t'inquiète pas! Ça arrive à tout le monde.

F. —Qu'est-ce que tu ferais, Laure, si tu avais la profession de tes rêves?

—Aucune idée! J'aime les maths, les sciences...

—Et tu aimes la biologie, n'est-ce pas? Tu pourrais être médecin, peut-être «médecin sans frontières». Tu irais dans des pays où on a très peu d'hôpitaux et de médecins. Comme ça, tu pourrais aider les pauvres.

—Tu es fou, toi. Si j'étais un médecin sans frontières, je devrais passer mon temps avec des gens malades—des gens qui toussent, qui éternuent, qui ont la nausée! Moi, j'aurais peur d'attraper une maladie contagieuse! Et en plus, je veux gagner beaucoup d'argent.

—Si tu étais chirurgienne?

—Ah non. Je préfère éviter le sang!

—Alors, peut-être tu aimerais être psychiatre? Moi, j'ai une copine dont la mère est psychiatre, et elle est très contente de sa profession. Et comme ça, tes clients ne saigneraient pas!

—Non, mais ils auraient des phobies. Ils viendraient me voir parce qu'ils auraient peur des animaux, de la mort, de leur mère! Je ne comprendrais jamais des gens comme ça!

—N'en parlons plus. Je commence à me sentir mal!

(Answers will vary.)

CHAPITRE COMPLÉMENTAIRE

À l'écoute

1 (Answers will vary.)

2 2, 3, 5, 6

3 1. a, b 2. a 3. a, b 4. b 5. b 6. a, b 7. b 8. a 9. a, b 10. b 11. a, b 12. a

4 1. a. Quand il écoute la radio. b. (Personal answer)
  2. a. Il est difficile de sortir de son milieu et de l'habitude de détester les Anglais.
     b. (Personal answer)
  3. a. Une race capable de fusionner. b. (Personal answer)

Activités de compréhension

A. a. 4, 8   b. 2, 7   c. 1, 5, 9   d. 3, 6

B. 1. subjunctive   2. infinitive   3. subjunctive   4. subjunctive   5. subjunctive   6. infinitive
7. infinitive   8. subjunctive

C. 1. pourrons   2. veuille   3. comprenons   4. devrait   5. soit   6. fassions   7. finisse   8.
est

F. Tu <u>passes</u> tout ton temps à <u>protester</u> pour ou contre une cause ou une autre. Maintenant
il <u>faut</u> <u>que</u> tu <u>prennes</u> le temps de <u>t'amuser</u> un peu. Tes amis regrettent beaucoup <u>que</u> tu
<u>sois</u> si occupé par toutes ces <u>manifestations</u>. Oui, <u>c'est</u> <u>dommage</u> qu'il y <u>ait</u> de la
<u>pollution</u>. Je suis d'accord, c'est <u>scandaleux</u> que tant de gens <u>dorment</u> dans la <u>rue</u>. Et je
suis <u>désolé</u> que la <u>discrimination</u> <u>continue</u>. Mais, tu ne <u>dors</u> <u>plus</u>, tu ne <u>manges</u> plus! J'<u>ai</u>
bien <u>peur</u> que tu <u>deviennes</u> malade. Il est <u>temps</u> que tu <u>apprennes</u> à te reposer. Il <u>faut</u>
t'intéresser à d'autres choses aussi. Il y a autre chose que des <u>problèmes</u> dans le monde.
Il y a des <u>copains</u>, des <u>loisirs</u>, de l'<u>amour</u>! Il <u>faut</u> que tu <u>aies</u> une <u>vie</u> personnelle, quoi!
(Suggested answer) Richard passe tout son temps à protester pour ou contre des causes.
Michel pense qu'il devrait s'intéresser à d'autres choses, avoir une vie personnelle.

Answers to the Laboratory Activities

ANSWERS TO THE VIDEO MANUAL ACTIVITIES

MODULE 1

A. (Possible answers) Bonjour. Salut. Comment vous appelez-vous? (Comment t'appelles-tu?) D'où venez-vous? (D'où viens-tu?) Je vous (te) présente... Enchanté(e). Bienvenu(e). Comment ça va? etc.

B. (Likely answers) 1. b   2. a, c   3. a, c   4. a, b   5. b

C. 1. Gautier   2. belge   3. Aix-en-Provence   4. la médecine   5. la chambre   6. Maroc

D. 1. a   2. d   3. c

E. 1. É   2. É and F   3. F   4. É and N   5. F and N   6. É   7. É   8. F   9. N   10. F and N

F. je suis allergique; salut; je vous en prie; à votre service; enfin, c'est une dame; on y va

G.

Qui est... ?	Fatima	Nicolas	Élisabeth	Mme Berthaud (le prof)
1. en cours de sociologie	✓	✓		
2. français(e)		✓		
3. belge			✓	
4. marocain(e)	✓			✓
5. étudiant(e)	✓	✓	✓	
6. d'Aix-en-Provence		✓		
7. en première année d'architecture		✓		
8. très active et énergique				✓
9. assez grande avec des cheveux bruns				✓
10. le guide		✓		

H. Audé, Michel-Yves, Christine, Emmanuel, Laurence, Albert, Hélène, Marina

I. Vassin   2. Magali   3. Gantier   4. Vincenti

J. 1. Christina   2. Emmanuel   3. Audé   4. José et Laurence

K. Question: Et vous, d'où êtes-vous?
   Réponse: (Answers will vary.)

L. 1. They kiss on the cheeks.
   2. They shake hands.
   3. French speakers say **deux** + the letter, rather than saying the letter twice.
   4. When French speakers say **Non, merci** they gesture with a hand held in front with the fingers straight up, no spaces between the fingers, and the palm facing the person who is offering. It is the same gesture that is used in the U.S. by police officers when directing traffic to signal drivers to stop.

MODULE 2

A. 1. (Possible answers) Bonjour; Je te (vous) présente; Voilà; Voici; C'est... ; Enchantée (de faire votre connaissance).
   2. They will probably use the **vous** form, since they are meeting for the first time and are different ages.
   3. They are in Nicolas's parents' living room.
   4. (Possible answers) a, b, c.

B. 1. c   2. b   3. c

C. taking a stroll, wedding procession, preparing a meal, relaxing at an outdoor café, riding a merry-go-round

D. 1, 3, 5

E. (É = Élisabeth; N = Nicolas; M = la mère de Nicolas)   1. N   2. N   3. N   4. É   5. N   6. É   7. M   8. É   9. M   10. É

F. 1. V   2. F   (La famille d'Élisabeth a beaucoup de livres.)   3. V   4. F   (La famille d'Élisabeth aime discuter de leurs livres préférés.)   5. F   (Le père de Nicolas aime regarder les documentaires sur la science et la nature.)   6. F   (Nicolas a une sœur et deux frères.)   7. V   8. V   9. F   (La sœur de Nicolas s'appelle Annette.)

G. 1. f   2. g   3. d   4. e   5. b   6. a   7. h   8. i   9. c

H Question: Et chez vous, combien de personnes est-ce qu'il y a dans votre famille?
   Réponse: (Answers will vary.)

Answers to Video Activities   **A-49**

K. 1. Graffitis 5-15
   2. La roue de la fortune
   3. Ordinacœur
   4. Le Petite Maison dans la prairie
   5. Santa Barbara, Vas-y, Julie!
   6. Météo
   7. Journal, Flash d'informations

MODULE 3

A. 1. (Answers will vary.)
   2. (Answers will vary.)

B. 1. c   2. c   3. b   4. a

C. À l'extérieur: modern apartment building, street sign, brick house, balcony, stone house, shutters on windows, garden. À l'intérieur: couloir, salle à manger.

D. 1. Élisabeth, Flore, Fatima   2. Fatima   3. Flore   4. Élisabeth   5. Flore

E. 1. a   2. c   3. c   4. b   5. c

F. 1. 6, Fatima   2. 7, Élisabeth   3. 1, Fatima   4. 8, Flore   5. 3, Fatima   6. 4, Flore
   7. 2, Flore   8. 5, Élisabeth

G.

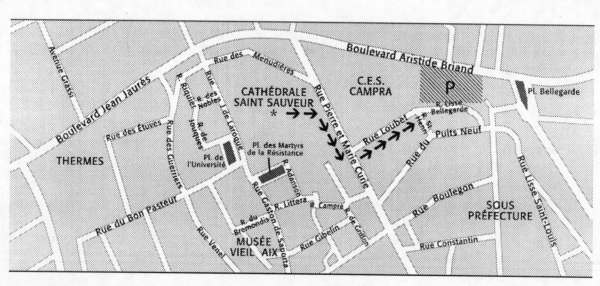

H. 1. b   2. a   3. c   4. b   5. d   6. a   7. e   8. f,e

I. 1. pollué 2. près / près / Opéra 3. appartement / maison 4. campagne / vacances 5. campagne 6. surtout / agréable 7. quitter / tellement

J. Question: Et vous, qu'est-ce que vous avez comme logement?
Réponse: (Answers will vary.)

K. 1. Il y a un fauteuil, un grand lit, une table et une chaise.
2. Elle voit la cathédrale et la gare.
3. Ils s'appellent Madame Peltier, Sophie et Michel.
4. Elle va garder les enfants.

MODULE 4

A. 1. a, c 2. a, b 3. (Answers will vary.)

B. 1. sympathique 2. la télévision 3. le laboratoire 4. le basket-ball 5. les mathématiques 6. la philosophie 7. la géographie 8. la faculté 9. le professeur 10. les sciences politiques

C. (Answers will vary.)

D. 1. la bibliothèque 2. biologie 3. biologie 4. architecture

E. 1. (Answers will vary.)
2. These items should be checked: une machine à photocopier, des magazines, des livres, un professeur, des étudiants, une fontaine, un stylo, une salle de classe.

F. 1. Élisabeth
2. Yes. At the end of the scene, Élisabeth opens up her book again and the two of them continue to study in the library.

G. 1. É 2. N 3. N 4. É 5. N

H. l'italien, l'allemand, les maths, l'architecture, l'histoire de l'art, le dessin, la biologie

I. 1. deux 2. six 3. vingt-cinq / vingt-trois 4. sept 5. deux 6. sept

J. 1. his thumb 2. his thumb and his index finger

K. 1. a, d, h 2. b, g 3. c, e 4. f, j 5. e, i

L. Question: Alors, dites-moi, quelles études faites-vous?
Réponse: (Answers will vary.)

M. (Answers will vary.)

MODULE 5

A. 1. Élisabeth et Fatima   2. le serveur   3. d   4. b   5. b

B. 1. Fatima   2. a   3. b

C. 6 le fromage   1 les carottes   2 les haricots verts   4 les desserts   5 la viande   7 les raisins
   3 le pain

D (Answers will vary.)

E. 1. V   2. F   3. V   4. F   5. F

F. These items should be circled: soupe au poisson, poulet aux herbes, fraises à la crème,
   Perrier.
   These items should be underlined: pistou, thon à la provençale, roquefort, Perrier.

G. 1. Hélène   2. Aldé Vincenti   3. Hélène   4. Aldé Vincenti   5. Natalie   6. Aldé Vincenti

H. Question: Et vous, où est-ce que vous prenez vos repas?
   Réponse: (Answers will vary.)

I. (Answers will vary.)

MODULE 6

A. Answers may vary as students are asked to guess, but the correct guess is 3.

B. (Answers will vary.)

C. 1. Élisabeth est avec Nicolas et Fatima.   2. C'est samedi.   3. Il pleut.

D. 5, 1, 8, 2, 4, 3, 7, 6

E. 1. Élisabeth   2. fenêtre   3. Fatima   4. Nicolas   5. journal   6. regarde   7. sortir

F. 1. a   2. c   3. c   4. c   5. b   6. b   7. a   8. b   9. a   10. b

G. 1. g   2. b   3. f   4. a   5. h   6. e   7. d   8. c

H. Question: Maintenant, dites-moi, quelles sont vos activités de loisir préférées?
   Réponse: (Answers will vary.)

I. 1. Les jeunes Français aiment se balader.
   2. Ils aiment jouer aux cartes le moins.
   3. Ils préfèrent regarder la télé.
   4. Ils préfèrent regarder la télé.
   5. (Answers will vary.)

MODULE 7

A. (Answers will vary.)

B. amis / agence / voyage / voulons / faire / vacances / semaine

C. 3   8
   1   7
   2   5
   4   6

D. 1. L'agent 2. Élisabeth 3. Fatima 4. L'agent 5. Élisabeth 6. Fatima
   7. Élisabeth 8. Fatima 9. Élisabeth 10. L'agent

E. (Answers may vary slightly.)
   1. Elles vont à Paris.
   2. Elles vont pour quatre jours, du jeudi au dimanche.
   3. Elles vont voyager en train.
   4. Elles vont rester à l'Hôtel Saint-Jacques dans le Quartier latin.

F. All *except* the following: le Québec, la Bretagne, le Canada, l'Algérie, le Brésil, la Suisse

G. 1. a 2. b 3. c 4. a 5. b

H.

Où sont-ils allées?

	en Amerique du Nord	en Europe	en Asie	en Afrique
1. Pierre	✓			
2. Deva		✓	✓	
3. Geneviève	✓	✓	✓	✓
4. Thierry		✓		

Comment ont-ils voyagé?

	en train	en voiture	en avion
5. Miguel	✓		✓
6. Madame Chesnel	✓		
7. Albert		✓	✓

I. Question: Et vous? Qu'est-ce que vous avez fait pendant vos vacances cette année?
Réponse: (Answers will vary.)

J. (Answers will vary.)

MODULE 8

A. 1. Nicolas.
   2. Il a la tête dans les mains.
   3. (Answers will vary.)

B. 1. c   2. g   3. f   4. h   5. a   6. d   7. e   8. b

C. 1. Perdre, malheureux   2. gagner   3. se dispute   4. seul

D. malheureux / disputé / consolons / pendant / raconté / arrivé

E. 1. 2   2. P   3. 1   4. P   5. P

F. 1. c   2. b and c   3. a, b, and c   4. c

G. 1. Nicolas   2. Nicolas   3. Élisabeth   4. Nicolas   5. Fatima   6. Élisabeth   7. Fatima
   8. Élisabeth

H. 1. b 2. d 3. b and d 4. c and d

I. 1. Christine 2. Geneviève 3. Thierry 4. Natalie 5. Claudine 6. Pierre

J. Et pour vous, c'est quoi le bonheur? Answers will vary.

K. (Answers will vary.)

MODULE 9

A. 1. chez Élisabeth 2. Elle donne (offre) un cadeau à Nicolas. 3. C'est son anniversaire.

B. 1. 3, 1, 2 2. 3, 1, 2 3. 2, 1, 3 4. 1, 3, 2

C. 1. f 2. b 3. e 4. g 5. c 6. a 7. d

D. 1. mauvais 2. la vidéo 3. les repas 4. la sainte 5. le bonheur 6. le jouet 7. ce jour-là

E. 1. Nicolas 2. Un jeu vidéo. 3. Élisabeth 4. Ce que Fatima va penser.

F. The items are listed in the order in which they appear. 1. la réunion 2. les rencontres
3. l'artiste 4. le magasin 5. la préparation 6. la fête

G. 1. Élisabeth 2. Fatima 3. Élisabeth 4. Fatima 5. Élisabeth 6. Élisabeth 7. Élisabeth
8. Fatima

H. 1. Magnifique! 2. besoin 3. anniversaire 4. après-midi 5. fête 6. saint, fête, quinze,
jour 7. réunion, grand 8. Ramadan 9. manger, coucher 10. fête, jouets 11. après-
midi 12. anniversaire 13. télé, actif

I. 1. c 2. b 3. a, b 4. a 5. b

J. (Answers will vary.)

K. 1. Audé: Noël
   2. Michel-Yves: Noël, les mariages, les communions
   3. Christelle: Noël, les mariages, les anniversaires

L. 1. a, b, c 2. b, c

M. Question: Et vous, dans votre famille, quelles fêtes célébrez-vous?
   Réponse: (Answers will vary.)

N. (Answers will vary.)

MODULE 10

A. (Answers will vary.)

B. The following words should be crossed out: 1. un musée   2. une fleur   3. ravissant
4. fatigué   5. désagréable   6. des gants   7. lire   8. C'est moulant.   9. une jupe 10.
un costume

C. moi / venues / achats / espérons / nouveaux / chers

D. 1, 2, 5, 6, 8

E. a. 4   b. 8   c. 3   d. 5   e. 1   f. 6   g. 7   h. 2

F. 1. b   2. a   3. c   4. b   5. a   6. b

G. 1. c   2. f   3. g   4. a   5. h   6. d   7. e   8. b

H. 1. f, h   2. a, b, c   3. b, d, g   4. e

I. 1. Michel-Yves   2. Dounià   3. Michel-Yves et Hélène

J. Question: Et vous, qu'est-ce que vous aimez porter pour aller en cours?
Réponse: (Answers will vary.)

K. (Answers will vary.)

L. (Answers will vary.)

MODULE 11

A. (Answers will vary.)

B. 1. a, e   2. g, h   3. c   4. f   5. b, d, i   6. a, e   7. c   8. d

C. 1. c   2. c   3. a

D. 1, 2, 4, 6, 8

E. 1. V
2. F (Il n'y a ni ordinateur ni téléphone sur le bureau.)
3. F (Il n'y a pas de secrétaire dans la salle.)
4. F (Les chaises sont noires.)
5. V
6. F (Élisabeth est sérieuse pendant l'interview.)
7. V
8. F (Élisabeth ne regarde pas sa montre.)

F. 1. a, b, d   2. c   3. b, e   4. b, e   5. c   6. b   7. a, c

G. 1. a   2. d   3. b   4. e   5. f   6. c   7. g

H. 1. Aimée   2. Étienne   3. Étienne, Aimée   4. Étienne   5. Aimée

I. surtout / toujours / pensée / petits / vie / amour / grande

J. 1. c   2. a   3. a   4. b

K. (Answers will vary.)

L. Question: Et après vos études, qu'est-ce que vous espérez faire comme travail?
Réponse: (Answers will vary.)

M. (Answers will vary.)

N. (Answers will vary.)

MODULE 12

A. (Answers will vary.)

B. 1. antibiotiques   2. ordonnance   3. pharmacienne   4. grippe   5. migraine
6. homéopathie   7. santé

C. 1. dans une clinique   2. une semaine   3. plus d'une semaine

D. ordinateur, médecin, technicien, infirmière

E. 3, 4, 5, 7, 6, 1, 2

F.　1. V
　　2. F　(Elle a la grippe.)
　　3. F　(Il n'y a pas trop de patients aujourd'hui.)
　　4. F　(Fatima a mal à la gorge et à la tête.)
　　5. V
　　6. F　(Fatima n'a pas souffert de migraines ni d'allergies.)
　　7. V
　　8. F　(Fatima a de la fièvre.)
　　9. F　(Fatima doit prendre une capsule quatre fois par jour.)
　10. F　(Fatima va se sentir mieux dans quatre ou cinq jours.)

G.　1. Stéphanie　2. Natalie et Sylvie　3. Frédéric　4. Michel-Yves et Hélène　5. Michel-Yves et Hélène　6. Maître Jaffari　7. Samuel　8. Frédéric

H.　Question: Et vous? Qu'est-ce que vous faites pour rester en forme?
　　Réponse: (Answers will vary.)

I.　(Answers will vary.)

MODULE COMPLÉMENTAIRE

A.　1. Nicolas, Fatima, Élisabeth.　2. Chez Élisabeth.　3. Nicolas.　4. Élisabeth et Fatima.　5. Des journaux.　6. (Answers will vary.)

B.　1. a　2. k　3. j　4. d　5. c　6. h　7. f　8. g　9. e　10. i　11. b

C.　1. rez-de-chaussée　2. propre　3. essayer　4. changer　5. conserver　6. participer　7. la musique　8. la montagne　9. l'autoroute　10. danser

D.　(Answers will vary.)

E.　1. c　2. c　3. c

F.　3, 5, 6, 2, 1, 4

G.　1. trie　2. Nicolas　3. des journaux　4. un journal　5. le geste　6. ses notes

H.　1. b　2. c　3. b　4. a　5. c　6. a, b, c　7. a　8. b, c　9. a, c

I.　1. Nicolas　2. Nicolas　3. Fatima, Élisabeth　4. Nicolas　5. Élisabeth　6. Fatima　7. Nicolas　8. Nicolas　9. Nicolas

J.　1. Audé　2. Henri　3. Sylvie et Natalie　4. Sylvie et Natalie　5. Alex　6. Sylvie et Natalie　7. Constance　8. Henri　9. Constance　10. Alex

K. Question: Et maintenant, à votre avis, qu'est-ce qu'il faut faire pour préserver l'environnement?
   Réponse: (Answers will vary.)

L. (Answers will vary.)

M. (Answers will vary.)

Answers to the Video Activities   **A-59**